东南亚与华侨华人研究系列之十七

菲律宾天主教研究：
天主教在菲律宾的殖民扩张
与文化调适（1565–1898）

施雪琴 著

厦门大学出版社

图书在版编目(CIP)数据

菲律宾天主教研究:天主教在菲律宾的殖民扩张与文化调适:
1565～1898/施雪琴著. —厦门:厦门大学出版社,2007.6
(厦门大学东南亚研究中心系列丛书)
ISBN 978-7-5615-2784-9

Ⅰ.菲… Ⅱ.施… Ⅲ.罗马公教-基督教史-菲律宾-1565～1898
Ⅳ.B979.341

中国版本图书馆 CIP 数据核字(2007)第 087253 号

责任编辑:薛鹏志
封面设计:文　心

姝　婕

厦门大学出版社出版发行
(地址:厦门大学　邮编:361005)
http://www.xmupress.com
xmup @ public. xm. fj. cn
三明地质印刷厂印刷
(地址:三明市富兴路 15 号　邮编:365001)
2007 年 6 月第 1 版　2007 年 6 月第 1 次印刷
开本:880×1230　1/32　印张:7　插页:2
字数:200 千字　印数:1～1 000 册
定价:18.00 元
本书如有印装质量问题请直接寄承印厂调换

内 容 提 要

　　从辅助西班牙殖民扩张与维护西班牙殖民统治的工具，到菲律宾民族文化的重要组成部分，近代天主教在菲律宾的传播、适应、调和与变化是本书研究的主要内容。笔者试图通过对菲律宾天主教化与天主教菲律宾化的考察与分析，来探索特殊历史背景下宗教文化传播的性质、方式与特点，探讨近代天主教海外传播中的政治因素与文化因素，说明天主教成为菲律宾大多数民众信仰的历史根源与文化根源。菲律宾的天主教化是近代欧洲海外扩张与天主教东传运动的结果与产物。一方面，西班牙的殖民扩张主义在推动天主教的海外传播方面起了重要的作用；另一方面，天主教的普世主义精神与文化性质，也促使它在菲律宾的传播过程中自觉或不自觉地遵循文化传播本身的特点与规律，适应菲律宾的社会状况，并与菲律宾传统宗教习俗和民间文化相互调和，并推动了菲律宾民俗天主教的形成。可以说，天主教能成为今天菲律宾大众的信仰，天主教的文化适应与宗教调和是一个重要根源。所以，笔者在全面考察近代天主教东传运动背景与性质的前提下，着重从宗教文化角度考察和分析天主教在菲律宾广泛传播与渗透的社会文化因素，希望有助于全面、深刻地认识西班牙时期天主教在菲律宾传播的双重性质与菲律宾天主教化的多样因素。随着菲律宾人民民族意识的觉醒，反对西班牙教会的专制统治成为菲律宾革命爆发的导火线。19世纪末，在菲律宾民族革命的炮火声中，西班牙的殖民统治顷刻瓦解。在菲律宾共和国的政治宣言中,"政教分离"成为一条重要的政治原则得到正式确立与广泛承认,标志着在现代民族主义国家中,教会从法律上丧失了它参与国家政治的合法性。另一方面,在世俗民族主义高涨的同时,菲律宾宗教民族主义也在继续飙扬。"菲律宾独立教会"的诞生不仅是"教会菲化"运动的继续,更具有深刻的政治与神学意义。一方面,"菲律宾独立教会"运动是菲律宾民族主义在宗教上的诉求,另一方面,它是菲律宾天主教内部的一次"宗教革命",是菲律宾本土教会挑战罗马教廷在菲律宾的等级统治与教皇专制的一次实践。"菲律宾独立教会"运动是天主教在菲律宾本土化的最终表现,它所包含的现代性与文化认同是宗教现代化的必然归宿。

目　　录

第一章

绪　论

第一节　选题的意义

伴随着近代欧洲殖民主义扩张的基督教东传运动早已成为亚洲殖民地国家历史与文化不可分割的重要组成部分,但是,长期以来,学术界对于近代欧洲殖民主义扩张和殖民统治的研究多以政治及经济分析为主要课题,偏重于殖民(帝国)主义的军事扩张、政治奴役和经济掠夺,而对殖民主义的文化方面却缺乏应有的关注。与之相应的是,受殖民国家的去殖民化研究也多以政治经济独立为主要课题,对文化领域的去殖民化同样缺乏应有的关注,这不能不说是殖民主义与受殖民国家去殖民化运动研究的一个缺陷。

从宗教文化上看,菲律宾在东南亚地区是一个比较特殊的国家,虽然与其他东南亚国家(除泰国外)有着共同的长期被西方国家殖民统治的历史,但它独立后却保留了殖民宗主国西班牙的天主教信仰。天主教会作为一个重要的社会组织,在菲律宾的社会政治生活中发挥着不可忽视的影响。无论是从欧洲殖民主义扩张的角度,还是从近代天主教的传播与演变的角度来看,菲律宾的天主教化都是一个值得研究的问题。作为早期西班牙殖民扩张的重要工具和维持西班牙在菲律宾长期殖民统治主要支柱的天主教为何能广泛、深入地渗透到菲律宾社会生活的各个方面,并产生深远的影响,以至于在后殖民时代的菲律宾仍占据重要地位,甚至今天的菲律宾政府,也尝试着从宗教文化纽带的角度来认识菲律宾—西班牙之间那段长达300多年的历史,并在2002年通过菲律宾共和国第9187号法案中(Republic Act. No.9187),把每年的六月三十日定为"菲律宾—西班牙友谊日"(Philippine-Spanish Friendship Day)。[①] 面对这些问题,如果只是单纯地从政治角度出发,把地理大发现以来伴随着欧洲海外殖民扩张的天主教东传运动简单地指控为"文化侵略",把传教活动笼统定性为"西方殖民者配合其军事、政治、经济侵略的先锋与工具",把近代东西方的文化关系简单概括为"侵略"与"被侵略"的关系,未免偏激与狭隘。菲律宾的天主教化是西班牙海外殖民扩张的结果,同时也是近代基督教海外传播的产物。因此,全面理解菲律宾的天主教化,不仅要从政治上分析、考察近代欧洲(西班牙)的殖民扩张背景与殖民政策,而且还应从近代东西方文化关系入手,考察与分析近代基督教海外传播的背景、性质、内容与方式,以及基督教在传播过程中的适应与变化。从根本上看,伴随着近代欧洲海外殖民扩张的基督教传教运动是一场复杂的宗教文化传播运动,其复杂性表现在:传教运动深刻而多样的时代背景、传教士活动的广泛性、其社会关系的多重性以及影响的多面性方面上。简而言之,它既是以基督教为核心的欧洲文化传播运动,同时又与欧洲殖民扩张有千丝万缕的联系,具有殖民扩张与宗教文化传播的双重性。这在政教一体的西班牙帝国的海外扩张中,表现尤为显著。

一、辅助殖民扩张的天主教

在新航路开辟后的东西方关系研究中,基督教的海外传播一直

---

① 该节日是为纪念菲律宾共和国第一任总统阿奎纳多(Emilio Aquinaldo)1899年6月30日颁布的一条法令。该法令下令免除被围困在今奥罗拉省(Aurora)巴莱尔镇教堂长达一年多的数十名西班牙士兵的死刑,并保证他们投降后,安全离开菲律宾,返回西班牙。

是该研究领域的一个重要课题,其中学术界关注颇多的一个课题就是关于传教士在欧洲海外殖民扩张中所扮演的角色、所起的作用以及他们在殖民地的活动。总的说来,在 20 世纪 80 年代以前,中国学者鲜于从文化传播与文化交流的角度、而多从反殖民主义的政治角度出发,把传教士定性为"西方殖民者配合其军事、政治、经济侵略的先锋与工具";把传教士在殖民地的活动(主要是文化教育活动)指控为"文化侵略"或"文化帝国主义",即传教士通过传教活动为西方的军事、政治、经济侵略服务的行为。

　　毋庸置疑,"文化侵略"说或"文化帝国主义"说从政治角度对殖民扩张背景下传教士在殖民地活动的种种指控有其合理性,因为近代基督教的海外传播与欧洲殖民主义的扩张的确有着千丝万缕的联系,而且传教士在殖民地的活动也的确产生了有利于欧洲殖民统治的客观效果。这在菲律宾表现尤为显著,传教士在西班牙殖民扩张与维护殖民统治中所起的作用甚至超过了殖民军队,无怪乎有历史学家认为"十字架的作用比军刀大","传教士是真正的征服者"。从世界近代史来看,可以说自 16 世纪地理大发现以来,基督教的海外传播与近代西方殖民主义的海外扩张是紧密相连的,在西方殖民主义的海外扩张活动中,传教士常常与殖民者同船而来、携手并进,"十字架"与"剑"成为近代欧洲海外扩张的左臂右膀。正如方济各派的编年史家特瑞达德(Paulo da Trindade)在其《东方的精神征服》(1638 年)一书中写到:"在征服东方的过程中,世俗权力与教会力量紧密结合,缺一不可,因为世俗权力只能借助传播福音而获得力量,进行征服殖民地,而福音的传播只能依靠世俗权力的保护。"[①]基督教与欧洲世俗政权殖民扩张之间的这种千丝万缕的联系与基督教的内在本质以及当时欧洲特殊的历史背景密不可分。

　　首先,从宗教本身来看,宗教与政治有着内在、不可分割的联系。

---

① C. R. Boxer, *The Portuguese Seaborne Empire*：1415—1825, New York,1969,p. 228.

基督教尤其如此。基督教诞生初期,虽然遭到罗马皇帝的迫害,但自公元4世纪米兰敕令颁布后,基督教便成为罗马帝国的合法宗教,并很快上升为罗马帝国的国教,成为国家的意识形态与罗马帝国扩张和统治的有效工具。在中世纪的欧洲,基督教一统天下,教权极度膨胀,甚至发展为高于世俗君权的神权统治体制,基督教成为欧洲封建社会的主要支柱,罗马教廷成为欧洲封建神权统治的中心,教皇成为欧洲政治事务的最高仲裁,教会信条成为欧洲社会的政治信条。这种政教合一的政治体制不可避免地使近代欧洲的殖民主义扩张带有基督教的烙印与使命。

其次,地理大发现时代的价值观,即以征服"落后"地区和"文明"扩张为核心的"帝国主义精神",把天主教与欧洲世俗政权的扩张紧密地结合在一起。欧洲中世纪时期,由于基督教一统天下,上帝在世界和历史中具有绝对优先性的观念根深蒂固,几乎所有的传教士都相信,基督教是文明的象征,白人肩负改造其他劣等民族的使命,而其他民族的宗教与文化则是"落后"与"野蛮"的,"先进"改造"落后","文明"征服"野蛮",其中似乎蕴含着天然的合理性和必然性。这种基于基督教的"文明论"与"使命观"为欧洲的海外殖民扩张披上了神圣的外衣。此外,基督教从诞生之日起,就浸透了普世主义、改变异端信仰和好战精神。而16世纪欧洲基督教却遭遇来自多方面的冲击与挑战,如穆斯林的长期包围,宗教改革带来的分裂,教会的腐化及其声誉的日益衰败,以及基督教亟待复兴的使命都迫使它实行改革并向外扩张,以抗击来自穆斯林的进攻,弥补因宗教改革在欧洲丧失的大块地盘以及实现建立纯洁基督教"乌托邦"的理想。而16世纪的地理大发现,也为欧洲基督教带来释放内在冲动的途径与复兴的希望。

第三,中世纪欧洲与伊斯兰世界为争夺圣城耶路撒冷的长期斗争培育产生的"十字军"精神,即世俗政权与基督教会并肩战斗,政治吞并和信仰改变紧密相连,对新航路开辟后的欧洲海外扩张产生了深远的影响。特别是在16世纪欧洲海外殖民扩张先锋——西班牙和葡萄牙的海外扩张活动中表现得尤为显著。历史上的西班牙和葡萄牙王国均是在伊斯兰教对伊比利亚半岛的征服与基督教的再征服过程中形成的天主教王国,长达七个多世纪的宗教冲突使西班牙与葡萄牙成为基督教世界反对伊斯兰教的急先锋。"对欧洲其他民族而言,伊斯兰教是一个遥远的威胁,但在伊比利亚人眼里,则是一个传统的、永远存在的敌人。"①新航路开辟后,西、葡的海外殖民扩张,在一定程度上可以说是历史上基督教与伊斯兰教斗争的延续,这其中包含有深刻的宗教因素。并且由于两国王室与罗马教廷长期的特殊关系而享有的"保教权",使其海外殖民活动与传教事业更加紧密地联系在一起。伊比利亚半岛国家的"保教权"最早可以追溯到 15 世纪初。葡萄牙南部从撒拉森人(Saracens)手中"光复",北非贸易重镇塞勿塔的占领以及航海王子亨利时期对西非沿岸的探索,这些行动都得到罗马教皇的支持,并颁布了几道教皇诏书授予葡萄牙国王享有在新发现的殖民地建立教会和派遣神职人员的特权。西班牙王国从穆斯林手中"光复"失地,同样也促使了几道教皇诏书的颁布,其中最著名的是 1485 年的教皇诏书,它授予西班牙国王享有向罗马教廷的直辖教区派遣神职人员的权利。后来随着西班牙海外殖民扩张活动的加剧,王室享有的"保教权"也逐渐膨胀并达到高峰。在哥伦布发现美洲大陆后,由于罗马教廷手中没有传教士和足够的经费支持海外传教活动,1493 年,罗马教皇亚历山大六世颁布敕令,命令西班牙国王费尔南多和王后伊沙贝拉向当地土著居民传播福音,并使他们皈依天主教。后来又在 1508 年的"教皇帝国"(Universalis ecclesiae regimini)诏书中规定了西班牙国王"保教权"的权利与义务,即西班牙王室从经济上支持海外殖民地的教会,作为回报,罗马教皇授予其向海外殖民地派遣传教士,任命主教和其他圣职人员的

①　斯塔夫阿里诺斯:《全球通史:1500 年以后的世界》,上海社会科学院出版社 1999 年版,第 124 页。

特权。①

　　天主教推动欧洲海外殖民扩张与维护殖民统治的作用是不可低估的。以菲律宾为例,由于传教士的帮助,西班牙殖民军队几乎兵不血刃就占领了吕宋岛与米沙扬群岛。之后,天主教充分发挥其社会统治与控制功能,维护了西班牙在菲律宾长达三个多世纪的殖民统治。处于西班牙殖民统治时期的菲律宾,天主教会是宗主国天主教会的延伸,它不仅手握着神圣不可侵犯的神权,而且享有广泛的政治、司法、文化、教育、财政、经济等多方面的权利,成为殖民统治机构中最重要的组成部分。天主教在征服菲律宾过程中所扮演的角色充分体现了其充当殖民工具与先锋的性质。

二、传播宗教文化的天主教

　　权力的扩张必然带来文化的扩张,一个文明权力的扩张总是伴随着文化的繁荣。的确,近代欧洲殖民主义的海外扩张,一方面是军事、经济、政治势力的扩张,另一方面是以宗教为核心的文化传播。自 20 世纪 80 年代以来,越来越多的学者认识到,探讨近代以来的东西方关系,不仅要注重军事侵略、政治统治与经济扩张领域的研究,同时也要重视文化传播与交流领域的考察与思考。在文化传播方面,只注意到文化传播与权力扩张的内在联系,或简单地用"文化侵略"或"文化帝国主义"来概括传教士的活动和近代东西方文化关系的全部内容却有失偏颇。首先,"文化侵略"论只片面地强调了传教士在殖民地文化教育活动的政治用心和政治后果,而忽视了其在文

---

　　① 在后来的实践中,"保教权"逐渐演变成为一种约定俗成的传统,一种普遍的法律,即"王室许可证"制度(pase regio),以至于后来罗马教皇向西班牙海外殖民地派遣神职人员或发布命令都要征得西班牙王室的同意,如果没有西班牙国王的同意,任何人不得进入美洲殖民地,没有西班牙高等法院的许可,西班牙国王的这种权力不能改变。后来,罗马教廷意识到"保教权"的弊端,为打破西、葡两国对传教权的垄断,将传教团置于教廷的管辖之下,从而脱离天主教国家和传教团的控制,教廷于 1622 年成立了直接受教廷管辖的传信部。

化教育方面的其他影响。其次，从文化角度而言，文化现象与政治和经济现象相比有其特殊性，借用主要适用于民族国家之间政治和经济领域的"侵略"一词概括文化现象，并不完全适当。① 任何一种成熟的世界性宗教，是以信仰形式表现出来的文化。文化学家克里斯托弗·道森认为，宗教是理解文化的关键，在文化的形成中起着重要的作用。在西方文化的形成与发展过程中，基督教发挥了极其重要的作用。② 西方文化被称为"基督教文化"，由此可以看出宗教与文化之间的紧密联系。从宗教本身来看，宗教与构成世界文明的三个层面——物质生产、组织制度和思想观念互相联系，相互影响，甚至互相重叠，并在第三个层面即思想观念中还往往居于深层和核心地位。基督教作为欧洲社会的一种根深蒂固的意识形态，是欧洲社会精神系统中的一个要素，而且也是与之相适应的上层建筑，是欧洲社会历史中的一种综合的文化体。并且由于文艺复兴思想的熏陶，许多早期到东方的天主教传教士都具有深刻的基督教人文主义思想，他们既继承了中世纪的宗教精神与宗教热情，同时也兼具非凡的科学知识与能力。他们在传播天主教过程中除了借助欧洲的政治经济权力向其他社会推进其价值观、实践和体制外，而且还遵循宗教文化传播所特有的规律、方法和途径，天主教在菲律宾的广泛传播就充分体现了天主教在扩张过程中包含的非政治因素，即宗教文化传播的性质与特点。

　　首先，一般而言，在宗教传播过程中，处于宗教初级发展形态的原始宗教容易被高级形态的一神教所征服。基督教是一种世界性宗教，它具有不同于一般民族——国家宗教的内在特殊性质，即超民族性。第一，它信仰的对象是抽象的上帝，视之为全世界、全人类的神，

　　①　王立新：《"文化侵略"与"文化帝国主义"：美国传教士在华活动两种评价范式辨析》，《历史研究》，2002，(3)，第98～109页。

　　②　克里斯托弗·道森：《宗教与西方文化的兴起》，四川人民出版社1989年版。

这使它能够产生普遍的意义,从而超出民族的狭隘范围。其次,基督教信仰目的具有出世性。即它追求的根本目的不是任何民族的现实利益,而是以抽象的人的灵魂生活和来世生活为基础,具有超现实的指向和超越现实具体生活的目的,因而被其他民族接受。第三,和民族宗教相比,基督教的礼仪规范十分简易,教徒可以在任何时间、地点和条件下通过最简单的仪式如祈祷,无须供物,无须隆重礼仪,就可以乞求上帝的保佑,这是促使它成为各民族广泛接受的原因之一。正如恩格斯所说:"基督教没有造成隔绝的仪式,甚至没有古代世界的祭祀和巡礼,它这样否定一切民族宗教及其共有的仪式,毫无差别地对待一切民族,它本身就成了第一个可行的世界宗教。"[①]而相比之下,在天主教传入之前,菲律宾中、北部各民族普遍信奉万物有灵的原始宗教和巫术,具有十分明显的局限性与狭隘性,自然无法抵御这种世界宗教的冲击。

其次,除了西班牙殖民政权做后盾外,天主教传播的方式、方法以及在传播过程中采取的调适主义,以及因此而带来的天主教在菲律宾的区域性变革——菲律宾民俗天主教的形成,均积极地推动了天主教在菲律宾的迅速传播。

自基督教人文主义者荷兰鹿特丹的伊拉斯谟引进"基督的适应"(accommodatio)这一概念,并为"适应"这种方法做了神学辩护后,欧洲传教士纷纷追随这种传教方法到海外传教。一方面,伊拉斯谟的"基督的哲学"论证了异教徒通过福音传播获得拯救的可能性;另一方面,强调了传教要根据不同地区的情况,采取变通的方法让"基督"去适应每一个人。[②] 天主教在菲律宾传播过程中,在对待菲律宾本土文化方面,与传教士早期在墨西哥对当地宗教文化实行斩草除根

---

①　恩格斯:《鲍威尔和早期基督教》,《马克思恩格斯全集》(第19卷),人民出版社1963年版,第334~335页。

②　陈海珠:《基督的哲学:伊拉斯谟的宗教思想述评》,《世界历史》,1999,(6),第76~84页。

的方法相比有很大的不同:传教士适当地保留了菲律宾民族原始宗教与文化中的某些观念和内容,并加以改造,以利于天主教在菲律宾的传播。其一,针对菲律宾多民族、多语言的情况,保留和改造了菲律宾各民族的语言,把天主教的教理问答与天主教教义翻译成各民族的语言加以出版,并积极地运用方言传教,极大地推动了天主教在菲律宾的迅速传播。其二,天主教在菲律宾传播过程中并没有对菲律宾原始宗教信仰连根拔除,反而将菲律宾原始宗教文化中的某些元素与罗马天主教中的一些元素融合在一起,促使天主教发生了区域性的变革,形成了在菲律宾农村广为流行的民俗天主教。这种宗教上的调适主义(syncretism)是天主教在菲律宾广泛传播的重要原因。

在300多年的殖民统治中,西班牙殖民统治遭遇了来自多方面的挑战,如穆斯林的袭击,华侨与菲律宾人民的起义以及来自其他欧洲殖民国家如葡萄牙、荷兰和英国海军的侵扰。但是这些威胁都没有推翻西班牙在菲律宾的殖民统治。由于海路遥遥,驻扎在菲岛的西班牙人不过数千人,[①]而帮助殖民政府化解历次危机的主要是天主教化的菲律宾人。传教士成功地对菲律宾人灌输了一套新的伦理与价值观念,并在心理上有效地控制了土著居民,使其心甘情愿地为殖民政府和天主教会效力,维护西班牙天主教会在菲律宾的统治。但随着19世纪菲律宾民族意识的觉醒,菲律宾教会开始发生分裂,菲律宾籍传教士开始反对西班牙教团的种族歧视与专权,要求宗教上的平等与权利,要求"教区菲化",由菲律宾传教士管理教区。随着

---

① 有关西班牙士兵在菲律宾的人数,以下数据可作为一个参考。1600年,共470人;1603年,驻马尼拉的西班牙士兵不超过700名;1636年,有1762名西班牙士兵和140名土著。1828—1896年间,驻菲律宾的西班牙官兵在1000～3000人左右。1896年,西班牙军队的人数达到17659人,其中只有3005人是西班牙人,其他的基本上是土著和混血儿。参见 John R. M. Tarlor, *The Philippine Insurrection against the United States*,Pasay City,1971,p.19.

菲律宾民族资产阶级的成长,菲律宾人的平等意识从宗教平等向政治平等发展,要求全面的自由与平等,由此爆发了反对西班牙殖民统治的"宣传运动"与"菲律宾革命",天主教会成为菲律宾近代民族资产阶级改良运动与革命运动的主要目标。但天主教信仰经过300多年的传播与渗透,已经成为菲律宾民族文化不可分离的重要组成部分与民众的信仰支柱,它不可能随着西班牙殖民统治在菲律宾的瓦解而崩溃。菲律宾革命推翻了西班牙的殖民统治,同时也瓦解了西班牙的教权主义,菲律宾传教士逐渐成为菲律宾天主教会的主体,最终完成了天主教的菲律宾化。由此,我们看到,天主教在菲律宾有两个比较特殊的方面,一方面是菲律宾的天主教化,即西班牙传教士通过宗教控制菲律宾人,建立起一个东方天主教社会,维护了西班牙的殖民统治。另一方面是天主教的菲律宾化,天主教逐渐与菲律宾传统宗教文化相调适与融合,成为菲律宾人的信仰,在西班牙殖民统治瓦解后,仍被菲律宾人民继续保留下来。因此,本书以近代天主教在菲律宾群岛的传播与发展演变为个案,第一,探讨特殊历史背景下基督教传播的两重性,即殖民扩张与文化传播的性质;第二,考察与分析基督教在菲律宾本土化的方式、途径与意义;第三,探讨菲律宾宗教民族主义的发展及其对近代菲律宾去殖民化运动的意义。

第二节　学术史的回顾

作为地理大发现以来欧洲海外扩张史的重要组成部分,西班牙天主教在菲律宾的扩张,早已成为国际学术界研究的重要课题,尤其是在菲律宾、美国和西班牙,对西班牙殖民时期天主教的研究,一直是20世纪上半期许多研究菲律宾教会史和菲律宾社会、政治、文化与历史的学者所关注的问题,对该领域的研究在50—70年代曾达到一个高潮,出版和发表了大量的专著、译著与论文。这些著作、资料可谓是汗牛充栋,涉及英语以及其他语种,由于笔者受语言条件的限

制,只利用了其中的一部分英文与中文资料,主要包括:

(一)关于菲律宾天主教会史的著作。主要有巴拉斯的《菲律宾教会简史》(Ravmundo C. Banas, *Brief Historical Sketches of Philippines Catholic Churches*, Manila, 1937.);伊瓦雷斯托·巴扎科的《菲律宾的教会》(Evaristo Bazaco, *The Church in the Philippines*, Manila, 1938.);韦拉罗尔编著的《菲律宾教会史》(Pablo Fernandez Villarroel, *History of the Church in the Philippines*, Manila, 1979.);洛佩兹与菲力科斯编译的《菲律宾的基督教化》(Rafael Lopez and Alonso Felix, *The Christianization of the Philippines*, Manila, 1965.);柯文的《十字架下的菲律宾》(Peter G. Gowing, *Islands under the Cross: The story of the Church in the Philippines*, Manila, 1967.);柏拉德的《菲律宾的基督教化:问题与前景》(Miguel A. Bernad, S. J., *The Christianization of the Philippines: Problem and Perspectives: Problems and Perspectives*, Manila, 1972.)以及苏马赫的《菲律宾教会史》(John N. Schumacher, S. J, *Readings in Philippine Church History*, Quezon City, 1979.)。上述著述主要是从总体介绍了西班牙殖民时期天主教在菲律宾的活动。其中集大成者苏马赫的《菲律宾教会史》,全书共 11 章,资料详实,内容丰富,包含了西班牙海外殖民扩张活动与"保教权"的起源,传教士与菲律宾的征服,教会与殖民政权的关系,传教士在菲律宾的活动,菲律宾教会的演变等等,是一本全面了解西班牙殖民时期菲律宾天主教会历史的重要读本。

(二)关于各传教团在菲律宾的历史著述。这类著述很多是由传教士编撰的,如阿杜阿特(Diego Aduarte)关于多明我会的历史,加斯帕尔(Gaspar de San Agustin)所著的《菲律宾群岛之征服》,耶稣会传教士兼历史学家科斯塔的名著《耶稣会在菲律宾,1581—1768》(Horacio de la, Costa S. J., *The Jesuits in the Philippines*, 1581—1768, Cambridge, Mass, 1961.)。其他主要著述还有科莱曼的《菲律宾的托钵僧》(Ambrose Coleman, O. P, *The Friars in the Phil-*

ippines.)以及收集在《菲律宾基督教学报》(*Boletin Eclesiastico de Filipinas*, 39/435,1965.)里的下列论文:如《奥古斯丁传教士在菲律宾》(Pedro G. Galenda, *The Augustinains in the Philippines.*),《方济各会与菲律宾的皈依》(Apolinar Pastran O. P. *The Franciscans and the Evangelization of the Philippines.*),《多明我传教士在菲律宾》(Pablo Fernandez, O. P. *The Apostolate of the Dominicans.*),《对菲律宾华人布道的多明我传教士》(*The Apostolate of the Dominicans among the Chinese in the Philippines.*《菲律宾的沉思派》(Pedro Herce, O. R. S. A, *The Recollects in the Philippines.*)《菲律宾的本笃会传教士,1895》(Romualdo Santos V. O. S. B, *Benedictine Monks in the Philippines*,1895.),《嘉布遣传教士在菲律宾》(Constantino Morea, O. F. M. Cap, *The Capuchin Fathers in the Philippine.*),以及《在俗传教士的贡献》(Pedro Salgado V. O. P, *Contribution of the Seculiar Clergy.*)等重点介绍各菲律宾修会、教派以及在俗传教士的活动。在英文文献中,特别值得一提的是布莱尔和罗伯逊主持编译的长达 55 卷的《菲岛史料》(E. H. Blair, J. A. Roberston, *The Philippine Islands*, 1493—1898, Cleveland,1903—1909.),该史料涵盖了西班牙殖民菲律宾的整个历史时期,从麦哲伦环球航行到西班牙在菲律宾殖民统治的结束。不仅包含大量的教会档案,还有大量马尼拉殖民官员的报告,内容涉及西班牙统治时期菲律宾社会、政治、军事、经济、宗教、民族关系等等方面,是研究西班牙时期菲律宾历史的非常重要的史料。

(三)但是上述两类著述多是着重于史料编撰而匮于分析,特别是缺少从文化角度来分析殖民时代天主教在菲律宾传播的非政治因素,对天主教在菲律宾扩张的性质,社会功能、传播方式与方法、宗教传播过程中的调适变化及其天主教对菲律宾社会的影响方面还缺乏深度的分析。这个缺陷在费兰的《菲律宾的西班牙化:西班牙的目标与菲律宾人的反映,1565—1700》(Phelan, John. Leddy, *The Hispanization of the Philippines: Spanish Aims and Filipino Re-*

sponse 1565—1700，Madison，1959.）一书中得到了较好的弥补。费兰在该书中分析了天主教在菲律宾传播的方式与特点，天主教菲律宾化的表现，教会对菲律宾人民的压迫，菲律宾人民的反抗以及天主教对菲律宾政治经济的影响，是一本比较全面地分析天主教在菲律宾传播以及对菲律宾社会经济影响的重要著作。另一本探讨西班牙天主教及其对近代菲律宾社会文化与伦理道德产生重要影响的著作是卡罗琳·柏里玮尔的《殖民地时期菲律宾的萨满教、天主教与性别关系的变化：1521—1685》(Carolyn Brewer，Shamanism，*Catholicism and Gender Relations in Colonial Philippines*，1521—1685，Ashgate Publishing Limited，2004.）该著作运用历史社会学的研究方法，大量利用教会档案、早期传教士的著述，以近代菲律宾伦理道德观念与性别关系的变化为切入点，考察与分析了近代菲律宾在殖民地化、天主教化的过程中，菲律宾原始宗教文化（萨满教）的衰落与天主教文化的确立以及权力在文化转变过程中的作用与影响。此外，杰拉德·安德森主编的论文集《菲律宾教会史研究》(Gerald Anderson，*Studies on Philippines Church History*，Ithaca and London，1968.）也有多篇文章从不同角度考察与分析了天主教在菲律宾的历史以及宗教民族主义的缘起与发展。

（四）除此之外，还有许多论述菲律宾历史与欧洲殖民扩张史的著作均大量地记载了西班牙天主教会在菲律宾的传教活动。如莫加的《16 世纪末的菲律宾群岛》(Morga，*The Philippine islands in the close of* 16th *Cebtury*，New York，1867.），季里诺的《17 世纪的菲律宾》(Pedro Chirino，*The Philippines in* 1600，manila，1969.），艾利普的《菲律宾政治文化史》(Alip，*Political and Cultural History of the Philippines*，Manila，1954.），赛得的《菲律宾历史——政治、经济和社会文化》(Zaid，*Pageant of Philippine History—Political，Economical and Socio-cultural.*），康斯坦迪诺的《菲律宾历史》(Renato Constantino，*A History of the Philippines*，Manila.）、福尔曼的《菲岛历史》(John Foreman，*The Philippine Islands*，

New York，1906.），苏尔兹的《马尼拉大帆船》（Schurz，*The Manila Galleon*，New York，1965.），古斯纳的《西班牙在菲律宾的统治：从占领到革命》（Nicholas P. Cushner，S. J.，*Spain in The Philippines：From Conquest to Revolution*，Quezon City，1971.），以及拉克的《促成欧洲发展的亚洲：发现的世纪》（Lach，*Asia in the Making of Europe：The Century of Discovery*，1965.），塔林（主编）的《剑桥东南亚史》（第 1 卷）（*The Cambridge of History of Southeast Asia*，vol .1），史佩特的《西班牙湖》（O. K. K. Spate，*The Spanish lake*，Canberra，1979.），博克塞的《西班牙海上帝国》（*The Spanish Seaborne Empire*.）、《葡萄牙的海上帝国》（*The portuguese Seaborne Empire*，1415—1825，New York，1969.）、大卫的《基督教与西方殖民主义在亚洲》（M. D. David，*Western Colonialism in Asia and Christianity*，Himalaya Publishing House，1988.）、里德（主编）的《近代东南亚：贸易、西方殖民主义与信仰》（Anthony Reid，*Southeast Asia in Early Modern Era：Trade，Power and Belief*，Ithaca，Cornell University Press，1993.）古明斯的《西班牙向东方扩张中的耶稣会和托钵修会》（J. S. Cummins，*Jesuit and Friar in the Spanish Expansion to the East*. London，1986.），以及裴化行的《天主教 16 世纪在华传教志》、门多萨的《中华大帝国史》、博克塞的《16 世纪的华南》、费赖之《入华耶稣会士列传》、裴化行的《利马窦评传》等，都大量涉及 16 世纪以来，西班牙殖民政府与天主教会在菲律宾殖民扩张的背景与活动。

第三节　　研究方法与基本框架

一、研究方法

本书的主要目的不是考察西班牙时期天主教会在菲律宾的传教

史,而是尝试把菲律宾天主教化的问题置放于欧洲殖民扩张与基督教海外传播活动的背景下,一方面考察菲律宾的天主教化与西班牙殖民扩张活动的关系,另一方面从宗教文化的角度通过对天主教在菲律宾传播过程中的方式、特点以及天主教在菲律宾适应变化的分析来考察天主教在菲律宾迅速而广泛传播的原因,天主教在菲律宾所遭遇的阻碍、挑战与变革。

首先,从历史唯物主义与辩证唯物主义的观点出发,把西班牙天主教的海外扩张历史置放于新航路开辟后欧洲殖民扩张与近代基督教海外传播运动的双重背景下来考察分析天主教在菲律宾扩张的历史背景、动机与性质。

第二,采取历史社会学研究的基本方法,考察前西班牙时期菲律宾的社会政治与文化,分析天主教在菲律宾广泛传播的社会根源。一般说来,一种宗教信仰要真正成为人们内心的信仰,不可能完全依靠强制性的力量。只有当它适应人们的社会处境,并且引起人们产生强烈的情感共鸣时,才能使人从内心接受它。从历史上看,近代基督教的海外传播活动声势浩大,西、葡两国作为欧洲海外殖民扩张的先驱,在殖民扩张活动中,双方展开了激烈地竞争。在对东方的殖民争夺中,双方都企图征服中国并建立以中国为中心的"东方天主教帝国"。为达此目的,葡萄牙占领了中国澳门,建立了面向中国大陆、台湾和日本的贸易与传教据点,而西班牙则把马尼拉作为进入中国的跳板。历史证明,他们使整个中国皈依天主的梦想只能是妄想。根本原因在于当时的中国无论是在经济、军事和文化上都是一个强国,有着悠久的历史和灿烂的文明,有着自己独特的传统伦理和宗教信仰,天主教企图对中国进行"精神征服"的梦想必遭失败。葡萄牙传教士在其东方殖民地,如印度沿海、马六甲、香料群岛也大力传播天主教,但其最终均无法渗透到内陆地区,因为这些地区受印度教或伊斯兰教的影响很深,天主教的传播受到顽强地抵抗。在整个亚洲,它只在包括菲律宾在内的少数几个国家的局部地区取得成效,在菲律宾也仅仅是在吕宋岛与米沙扬群岛的平原和低地地区得以传播,而偏远的山区仍然保留原始的宗教信仰,特别在伊斯兰教占统治地位的棉兰佬与苏禄地区,天主教的传播遭受到穆斯林社会的顽强抵抗。这说明天主教的传播能否成功,并不是取决于单方面的文化优势,还要取决于传播对象的文化抵抗程度与社会政治组织结构的发达程度以及一些具体的历史、文化与地理条件。由此出发,本书在研究中采取了历史社会学的基本方法,从前西班牙时期菲律宾社会的基本特点出发,分析他们的社会政治组织与结构、宗教信仰,以揭示天主教得以在菲律宾迅速传播的社会根源。

第三,宗教学理论,特别是宗教社会学对宗教功能的分析在本书的研究中具有重要的意义。西班牙在菲律宾300多年的统治使天主教深深地植根于菲律宾社会,并对菲律宾社会产生了深刻的影响,使得菲律宾社会以天主教为中心,形成了自己的价值观,并以这种价值观将他们的物质文化、经济、教育、政治、伦理、艺术、社会制度和社会组织等统一起来。天主教之所以在菲律宾有如此影响,其根源在于它不仅包含一套信仰体系,而且还包含一套实践体系与多种社会功能。天主教的这一套实践体系,可以说完整地体现在天主教的圣礼制度当中。而宗教的社会功能,是指宗教在社会中的不同活动方式及其对社会体系所具有的客观结果,它主要表现为宗教的世界观功能、补偿功能、交往功能、调节功能和整合功能。宗教所具有的社会功能不仅使其在传播过程中对整个社会体系产生影响,而且在满足人们的宗教需求的同时,还满足了人们许多非宗教的需求,如世界观的,道德的、审美认识的需求,以及对社交、安慰、甚至对社会活动的需求。尤其是基督教,在其长期的历史发展过程中形成了信仰宗教的个人、宗教团体、机构、组织之间的相互关系和他们与信仰范围之外的事物的关系,这些关系并非全是宗教关系。信教的个人、团体和机构都可能进行经济、政治、教育和其他的活动。因此,它们也会与经济、政治、教育活动等发生关系……虽然这类活动和关系可能出现主观想象的宗教方面,但是作为整体,就其客观内容和意义而论,却不是宗教的。① 西班牙大力传播天主教,竭力用西班牙文化来重塑菲律宾社会,从这种目的出发,它所实施的许多活动是宗教性的,但也不排斥有的活动是非宗教性的,这些非宗教性的活动对促进天主教在菲律宾的传播有着不可低估的作用。

第四,在总体上遵循历史研究方法。主要根据近代菲律宾历史的发展变化过程来阐述天主教在菲律宾的殖民扩张与调适。此外,笔者于 2002 年 11 月至 2003 年 7 月在菲律宾国立大学做访问学者,除在菲大图书馆收集相关资料外,还访问了收藏部分耶稣会档案的亚典耀大学罗耀拉神学院、马尼拉方济各会图书馆、奥古斯丁档案馆,参观了南部宿务、杜马给特,北部的佬沃革、维干、东部奎宋省以及马尼拉的一些著名教堂与社区、参加了一些教会的活动并访问了一些神父与天主教徒,这些访问有助于加深笔者对菲律宾天主教的认识。

二、基本框架

第一章为绪论,阐述本选题的意义目的、相关的学术史回顾、研究方法与基本内容。

第二章重点考察新航路开辟后的欧洲海外殖民扩张与基督教传教活动的联系。着重分析了西班牙海外扩张的背景、天主教在西班牙海外扩张活动中的地位与作用,同时也简单回顾了传教活动在早期其他主要的欧洲列强如葡萄牙、荷兰、法国的东南亚殖民扩张活动中所发挥的作用,以此来考察早期欧洲殖民扩张的共性与特点。

第三章从前西班牙时期菲律宾社会的基本特点出发,特别是通过对"巴朗盖"(Barangay)社会政治组织与宗教形态的分析,揭示天主教得以在菲律宾中部与北部迅速传播的社会根源,即"巴朗盖"社会缺乏抵抗外来文明的社会性防御能力,而天主教在伊斯兰教已经

---

① 伊·尼·亚布洛柯夫:《宗教社会学》,四川人民出版社 1989 年版,第110 页。

广泛传播的南部地区遭到顽强抵抗,则表明伊斯兰教社会具有较强的社会性防御能力,能够有效抵御西班牙的殖民扩张与天主教的传播。

第四章分析菲律宾天主教化的相关问题。首先考察了天主教会在西班牙殖民政策从以暴力为主的军事征服转变为以传教为主的和平征服过程中所起的关键作用。第二,考察了教区与教会学校的建立对天主教传播的影响。第三,通过对教理问答的简单分析,理解天主教的价值观念、伦理体系、圣礼制度的引入对菲律宾社会天主化的作用与影响。最后,分析了西班牙殖民政府皈依菲律宾华侨的动机、宗教政策以及对菲律宾华侨社会的影响。

第五章探讨天主教在菲律宾的适应与变化。早期天主教在向东方的传播过程中,在传教路线与策略方面存在分歧与争论。以澳门为中心、受葡萄牙国王支持的耶稣会主张在中国推行适应性传教路线;而以马尼拉为中心,受西班牙国王支持的马尼拉教会则出台了对中国实施武力征服的计划。最后,澳门耶稣会在中国取得了巨大的成功,而西班牙殖民政府与天主教会征服中国的计划却很快流产。在菲律宾,西班牙天主教会的适应性传教路线结出了丰硕的成果。一方面,传教士重构、改造了菲律宾主要的民族语言,另一方面,他们努力学习菲律宾的民族语言,并将天主教的教理问答与教义等书籍翻译成菲律宾的主要民族语言,同时还利用菲律宾的民族语言来传道布教,极大地推动了天主教在菲律宾的迅速而广泛的传播。其次,天主教在传播过程中,保留了菲律宾"巴朗盖"社会的大督阶层,并适应菲律宾社会以血缘为纽带的社会结构,成功地将天主教的教亲制度引入了菲律宾社会,推动了菲律宾社会的天主教化。此外,天主教在传播过程中,还注意适应菲律宾的宗教文化与传统习俗,不仅推动了天主教的传播,而且天主教与不同文化元素的调适与融合,也促进了天主教在菲律宾的区域性变化——菲律宾民俗天主教的产生。

第六章分析了天主教在菲律宾传播初期遭到的阻碍与挑战:吕宋岛北部山地部落对西班牙文化同化的抵抗,泰加洛与米沙扬人民对殖民压迫的反抗与信仰回归的诉求,以及南部穆斯林反对西班牙殖民侵略、捍卫伊斯兰信仰的顽强斗争。这些斗争,特别是穆斯林的顽强斗争,不仅阻止了天主教的进一步扩张,而且也促进了菲律宾穆斯林民族意识的觉醒与发展,加强了东南亚穆斯林的团结,推动了东南亚穆斯林信仰共同体的形成。

　　第七章分析天主教在菲律宾的本土化进程,考察了菲律宾传教士的成长、"教区菲化"运动与近代菲律宾宗教民族主义的发展。指出西班牙天主教会成为菲律宾民族主义的主要目标。但由于天主教长期的影响,菲律宾民族革命的实质是反对西班牙殖民统治与教权专制主义,而不是天主教信仰。菲律宾独立后,天主教仍然作为菲律宾民族文化的重要组成与民众的主要信仰而保留下来。此外,"菲律宾独立教会"作为菲律宾革命的重要成果以及现代菲律宾宗教民族主义的集中体现,在菲律宾政治史与教会史上都具有重要意义。从政治上看,"菲律宾独立教会"是菲律宾民族独立运动在宗教上的诉求,它昭示了宗教独立是民族独立的重要组成部分;从神学上看,它是菲律宾天主教内部的一次"宗教革命",是菲律宾民族教会挑战罗马教廷在菲律宾的等级统治与专制主义的一次实践,它表达了菲律宾民族教会要求独立自主地解读殖民地人民获得"救赎"的途径与意义以及基督徒所应承担其历史使命的呼声,是殖民地人民在文化解殖领域的一次有意义的抗争。

　　结语总结了全文内容,指出推动近代天主教海外传播的动力,强调宗教文化本身的性质、宗教文化传播过程中的特点、方式以及宗教传入地的社会政治状况是决定宗教文化成功传播的重要因素,并对教会在当代菲律宾社会政治生活中的作用与影响做了初步的评价与前瞻。

第二章

欧洲殖民扩张与
天主教东传运动

第一节　早期基督教探索东方的历程

　　基督教自诞生之日起,就浸透了普世主义、改变异端宗教信仰以及好战精神。基督教在产生初期就具有强烈的普世主义倾向,其惟我独尊的上帝观和拯救全人类的使命感成为传教运动的内在动力。从使徒时代到现代,积极传教一直是基督教会的主要特点。在基督教发展过程中,虽然遭到罗马帝国的迫害和镇压,但也逐渐被罗马统治阶级所接纳,成为罗马帝国的统治工具。公元4世纪初,罗马皇帝君士坦丁颁布了"米兰赦令",给予基督教合法的地位。公元392年,狄奥西多一世以罗马帝国的名义正式宣布基督教为国教,下令取缔异教。至此,基督教成为罗马帝国唯一合法的国家宗教。随着罗马帝国在欧洲的扩张,基督教也传播到西欧的广大区域。公元5世纪末期,西罗马帝国在蛮族的入侵下崩溃,但基督教并没有因此随之消失,"蛮族"反而皈依了基督教,基督教成为欧洲封建国家的统治工具。基督教在向西扩张的同时,也在向东传播。公元1世纪时,耶稣被钉死在耶路撒冷后,耶路撒冷便成为基督徒心中的圣地,对圣地的朝拜开启了基督徒探索东方的序幕。"到5世纪初,在耶路撒冷附近已有两百所修道院和信徒接待所。"①公元 7 世纪,随着伊斯兰教势力的兴起,基督教徒和伊斯兰教徒为争夺耶路撒冷展开了激烈的争夺。1071 年,突厥塞尔柱王朝的苏丹阿尔卜·阿尔斯兰带领突厥军队向西横扫,在曼齐卡特击败了拜占庭王朝的罗马军队,占领了包括朝圣大道在内的小亚细亚的大部分土地。1088 年,精力充沛、敢于改革的乌尔班二世成为教皇。在拜占庭皇帝阿历克塞一世的请求下,决心回击来自穆斯林的挑战,统一东西方教会,夺回圣地耶路撒冷。从 11 世纪末开始,在教皇以"拯救东方教胞",收复"失地"耶路撒冷,夺回"主的坟墓"的号召下,西方基督教世界组织了八次十字军东征,虽然这八次东征最后以失败告终,但十字军精神,即通过宗教狂热和武装行动相结合来从事对外扩张的精神却长期保留下来,并对后来欧洲的海外扩张产生了深远的影响。另一方面,"十字军东征失败,对于基督教世界是件好事,也是欧洲人发现东方世界的催化剂。"②耶路撒冷恢复无望,朝圣之路中断,欧洲的基督教世界乃转而致力于传教。在十字军之后,基督教东征的力量便全部倾注于传教了。但是从欧洲通往东方的道路仍被突厥人阻断。后来,在 1250—1350 年的一个世纪里,横亘在欧洲与东方之间的"铁幕"终于被蒙古人揭开。蒙古人对穆斯林的征服不仅粉碎了突厥人对东行道路的封锁,并且蒙古大汗还表达了与基督教世界结盟和合作的愿望,这极大地激起了西方基督教君主和教皇的热情:不仅能共享征服穆斯林的光荣和利益,而且还可以凭借蒙古人的帮助实现基督徒多次东征的目的。除此之外,好战的基督徒急切地想把成吉思汗同欧洲中世纪传说中的东方基督教国王祭司王约翰联系在一起。教皇发出诏书,保护并支持向东方传教的修士,并先后派方济各会和多明我会的修士柏朗嘉宾(Juan du Plan Carpin)、本尼狄克(Benoit de Pologne)、

---

① 丹尼尔·J·布尔斯廷:《发现者》,上海译文出版社 1997 年版,第 170 页。

② 丹尼尔·J·布尔斯廷:《发现者》,第 180 页。

安德鲁（Andre de Longjumeau）与罗伯鲁（Guillaume de Rubrouck）等人作为欧洲基督教世界的传教使节出使蒙古国，企图说服蒙古皈依基督教，共同建立反对穆斯林的联盟。[①] 这些修士成为欧洲从陆路探索东方的先驱。而在 1307 年，教皇批准北京设立总主教区，意大利籍方济各会会士约翰·孟高维诺（Giovani da MonteCorvino）被任命为总主教。然而，在这条东西方陆路上最引人注目的旅行家还是意大利威尼斯人马可·波罗。他将奇特的经历与对东方的描绘汇集在其游记中，极大地激发了欧洲对东方的狂热想象，成为欧洲在后来特定的历史条件下从海上探索东方之路的一本"指南"。然而，欧洲与中国的陆上交通在经历了一个世纪的繁忙后，因蒙古帝国的崩溃和奥斯曼土耳其人的崛起而中断。奥斯曼土耳其人不仅占领了欧洲通往东方的必经之路，而且以破竹之势入侵欧洲，并于 1453 年攻占了拜占庭帝国的首都君士坦丁堡，建立了横跨亚欧两大洲的奥斯曼土耳其帝国。欧洲基督教世界又一次面临着穆斯林势力的极大威胁。在这种情况下，欧洲基督教必须采取新的策略遏制突厥人的进攻。他们又重新回忆起 13、14 世纪蒙古帝国同欧洲基督教世界存在过的反对伊斯兰教的同盟关系，并且认为此时还存在这种结盟的可能性（由于东西方陆上交通的阻塞，他们不知道蒙古帝国已经瓦解，中国已经改朝换代，对基督教抱好感的蒙古大汗已不复存在了）。于是欧洲基督教世界努力探索到达东方的海上道路，寻找蒙古大汗和传说中的东方基督教国王祭司王约翰，以期能联合起来抗击穆斯林的攻击。

探索东方之路不仅在欧洲抗击穆斯林世界的斗争中具有战略意义，它还具有不可估量的经济价值。自中世纪以来，东方的商品一直在欧洲被视为珍宝，特别是来自东方的香料，一直是欧洲人生活中不可缺少的物品。但那时东西方的贸易不是直接的，而要通过中亚穆斯林和北非、西班牙人的阿拉伯人中转。从亚洲通往欧洲的商路被

---

① 伯希和：《蒙古与教廷》，中华书局 1994 年版。

穆斯林占据,他们对过往的商品课以重税,来自印度的商品辗转到意大利商人之手时,已是原价的数倍。为了获得廉价的东方商品,欧洲必须开辟一条通往东方(印度)的海上道路。在宗教因素与经济因素的推动下,近代欧洲历史揭开了崭新的一页。而这页历史首先是由伊比利亚人来书写的。

第二节　早期欧洲对东南亚的
殖民扩张与传教活动

一、西班牙的殖民扩张与天主教传播

　　由于特殊的地理位置,伊比利亚半岛的西班牙和葡萄牙成为欧洲海外殖民的先驱。地理大发现给伊比利亚半岛带来了非洲、美洲和亚洲的广袤土地和众多亟待救赎的灵魂,找到了通往印度以及中国的道路,从此翻开了整个世界历史的新篇章。16 世纪的东南亚地区,成为世界资本主义世界体系的边缘地区。在以西欧为中心的资本主义世界体系里,东南亚边缘地区扮演着重要的角色,一方面,它是欧洲的原料仓库;另一方面,东南亚地区又处于以中国为中心的东亚朝贡贸易体系和私人贸易的外围。[①] 东南亚处于两个"体系"的交汇处,成为东西方交流必经之海路,也是欧洲进入东亚的桥头堡。东南亚在欧洲东方扩张中的战略地位使之成为欧洲列强争夺的目标。这是西班牙人殚精竭虑经营菲律宾的大背景。此外,西班牙天主教在菲律宾的传播,还与西班牙特殊的历史、政治发展与宗教文化有密切的关系。

――――――――――

　　① 滨下武志:《近代中国的国际契机:朝贡贸易体系与近代亚洲经济圈》,中国社会科学出版社 1997 年版。

1. 西班牙天主教国家的形成

伊比利亚半岛的西班牙与葡萄牙首先揭开近代欧洲海外扩张的序幕,这种扩张主义的形成与两国长期与穆斯林斗争的历史密切相关。西班牙国家的形成是基督教十字军从北非穆斯林占领者手中夺回其领土的结果。8世纪时,信奉伊斯兰教的北非阿拉伯人(柏柏人)入侵西班牙,建立后倭马亚王朝。从此伊比利亚半岛就长期处于穆斯林的统治之下。13世纪下半期,在西班牙收复失地的运动中,形成了两个比较强大的基督教国家:卡斯提和阿拉冈。15世纪初,卡斯提和阿拉冈两国通过王室的联姻完成了西班牙的统一,并为彻底驱除伊斯兰教势力奠定了基础。1492年,西班牙攻占格拉纳达,完成长达7个多世纪的"收复失地运动",并建立起封建专制的民族国家。"收复失地运动"对西班牙国家的历史发展产生了深远的影响。从表面上看,这是一场反对阿拉伯人入侵、具有民族解放性质的全民性运动,但是这场斗争是在"百合花反对新月"的号召下开展的,基督教在其中发挥了重大的作用,十字军精神在斗争中得到淋漓尽致地发挥。因此,这一段特殊的历史孕育了西班牙人狂热而狭隘的宗教情绪,宗教精神和爱国主义紧密地结合在一起,尤其是形成了对穆斯林极不宽容的"伊比利亚"情结,这种精神深刻地影响了后来西班牙的海外殖民扩张。

2. 宗教改革与反宗教改革

16世纪的欧洲基督教世界,除受到来自外部穆斯林世界的冲击外,其内部的冲突也日益剧烈。在15世纪文艺复兴的影响下,欧洲的封建体制逐渐瓦解,中世纪的所谓"黑暗时代"也宣告结束。罗马大主教会受到启蒙运动与人文主义思潮的冲击,欧洲社会与教会内部要求整顿和改革宗教的呼声日益高涨。这次宗教改革运动的主要领袖是德国的马丁·路德和法国的约翰·卡尔文。他们提倡"因信称义",即信徒可以不通过教会的神父,直接与上帝相通。这次宗教改革直接导致中世纪统一的罗马教会产生分裂。德国北部、中部以及北欧诸国的挪威、丹麦、瑞典都相继改信"路德教";英国、法国、德国西部和南部,则多受卡尔文派的影响。几乎半个欧洲摆脱了罗马教廷的控制。

教会的分裂以及教皇权威的削弱,促使天主教也进行了一次所谓的"反宗教改革运动"(Counter-Reformation)。从某种意义上讲,这是天主教本身的一次复兴运动。中世纪时期,教会的特权阶层相当腐化,不少神职人员过着荒淫无耻的生活,教会利用出售"赎罪券"在各国进行搜刮。这次"反宗教改革运动"的目的,不仅要在教会内部进行整肃,更重要的是要与"宗教改革运动"划清界限,维护教皇的权威,并挽回罗马教会在地域上与影响上的损失。

西班牙和葡萄牙海外发现的成功给天主教的复兴带来了新的希望。西班牙在"收复失地运动"结束后,成为一个欧洲强国,政教合一成为西班牙政治统治的重要特征。1494 年,罗马教皇授予西班牙的斐迪南国王和王后伊莎贝拉二人"天主教国王"的称号。在欧洲大陆事务中,西班牙与罗马教会保持一致,互通声气。西班牙国王与罗马教廷的关系一度非常友好,特别是在亚历山大六世,即西班牙瓦仑西亚人罗德里戈·博尔贾(Rodrigo Borgia)担任教皇期间,西班牙对罗马教会拥有很大的影响力。15 世纪末地理大发现后,教皇亚历山大六世和朱理亚二世接连下了几道通谕,赋予西班牙和葡萄牙国王海外新发现土地的"保教权"。自地理大发现以来,西班牙历代君主都把向海外传播天主教作为海外殖民扩张政策的关键。如在西班牙有关印第安土著事务的法律里也充满了天主教精神:帮助传教士传播基督教义、教化殖民地的土著,所有殖民地的官员都有义务保护土著永恒的、精神上的利益,促使他们皈依天主教。著名的伊莎贝拉在其遗嘱里写到:"我们的目标是使印第安土著皈依我们神圣的宗教,派传教士、神父和有知识的人去教导他们,培养他们好的品德。"[1]1519 年,西班牙国王查理当选为神圣罗马帝国皇帝后,立即致力于建立一

①　G. F. Zaid, *Philippine Political and Cultural History*, Manila: Philippine Education Company, 1957, Vol. 1, p. 58.

个基督教世界君主国。1556年,菲利普二世继位,成为了西班牙国王,同时也继承了他父亲的使命,即保护天主教会。菲利普二世曾于1566年写信给西班牙驻罗马大使:"你可以使教皇陛下确信,我宁肯丧失我的全部国家和100次生命(如果我有100次生命的话),也不愿让宗教和上帝的利益遭到丝毫的损害,因为我既不打算也不希望做异端的君主。"[1]"伊比利亚"情结一直贯穿在西班牙的海外拓殖中,并且伊斯兰教徒的内涵和外延也扩展了,包含了一切异教徒和不信教的人。可以说,地理大发现极大地唤起了西班牙人征服土地与灵魂的欲望。

3.建立"东方天主教帝国"的梦想

在16世纪的亚洲,在殖民竞争中能与西班牙匹敌的欧洲国家只有葡萄牙。葡萄牙也是在伊比利亚半岛收复失地运动中形成的基督教国家,它曾是卡斯提的附庸,1143年独立后形成封建专制国家。在欧洲,葡萄牙的势力处于西班牙之下,然而在海外殖民扩张中,葡萄牙却是西班牙的强劲对手。15世纪末以来的海外殖民地,最早是在这两个国家之间瓜分的。1494年6月,在教皇亚历山大六世的协调下,签订了《托德西利亚斯条约》。双方同意在佛德角群岛以西370里格处划界,线东新发现的土地属于葡萄牙,线西属于西班牙。这个协定保留了葡萄牙对巴西的发现权;哥伦布探索印度的失败,而达迦马从印度的凯旋则昭示了西班牙在东方的拓殖中已落在葡萄牙后面。印度的发现为葡萄牙帝国的版图增添了一颗耀眼的明珠,葡萄牙国王曼奴埃尔迫不及待地加冕自己为"对埃塞俄比亚、阿拉伯、波斯、和印度进行征服、通航和通商之王。"但随后麦哲伦的发现打破了葡萄牙人在东方殖民中的垄断,他不仅首次完成了环球航行,而且菲律宾的发现为西班牙在亚洲争得了与葡萄牙抗衡的一席之地。

但是菲律宾并不是西班牙帝国在东方的终点,他们企图建立"东

---

[1]　R.B沃纳姆:《新编剑桥世界近代史》(第3卷),中国社会科学出版社1999年版,第316页。

方天主教帝国",而中国则成为西班牙最想征服的国家。早在 16 世纪初,西班牙籍传教士方济各·沙勿略到日本传教后就曾说:"如谋发展吾主耶稣基督的真教,中国是最有效的基地。一旦中国信奉真教,必能使日本吐弃现行各教学说和派别。"[①]在西班牙海外扩张的哲学中,改变人的信仰与占领土地紧密相连,"没有拓殖就不存在有效的征服,如果土地未被征服,就总也改变不了人的信仰。因此,征服者的格言就必须是去拓殖。"[②]墨西哥的征服者科尔特斯的"征服哲学"也被西班牙殖民者运用于东方。要建立以中国为基地的"东方天主教帝国",就必须占领中国。而菲律宾则成为到达中国最好的垫脚石。在教会人士看来,菲律宾在天主教向东方的扩张中地位极其重要。耶稣会士鲍比(Boubee)曾这样描述道:"菲岛在传教事业中,就像耸立在悬崖峭壁上的灯塔,它是波涛汹涌的大海中的港湾,是传教士们来往中国与日本的最佳起点和休憩地。"[③]阿杜阿特(Aduarte)在《传教士在菲律宾、日本以及中国的神圣历史》一书中也写道:"传教士来到菲律宾,向每一个居民宣传福音,是为了让他们听从上帝而不是听从魔鬼。他们特别想到中国去传播福音。"[④]其实,菲律宾作为西班牙的殖民地,从群岛自身经济条件来看,基本上是无利可图的,"群岛资源贫乏,仅出产石蜡、姜、质量差的肉桂以及少数黄金,而西班牙军队及殖民官员的补给都得依靠墨西哥。"[⑤]但在西班牙王室与冒险家们看来,菲岛在联系中国与新西班牙的经济交往、在西班牙向东方拓殖的事业上却占有得天独厚的条件。"马尼拉只是

---

① 方豪:《中国天主教史人物传》,中华书局 1988 年版,第 60 页。

② 莱斯利·贝瑟尔:《剑桥拉丁美洲史》(第 1 卷),经济管理出版社 1995 年版,第 145 页。

③ E. H. Blair, J. A. Robertson, *The Philippine Islands*, 1493—1898,(以下缩写为 BRPI)Cleveland, 1903, Vol. 1, p. 49.

④ Alfonso Felix Jr, *The Chinese in the Philippines*, 1570—1770,. Manila, 1966。

⑤ O. H. K. Spate, *The Spanish Lake*, Canberra, 1979, p. 104.

士兵和传教士的兵站,她的作用好像是一个打气筒,通过她,新西班牙的白银换取了东方的奢侈品,中国的丝绸经过美洲到达塞维利亚。正如黎牙实比所说,'我们站在了最富裕国家的门口,中华帝国,渤泥……琉球,日本,还有其他富裕的国家的门口。'"①西班牙人占领菲律宾后,立即制定了详细的征服中国的计划。② 在对待菲律宾这个问题上,西班牙王室早就表明了与教会人士一致的态度。在黎牙实比占领菲律宾不久,当时的一位作家就向西班牙国王菲利普二世报告:菲律宾缺乏黄金和珍珠,占领菲律宾很可能意味着庞大的开支而无任何实际利益。但是菲利普二世回答说:"朕是上帝的工具,重要问题是吕宋王国的皈依,而上帝已预先指定朕来实现这个目标。既然上帝把这个殊荣交给朕和朕的王国,朕将竭尽全力来完成这个光荣的使命。"③

4. 基督教世界的海外扩张:神学理论与改良主义的实践

驱使早期传教士远涉重洋传播福音的动力不仅有来自君主与国家的支持,此外,近代欧洲基督教世界的征服理论,以及受文艺复兴运动影响而催生的基督教人文主义思想对推动天主教的海外传播也产生了深刻影响。

在某种意义上而言,地理大发现时代欧洲的海外扩张实际上是欧洲基督教的海外扩张。基督教的神学思想为欧洲扩张奠定了理论基础。首先,基督教的普世主义为欧洲扩张奠定了神学基础。"基督教大世界"(Christendom)的观念认为:"世界只有一个神,一种灵魂拯救法和一个上帝;全世界同出一源,属于一个整体……不同民族都

---

① 　O. H. K. Spate,*The Spanish Lake*,p. 104.

② 　*BRPI*,Vol. 6。

③ 　John R. M. Tarlor,*The Philippine Insurrection against the United States*,Pasay City,1971,p. 9.

是基督教大世界的成员,都受到罗马教皇和神圣罗马帝国皇帝的统治"。① 随着新大陆的发现,以罗马教皇为首的正统基督教世界认为,他们拥有对信奉异教的"野蛮人"合理且合法的管辖权(jurisdiction)。第一,欧洲基督教世界认为,异教徒所占据的地方都是"没有合法所有主"的"宗教上的无主地带",而作为上帝在人世代表的罗马教皇有权把这种"宗教上的无主地带"分派给任何基督教王国的国王所有,因此分得这种地带的基督教国王就享有对这些地方的"合法"管辖权。第二,"开化论"为欧洲基督教世界的海外扩张提供了道德依据。在欧洲海外殖民扩张历史中,殖民者塑造的受殖者形象总是与"孱弱"、"野蛮"、"懒惰"、"顽劣"与"愚昧"相联系,因此他们需要殖民者的"保护"、"教导"与"管理"。② 因此,基督教的海外扩张有其天然的、神圣的"合理性",他们将基督教的扩张与崇高的道德目标联系在一起,即他们的征服行动是本着"慈悲"与"善良"的目的,是为了把异教徒从黑暗愚昧中拯救出来,对他们加以开化,使他们沐浴在基督教文明的阳光下,过上文明的生活,所以是"合理"的征服。正如17世纪一位西班牙法学家概括的那样:"因为他们(指印第安人)如此野蛮……要有人担负起管理、保卫、并教导他们的职责,使他们过一种有人性的、文明的社会与政治生活,因而他们应获得接受宗教信仰与基督教的能力。"③这种从文明的角度来划分人种的优劣性,并因此把非基督教徒的其他民族污蔑为"野蛮人"的理论在欧洲基督教世界有着根深蒂固的土壤。著名的古希腊哲学家亚里士多德很早就根据所谓的自然法则提出了"人种优劣"学说。该学说认为,按照自然法

---

① 姜守明:《从民族国家走向帝国之路》,南京师范大学出版社2000年版,第61页。

② 魏米(Albert Memmi):《殖民者与受殖者》,许宝强、罗永生编《解殖与民族主义》,中央编译出版社2004年版,第35页。

③ 莱斯利·贝瑟尔:《剑桥拉丁美洲史》(第1卷),经济管理出版社1995年版,第296页。

则，人们并非生而平等，因而，强者统治弱者是天经地义的。①　新航路开辟后，随着海外广袤领地以及众多非基督徒民族的发现，一些欧洲的神学家和法学家对亚里士多德的学说做了进一步地发挥。如1510年，苏格兰的梅杰（John Major）在亚里士多德"人种优劣论"的基础上著书立说，明确指出，印第安人就是亚里士多德所指的劣种人，是"天然的奴隶"。②　西班牙神学家兼法学家塞普尔韦达（Juan Ginés de Sepúlveda）也遵循亚里士多德的原则，在其1554—1555年间的未刊论文《民主变革》（*Democrates Alter*）中认为："印第安人是天生的没有理性的野蛮人，应该由天生高贵的西班牙人对印第安人实行严厉的家长式管理。"③此外，欧洲基督教世界宣称的"普世平等主义"也为其海外殖民扩张提供了"正义"之名。如塞普尔韦达就认为，前西班牙时期殖民地的社会与政治结构中所存在的阶级划分、等级差别以及剥削压迫制度与专制主义是不文明、不公正的，所以传播基督教，最终建立一个"人人平等"、"废除奴隶制度"、"没有剥削压迫"的基督教乌托邦是禀赋神的旨意，是正义的行为。而西班牙国王作为上帝神圣旨意的捍卫者和实践者，他所支持的海外扩张事业是为了把殖民地人民从"野蛮的专制统治"中"解放"出来，是"正义"的"解放者"而不是征服者。这种理论在当时盛行的"乌托邦"学说的推动下得到普遍支持。如在西班牙统治时期，秘鲁总督托勒多（Francisco de Toledo）就非常重视对当地土著社会情况的调查与研究，许多早期在菲律宾的西班牙殖民官员以及传教士也热衷于此，其中不

---

① 颜一：《亚里士多德文选：政治学卷》，中国人民大学出版社1999年版，第12页。

② 严中平：《老殖民主义史话》，北京出版社1984年版，第192页。

③ 莱斯利·贝瑟尔：《剑桥拉丁美洲史》，第1卷，经济管理出版社1995年版，第300页。

乏为这种理论寻找证据的动机。①

第二,文艺复兴以来的各种社会思潮对推动基督教的海外扩张产生了巨大影响。

自文艺复兴以来,理性主义、人文主义的广泛流行和近代自然科学的飞速发展使传统神学思想逐渐走向衰落。在这种背景下,新的社会思潮在欧洲涌动,一些空想主义者提出了新的社会哲学理论,想象和设计出未来理想社会的方案,如意大利康帕内拉的"太阳城",英国莫尔的"乌托邦"。而基督教则试图以复兴宗教正义来达到改良社会的目的,通过直接而生动的福音布道以慰藉人们焦躁的心灵。当时影响较大的神学思潮是"千年王国"学说和"基督复临论"。它宣称耶稣基督将再次降临人间,建立理想的千年王国,信徒将获得永生,

---

① 西班牙传教士和殖民地官员记载了大量有关前西班牙殖民时期菲律宾群岛,特别是吕宋岛和米沙扬群岛的社会组织、宗教文化等情况。如 Miguel de Loarca ,"*Relacion de las Islas Filipinas*(1582)"BRPI, V, pp. 34~187. Juan de Plasencia, "*Las costumbres de los Tagalogs*(1598)", BRPI, VII, pp173~196. Dr. Antonio de Morga , "*Sucesos de las Islas Filipinas*(1609)", BRPI, XVI, pp. 69~135. Father Pedro Chirino (1604), "*Relacion de las Islas Filiponas*(1604)", reprinted by Historical Conservation Society, Manila,1969. Francisco Ignacio Alcina, "*Historia de las e Indios de las Bisayas*(1668)", English translation by Paul S Lietz, Chicago, 1960. Colin (1603), "*Labor evangelica*", Diego de Aduarte (1640) "*Historia de la Provincia del Santo Rosario*"等。这些作者中洛艾萨是班乃岛的官员,其书叙述米沙扬的情况比较详细。普拉森西亚是方济各会的传教士,于 1578—1590 年在吕宋岛传教,其书是应西班牙驻菲总督之命而写的,内容丰富。切里诺是耶稣会士,1590 年代曾在米沙扬及吕宋岛传教。莫加于 1595—1603 间在殖民政府工作,曾任首席法官。阿尔西纳是耶稣会士,曾在萨马尔、莱特岛传教,他的手稿有相当丰富的菲律宾民族资料。科林也是耶稣会士,曾在米沙扬群岛传教。阿杜阿特是多明我会传教士。参见 John Leddy Phelan, *The Hispanization of the Philippines :Spanish Aims and Filipino Responses*,1565—1700,Madison:The University of Wisconsin Press, 1959,p. 25.

罪人将受到审判和惩罚,唯有立即皈依基督才有出路。为了迎接千年王国的来临,信徒必须弘扬基督教精神,引导他人信奉上帝,以逐渐改造这个罪恶的世界。在"基督复临论"的影响下,传教成为越来越迫切的任务。此外,在中世纪末期,一些基督教人文主义者对传统基督教神学思想进行的改造直接影响了欧洲天主教会,特别是在方济各会与多明我会中就涌现了一大批同情与拥护荷兰鹿特丹的基督教人文主义者伊拉斯谟思想的传教士。在《基督论》里,伊拉斯谟将其基本的神学思想表达为"基督的哲学",并且引进了基督的"适应"这一概念:基督让他适应于每一个人,每一种处境。同时他借着博爱使一切与他相连。[①] 伊拉斯谟的"基督的哲学"极大地唤起人们的宗教热情,对推动天主教的海外传播起了积极作用。而16世纪初西班牙教会内部的改革也无疑促进了推动天主教的海外传播。尤其是1494年,鉴于天主教会各个修会的纪律趋于松弛,教皇亚历山大六世在授予费迪南德和伊萨贝拉二人"天主教国王"称号的同时,也赋予他们改革本国一切修女和修士团体的权力。在红衣主教西斯内罗斯的指导下,西班牙的各个教派包括方济各会、多明会、本尼狄克会以及哲罗姆派都相继实行改革。这次改革严肃了各个修会的纪律与道德修养,坚定了他们的宗教信念。而海外殖民地的发现为西班牙传教士开辟了建立基督教"千年王国"的乐土,海外众多亟待"拯救"的灵魂更唤起了传教士的传教热情,这些因素结合在一起,促使一些具有开拓精神的传教士,特别是圣方济各、多明我会以及耶稣会的传教士纷纷奔赴海外传教。

二、其他列强的殖民扩张与传教活动

从近代欧洲国家的海外扩张历史来看,在新航路开辟后的欧洲海外殖民扩张活动中,基督教,无论是天主教,还是基督新教都扮演着不同程度的作用。在西、葡的海外扩张中,由于西、葡两国所享有

------

① 柯毅霖:《晚明基督论》,四川人民出版社1999年版,第23页。

的"保教权",所以传教士与殖民者往往同船而来,充当殖民主义的先锋与助手;在法国的远东扩张中,法国天主教传教士的表现与作用十分突出,是法国在远东扩张与渗透的主要代表;在荷兰、英国的远东扩张中,宗教动机和基督教会所扮演的角色虽然不如天主教会在西、葡、法的海外扩张中那么突出,但它在荷兰、英国殖民扩张中的作用也不可忽视,同样成为殖民势力扩张的工具。下面将简单地综述早期侵入远东的几个欧洲国家葡萄牙、法国、荷兰在东南亚的殖民活动与宗教扩张,以考察早期欧洲海外殖民扩张的形式与特点。

1. 葡萄牙在东南亚的殖民扩张与传教活动

同西班牙人一样,葡萄牙在亚洲的海外殖民扩张中不仅显示出强烈的宗教动机,而且表现出海盗式掠夺财富的贪婪、残暴本性,对穆斯林的极端仇恨与对商业利益疯狂追逐的结合使葡萄牙在亚洲的扩张充满了无比的残暴与血腥!正如一位西方学者指出"在东方,葡萄牙帝国的特点是,葡萄牙人既是十字军又是商人。"[①]

葡萄牙在亚洲的殖民扩张,既是一场与穆斯林争夺香料贸易垄断权的商业战争,又是一场宗教扩张运动。由于葡萄牙国王所享有的"保教权",早期葡萄牙的海外殖民扩张与天主教的传教活动紧密地联系在一起。其中,耶稣会成为葡萄牙王室在亚洲扩张的主要代表,它在亚洲的活动开创了葡萄牙人在亚洲传教的新局面。[②]继印度果阿成为耶稣会向东南亚以及远东地区扩张的基地后,1511年葡人占领马六甲,随即建立了天主教教堂与天主教教区,并鼓励葡人与当地妇女通婚,向当地居民传播天主教。之后,又以马六甲为基地和据点,继续向东南亚其他地区扩张。其中最重要的目标是被称为"香料群岛"的摩鹿加群岛。1522年,葡萄牙人与德那地苏丹结成联盟,

①　转引自张德明:《论16世纪葡萄牙在亚太地区扩张活动的性质》,《世界历史》,2003,(4),第67~74页。

②　C. R. Boxer, *The Portuguese Seaborne Empire*: 1415—1825, pp. 65~66.

并在那里传教,但遭到穆斯林的强烈抵制。直到 1546 年,沙勿略抵达该地后才使基督教在香料群岛的传播到达高潮。[1] 自 1540 至 1565 短短的 25 年间,耶稣会传教士自称在安汶地区(Ambon)有 7 万人皈依了天主教。[2] 但是耶稣会在东南亚的传教活动除了在安汶等地取得较大成就外,并没有取得大面积的丰收,即使在马六甲,天主教徒最多时也不超过 5400 人,主要是欧洲人,欧亚混血人和奴隶。[3] 主要原因如下:

第一,葡萄牙殖民者在东南亚更注重对香料贸易垄断权的争夺,他们在与穆斯林争夺香料贸易垄断权的斗争中,对穆斯林教徒海盗式的掠夺激起了穆斯林的极端仇视与反抗,所以代表葡萄牙王室的耶稣会在东南亚地区也遭到穆斯林的强烈抵制,在传教士积极进行皈依活动的同时,穆斯林也进行着坚决的反皈依斗争。

早期葡萄牙在亚洲的海外扩张活动中,为了垄断沿新航路的贸易,竭力将其他欧洲人、阿拉伯人和其他东方民族排除出去,为达此目的,"葡萄牙人采取了无情的恐怖主义,尤其是在遇上他们所憎恨的穆斯林时。"例如,达·伽马曾在一次航行中,"搬空船上的货物之后,禁止将船上的任何摩尔人带出来,然后下令把船烧了。"[4]同样,葡萄牙的印度殖民地总督阿方索·德·亚伯奎在围攻马六甲时,曾激励手下士兵,"我们将为我们的主出色地效劳,把摩尔人从这些地

---

① 沙勿略在香料群岛传教了 1 年多,(1546 年 2 月至 1547 年 4 月)。其间,在安汶 3 个月,在德那地 4 个月,后来在摩洛岛停留了 3 个月。1547 年,他又在德那地停留了 3 个月,等待回马六甲的季风。参见 Donald F. Lach, *Asia in the Making of Europe*: *The Century of Discovery* , Vol 1, Book 1, The University of Chicago Press, 1965, p. 607。

② Anthony Reid, *Southeast Asia in the Early Modern Era*: *Trade, Power and Belief*. Ithaca, Cornell University Press, 1993, p. 154.

③ 梁志明:《殖民主义史:东南亚卷》,北京大学出版社 1999 年版,第 67 页。

④ 斯塔夫阿里诺斯:《全球通史:1500 年以后的世界》,第 133 页。

区驱逐出去,扑灭穆罕默德教派之火,使它今后永远不会重燃。"葡萄牙人海盗式的抢劫和对伊斯兰教"斩草除根"的政策,激起东南亚穆斯林的强烈反抗。如巴坎(Bachan)国王于 1557 年受洗成为天主教徒,并取教名为约翰,巴坎因此受到穆斯林王国德那地(Ternate)的进攻。[①] 在德那地的压力下,约翰背弃了基督教,复归了伊斯兰教。这种情况在东南亚的其他地方也不断发生。据估计,1595 年,在大约 4 万安汶基督教徒中,只有 3000 人坚持基督教,其余的都重新成为穆斯林。[②] "对于 16 世纪 40 年代起就一直在摩鹿加地区传教的耶稣会士而言,形势就是如此无望,以致他们甚至考虑放弃在此地的传教活动。"[③]东南亚的穆斯林民族不仅强烈抵制基督教的传播,而且高举伊斯兰教的旗帜,联合区域内外的伊斯兰教势力,多次组织反葡联盟,不仅打击了葡萄牙的殖民扩张,而且加速了伊斯兰教在东南亚地区的传播。其中最突出的是 16 世纪 60 年代印尼群岛的伊斯兰教中心亚齐与奥斯曼土耳其哈里发帝国建立的反十字军扩张的泛伊

---

　　① 巴坎苏丹原是德那地苏丹哈伊伦(Hairun)的侄子并与哈伊伦的女儿成亲。后来哈伊伦的女儿因难产死亡,巴坎苏丹害怕德那地的报复,于是向葡人寻求保护并皈依了基督教。葡人与德那地之间早因香料贸易而曾缔结联盟,但是葡人在当地传播基督教的企图与一些卑劣的行为,特别是耶稣会传教士弗莱塔斯(Freytas)介入了德那地苏丹的权力继承之争引起当地统治者的反感。1570 年,葡人卑鄙地谋杀了德那地的苏丹哈伊伦。其子巴阿卜·乌拉于 1575 年(Babullah)愤怒地驱逐了葡人,并强迫香料群岛的其他穆斯林王国基督教信徒回归伊斯兰教。德那地在巴阿卜·乌拉及其子塞义德的统治下,成为一个狂热扩张的伊斯兰教国家,曾经数次派特使联合亚齐与渤泥的苏丹企图组成联盟驱逐葡人。见 Donald F. Lach,上揭书,p. 610,pp. 617~618;Anthony Reid,上揭书,pp. 165~166;梅·加·李克莱弗斯著,周南京译,《印度尼西亚史》,商务印书馆 1993 年版,第 34 页。

　　② 张德明:《论 16 世纪葡萄牙在亚太地区扩张活动的性质》,《世界历史》,2003,(4)。

　　③ Nicholas Tarling, *The Cambridge History of Southeast Asia*, Vol. 2, New York, 1999, p. 184.

斯兰联盟。奥斯曼土耳其哈里发数次派出伊斯兰学者、技工与士兵
到亚齐支援穆斯林反抗葡人的斗争。[1]

　　第二,由于果阿与罗马教廷的交通艰难与信息沟通不畅,导致传
教士严重缺乏,使其只能专注于印度的传教事务而无力派遣传教士
到香料群岛地区。1552 年 12 月沙勿略去世,此后的数年间,只有 2
名耶稣会传教士和 2 名在俗修士坚持在香料群岛传教。直至 1557
年,在整个香料群岛传教的耶稣会传教士才增加到 9 名。[2]

　　耶稣会在香料群岛的受阻也促使他们把注意力转移到中国。耶稣
会对中国的兴趣可以说肇始于被誉为“远东开教之元勋”、“中国宣教之
父”的沙勿略。虽然沙勿略本人费尽周折,也无法进入中国传教,最后病
逝于广东台山的上川岛上,但他所开创的远东传教事业很快就随着葡萄
牙人对澳门的欺占、耶稣会在澳门的扩张而迅速发展起来。1576 年,罗
马教皇应葡萄牙国王的请求,正式成立了澳门教区,负责管理中国、日
本、越南的天主教传教事务,受印度果阿教区管辖。由于澳门教区的建
立,耶稣会士东来澳门传教者更是络绎不绝,其他修会的传教士也接踵
而来,如方济各会于 1579 年来澳门,奥古斯丁于 1586 年来澳门,多明我
会于 1587 年来澳门传教,各个修会都兴建教堂作为传教的活动场所,澳
门成为天主教在远东扩张的重要据点。

　　2. 法国在印度支那的传教活动与殖民扩张

　　法国传教士在印度支那的殖民地化过程中起了至关重要的作
用。正如泰国历史学家琼塞所言:“印度支那的法国殖民史是法国传
教士一手写成的”。[3]

　　①　Anthony Reid, *Southeast Asia in the Early Modern Era: Trade, Power and Belief*, pp. 164~165.

　　②　Donald F. Lach, *Asia in the Making of Europe: The Century of Discovery*, Vol. 1, Book 1, p. 287, p. 617.

　　③　姆·哥·马尼奇·琼赛:《泰国与柬埔寨史》,福建人民出版社 1976 年版,第 154 页。

首先,传教士在法国对越南的扩张活动中扮演着重要的角色,天主教传教士是法国在越南进行扩张渗透的主要代表,传教士在越南的长期活动最终促成了法国对越南的军事占领和政治统治。

法国传教士在越南的传教活动始于 17 世纪初期,远远早于法国的殖民军队。[①] 在法国传教士的活动中,法国耶稣会士罗德(Alexandre de Rhodes)起了开路先锋的作用。他于 1624 年进入越南,在越南南北各地先后活动了 21 年之久。他学习和使用越语传教,并对当地经济、政治、资源与社会情况做了广泛地调查,还绘制了一份颇为详细的越南地图,创造了拉丁化越语拼音文字,后来该文字成为现代越南通用的国语文字。罗德在越南的活动为法国教会在越南的活动奠定了坚实的基础。

法国在越南的传教组织主要是异域传教会(简称异域会,*Paris Foreign Mission Society*)。它是在罗马教廷与法国统治阶级的积极支持下,于 1658 年成立的法国第一个海外传教组织。在 17 世纪初,罗马教廷已经意识到西、葡两国对传教权的垄断,以及两国争夺"保教权"而展开的殖民纷争对基督教海外传播带来的消极影响,因此于 1622 年成立了直辖于罗马教皇的"传信部"(*Congregation for the Propagation of the Faith*),主张"传教没有国籍"(*denationalize the mission*),希望把各修会统一在罗马教会的直接领导之下。但此举遭到受西、葡"保教权"保护的各修会如耶稣会、多明我会以及方济各会的强烈反对。17 世纪中期,"传信部"只得并入法国的巴黎异域传

---

① 根据天主教会的资料,从 1533 年到 1614 年,有一些属于圣方济各会和圣多明我会的传教士到越南传教。但由于语言障碍,收效不大。后来一些葡萄牙、法国的耶稣会传教士在越南建立了基础。据法国耶稣会传教士路德(Alexandre de Rhodes)称,自 1625 年至 1640 年,他与其他耶稣会传教士在越南"关内"(Nguyen),即南部,皈依了 39000 信徒,在北方的东京(Tonkin)有 82000 信徒。Anthony Reid, *Southeast Asia in the Early Modern Era:Trade, Power and Belief*, p. 154.

教会,其在俗传教士只能在西、葡两国的势力范围之外传教。① 在此背景下,法国王室把海外传教活动纳入为本国殖民扩张政策服务的轨道。法国的统治阶级积极支持异域会的创立与活动,如王太后安娜参与了异域会的筹建。1663 年,法国宫廷又以路易十四的名义发表报告,公开承认异域会巴黎神学院的成立,其办校经费得到王室的赞助;巴黎上流社会的一些贵族也用自己的收入来补贴异域会派往远东的主教们。② 异域会成立不久,经过法国人的多次活动,其创始人巴鲁(Francois Pallu)、郎贝尔(Lambert de la Motte)被罗马教皇封为主教。巴鲁负责越南北方与中国北方五个省的传教事宜;郎贝尔则负责越南南方、中国南方四省以及中国海南岛的传教工作。由于得到法国统治阶级与罗马教皇的承认与支持,异域会很快就在远东的传教活动中占据了重要地位。17 世纪 60 年代起的数十年间,异域会传教士已涉足印度的苏拉特(Surat)、本地治里(Pondicherry),中国以及越南,特别是在越南,异域会的传教活动取得了极大地成功,不仅削弱了葡萄牙传教士在越南的势力,并使在越南的耶稣会传教士也完全归服法国传道会。③ 至 19 世纪初,天主教可以在越南境内自由传教,传教士的活动不受限制。越南天主教徒在北部东京地区估计有 30 万,在南部交趾地区约有 6 万人。④ 以至越南异域会

---

① John W. Witek, The Seventeenth-Century European Advance into Asia: A Review Article, in *The Journal of Asia Studies* 53, no. 3 (August 1994), pp. 867~888.

② 汪新生:《法国传教士在越南殖民扩张中的作用》,《中国东南亚研究通讯》,1984,(4),第 1~17 页。

③ 在越南除葡萄牙耶稣会外,还有一个属于西班牙的多明我会教派,他们获得了法国传教会的允许,在越南的南定,北宁、海阳各地活动,但必须宣誓服从法国传教会的领导。见[越]世兴:《天主教在越南》,载《南洋问题资料译丛》,1962,(3)。

④ 约翰·F·卡迪:《东南亚历史发展》(下册),上海译文出版社 1979 年版。

以及异域会在国内的支持者不无吹嘘地说:"在远东,法国由于依靠了宗教的因素补偿了其在商业上的不足。"①

　　其次,除越南外,法国传教士也向东南亚的其他国家渗透。1662年,法国异域会主教郎贝尔在前往越南的途中受阻,在暹罗首都阿瑜陀耶停留,得到暹罗国王纳雷的友好接待,并获准在阿瑜陀耶建教堂、办学校。1664 年,异域会主教巴鲁也到达暹罗。由于越南时常发生强烈的禁教浪潮,法国传教士便以暹罗作为他们传教活动的总部,深入暹罗内地进行活动。异域会的传教士极力敦促法国政府与暹罗朝廷建立政治关系,而暹罗国王也利用法国的力量来抗衡荷兰的扩张,这使法国天主教会在暹罗的势力迅速发展。阿瑜陀耶建立了法国神学院,法国传教会被允许在暹罗各城市建立教堂和学校,一名法国传教士还被任命为普吉岛的地方官。暹罗成为异域会向印度支那国家柬埔寨、越南渗透的基地。② 同样,柬埔寨王国自 17 世纪起也实行对外国传教士开放的政策,允许西方传教士自由传教。法国传教士从 17 世纪 60 年代起渗入柬埔寨,他们的工作不仅限于宗教活动,而且"参与了法国领土扩张的政治意图。"米希主教从曼谷到达金边建立传教据点时,受到柬埔寨国王安东的欢迎。后来,他担任安东的顾问,在柬埔寨沦为法国保护国的殖民地化过程中起了重要作用。③

　　3. 荷兰、英国东印度公司的海外扩张与传教活动

　　与西班牙、葡萄牙、法国相比,荷兰、英国在其海外扩张中有不同的特点。代表商业资产阶级的商业联合公司(主要是东印度公司)在

---

　　① 汪新生:《法国传教士在越南殖民扩张中的作用》,《中国东南亚研究通讯》,1984,(4),第 1~17 页。

　　② 梁志明:《殖民主义史:东南亚卷》,北京大学出版社 1999 年版,第 138~139 页。

　　③ 梁志明:《殖民主义史:东南亚卷》,北京大学出版社 1999 年版,第 215页。

国家的支持下,成为殖民扩张的工具,追求更多的经济利益成为他们的首要目标。

荷兰在亚洲的海外扩张初期,它对西、葡在东方霸权的挑战主要是夺取香料贸易的商业竞争,其间伴随着荷兰加尔文新教与天主教之间的斗争,这是欧洲宗教改革运动与反宗教改革运动之间的斗争在亚洲的延续。

荷兰东印度公司(Verenigde Oostindische Compagnie,缩写为VOC)成立于1602年,是17—18世纪荷兰海外殖民扩张的重要工具。该公司不仅获得国会颁发的贸易垄断权(该特权每20年确认一次),而且享有招募军队、发动战争、缔结条约、造币等特权。虽然在1602年颁布给该公司的特权中,没有明确指明该公司有在其所辖地区建立教会与负责宗教事务的义务,但因为当时荷兰与其宿敌西班牙和葡萄牙无论是在商业上,还是在宗教方面都相互充满了深深的敌意,特别是针对垄断东南亚香料贸易的葡萄牙,信奉加尔文教的荷兰人不仅要从葡人手中夺取香料贸易中心,而且也积极传播基督新教,以期彻底消除葡萄牙人在香料群岛的势力。在1622年东印度公司特许权重新确认时,特别指明:该公司此后应该在海外殖民地,贯彻荷兰国家教会加尔文教会在1561年设立的第36条教会章程,即加尔文教徒必须爱戴神圣的国教,反对并与异教徒作战直至摧毁他们的王国。[①] 1622年,荷兰莱顿大学成立了传教士训练所,供应东印度公司所需传教士,这些传教士的薪金全部由东印度公司支付。[②]

但是荷兰东印度公司作为一个商业联合组织,代表商业垄断资产阶级的利益,其目的是尽快地追求最大的商业利润。所以它在其殖民扩张活动中,总是把经济活动放在首位,而在对待加尔文教会扩

---

① J. R. Hutauruk,The Dutch Expansion and the Church in South East Asia, in M. D. David (ed), *Western Colonialism in Asia and Christianity*, Himalaya Publishing House,1988, p. 50.

② 杨真:《基督教史纲》(上册),北京三联书店1979年版,第440页。

张的问题上则采取非常实际的态度:有利于公司经济利益的宗教活动则助之,不利于公司经济利益的则弃之。"公司不会耗费巨大的财力去传播福音"。[①]

从根本上看,加尔文教会在东印度群岛的建立主要是通过荷兰东印度公司来完成的。教会实际上成为公司的一个附属机构,几乎是伴随着该公司在香料贸易港口的立足而同时设立。随着东印度公司的商业扩张,加尔文教会先后在下列地区逐步建立起来,安汶(1605 年),德那地(1615 年),巴达维亚(1619 年),班达(1621 年),马六甲(1641 年),望加锡(1669 年),万鸦老(1670 年),古邦(1670 年),巴东(1679 年),三宝垄(1750 年),泗水(1775 年)。东印度公司对教会有绝对的控制权。从东印度公司 1602 年成立到 1799 年解散,共有 254 名传教士在公司的教会工作,一些不服从公司领导的传教士受到了处罚与监禁。[②] 这些教会除了承担公司职员的宗教服务工作外,也向葡人后裔和当地的天主教徒传播福音,一些荷兰东印度公司的传教士在公司的资助下,还把布道书和圣经翻译为马来文。[③] 除香料群岛外,荷兰加尔文教会也随着荷兰东印度公司势力扩张而到达中国台湾,并在台湾中南部地区积极传教。[④]

作为东印度公司的附属机构与殖民工具,在东方的加尔文教会从一开始就丧失了独立性与自主性,教会的宗教传播活动完全是为公司的商业利益服务。同样,在英国对东方的殖民扩张中,英国东印

---

① J. R. Hutauruk, The Dutch Expansion and the Church in South East Asia, in *M. D. David（ed）*, Western Colonialism in Asia and Christianity, *p.* 50.

② J. R. Hutauruk, The Dutch Expansion and the Church in South East Asia, in M. D. David（ed）, *Western Colonialism in Asia and Christianity*, p. 53.

③ Robert A. Hunt, The History of the Translation of the Bible into Bahasa Mallaysia, JMBRAS Vol. 62, pp. 35~54.

④ 林仁川:《十七世纪基督文化在台湾的传播》,《台湾研究集刊》,1994,(1),第 76~83 页。

度公司也是把经济利益高高置于教会的利益之上。不仅如此,公司原则上还认为传教活动会危害公司的商业活动而因此加以反对。[①]如在宗教非常复杂的印度,早期东印度公司的宗教政策非常谨慎,唯恐引起事端,危害公司在印度的事业。[②] 在东南亚地区,商业上的扩张仍然是早期英国东印度公司的主要目标,而且由于英国在早期东南亚的殖民扩张中基本处于劣势地位,直到 19 世纪初才在东南亚建立一个稳定的殖民基地,所以宗教的扩张基本上不在公司的议事日程之中。在东南亚个别地区的宗教传播活动,基督教只是辅助殖民当局对当地民族"分而治之"政策的有效工具。[③]

在简单考察了早期几个欧洲主要殖民主义国家在东南亚地区的殖民活动后,我们可以看到宗教因素在欧洲国家殖民扩张活动中所起的不同作用,教会在各国殖民扩张中的作用不同,导致了教会在各殖民政权的地位差异。天主教会在西属菲律宾权力显赫,与殖民地的行政、司法机关鼎足而立,甚至有权逮捕、审判总督;而在荷属东印度殖民地的加尔文教会只是依附于东印度公司的一个机构,必须绝对服从公司的命令。两者的反差说明欧洲国家在殖民活动指导思想的某些方面,如宗教传播方面的确有着极大的不同。西班牙王室与教会的"东方天主教帝国"之梦,以及传教士无比的宗教热情最终使菲律宾成为亚洲的天主教国家。

---

① M. D. David, The British colonialism in South Asia and Christianity, in M. D. David (ed), *Western Colonialism in Asia and Christianit*, p. 92.

② M. D. David, The British colonialism in South Asia and Christianity, in M. D. David (ed), *Western Colonialism in Asia and Christianit*, p. 85.

③ 如在英属缅甸,基督教被利用起来分裂、瓦解缅甸各民族的关系。基督教的传播激化了缅甸社会的矛盾,造成了为数不少的基督教徒,主要是克伦人与多数佛教徒之间的对立,至今仍然成为影响缅甸民族团结与国家统一的因素。

第三章

前西班牙殖民时期的
菲律宾社会

16 世纪以来,天主教在菲律宾的广泛传播是近代欧洲殖民主义海外扩张、基督教海外传播运动背景下发生,它无疑得益于西班牙在菲律宾殖民统治的建立和罗马天主教会的大力支持。作为西班牙海外扩张的工具和维持其殖民统治的支柱,天主教会的作用远远超过了西班牙殖民扩张军队。殖民政府也深谙此理,竭力维护天主教会在菲律宾的统治地位,从各方面支持天主教在菲律宾的传播。

但是,宗教传播也是一种文化传播,领土能被武力征服,但信仰的改变却不能完全依靠武力来达到。天主教能够取代多数菲律宾人传统的宗教信仰,除了殖民当局的支持和传教士献身传教事业的狂热和不懈努力之外,更重要的是要具备相应的社会条件,即传播对象的社会政治状况和宗教文化形态是否存在使人的信仰发生改变的契机。以菲律宾为例,菲律宾不同地区对天主教侵入的不同反应与不同结局便充分说明了这一点:在菲律宾群岛的北部和中部地区,破碎、分离的自然环境与落后、封闭的社会组织,短缺的生活状况以及处于低级发展阶段的文化与宗教,为天主教迅速征服这些地区创造了必要的社会条件。而在菲律宾的南部群岛,社会发展水平相对较高,作为一神教的伊斯兰教已经广泛传播,并且建立了雏形的伊斯兰苏丹国家,能有效地抵御外来的侵略和异文化的传播。因此,要探讨天主教在菲律宾中部、北部迅速传播的根源,必须先对这些地区的社会政治组织、生产方式与宗教文化形态作一基本了解。

第一节 "巴朗盖"社会及其性质

菲律宾是由 7100 多个岛屿组成的群岛国家,但是绝大多数岛屿无人居住,群岛面积约 30 万平方公里,最大的 10 个岛(吕宋、棉兰佬、萨马、内格罗斯、巴拉望、班乃、民都洛、莱特、宿务、保和)共占总面积的 92%,居民也主要分布在这几个岛屿上。从菲律宾群岛散布的情形来看,群岛可分为四个部分:北部——吕宋岛及其附近岛屿,中部——米沙扬群岛,南部——棉兰佬岛;西南部——巴拉望和苏禄群岛。16 世纪西班牙殖民者首先是占领米沙扬群岛的主要岛屿,并以其中心的岛屿宿务岛为基地,向北部的吕宋岛和南部的苏禄群岛和棉兰佬岛扩张。

由于自然条件、经济发展、外来影响等因素的差异,导致菲律宾群岛各个地区的社会发展很不平衡,呈现出多样性的特征。在西班牙者侵入之前,群岛高山与内陆地区处于原始公社时期;而此时,在南部的苏禄群岛和棉兰佬岛西部等地,阶级社会已经出现,奴隶制国家已经建立;在菲律宾中部和北部的沿海平原地区,主要是吕宋岛与米沙扬群岛等地,原始社会则处于解体过程的不同阶段中,社会明显带有过渡的性质,其主要的社会组织是以血缘关系为主的"巴朗盖"(barangay)组织。一些研究菲律宾历史的学者都认为"巴朗盖"——以血缘为基础的村社,是菲律宾古代社会最基本的社会和经济单位。

"巴朗盖"一词,源于马来语,原意是帆船。一些菲律宾学者认为,"巴朗盖"是以家族(血缘)为基础的血缘集团,而不是政治集团。科尔普斯认为,"巴朗盖"是一个以大督为中心的扩大的双系制家族组织。[①]"巴朗盖"的规模不一,一般的 30～100 户,人数约 100～500

---

① 菊地靖:《菲律宾的双系制巴朗盖社会》,《民族译丛》,1987,(2),第 35 ～41 页。

人,小的仅有 20～30 人,米沙扬群岛许多沿海的"巴朗盖"不超过 8
～10 户人家。较大地有 1000 多户人家,人口多达 2000 人,主要分
布在经济较发达,人口稠密的地区,如马尼拉、班乃岛、宿务等地。
"巴朗盖"社会已有相当明确的等级制度,出现了首领、自由民、依附
民、家内奴隶等阶层。有学者认为,"巴朗盖"是从原始社会的家族公
社发展而成的。约从金属时代末期起,由于生产力的提高和私有制
的产生,以及后来贸易的迅速发展、商业活动和高利贷的出现,促进
了贫富分化的加剧和社会阶层的进一步形成。到 12—13 世纪时,在
泰加洛、米沙扬地区以前没有阶层区别的家族公社已经演变成为有
首领、自由民、依附民、家内奴隶等阶层区分的"巴朗盖"社会。①

　　由于菲律宾群岛北部与中部的泰加洛族和米沙扬族是最主要的
两个民族,他们的"巴朗盖"制度具有比较典型的代表意义。西班牙
传教士的文献对两地区巴朗盖的社会结构曾有较详细的记载。耶稣
会传教士科林认为两地的巴朗盖社会都有首领、平民、奴隶三个阶
层,在社会结构上是完全相同,仅名称不同而已。② 实际上,由于两
地社会情况的重要差别,主要是社会生产发展水平的差距,导致两地
"巴朗盖"社会的阶层也有区别。

　　米沙扬族是菲律宾群岛上主要的民族群体,主要分布在中部的
米沙扬群岛,包括班乃(Panay)、内格罗斯(Negros)、宿务(Cebu)、保
和(Bohol)、莱特(Leyte)、萨马尔(Samar)等岛以及棉兰佬岛的东北
角一带。其经济活动包括农业、林业、渔业以及一种贸易和海上掠夺
相结合的航海活动。在西班牙人的记载里,米沙扬人的社会结构分
为三个阶层,即大督(首领)、提马瓦(平民)和奥里朋(奴隶)。大督一

---

①　金应熙:《菲律宾史》,河南大学出版社 1990 年版,第 48～50 页。

②　如首领,米沙扬地区称大督(datu),泰加洛地区称马吉努(maginoo),平
民,米沙扬地区称提马瓦(timawa),泰加洛地区称摩哈利卡(maharlica),奴隶,
米沙扬地区称奥利潘(oripun),泰加洛地区称阿利平(alipin)。参看金应熙:《菲
律宾史》,第 50 页。

词既指一个阶层,也指一种职务。作为一种职务,则只是指一名拥有众多随从并统治"巴朗盖"的首领。作为一个阶层,包括了升为贵族(tumao)的全部成员,主要由大督的直系或旁系亲属构成。[1] 大督的地位是世袭的,其主要职责是征收赋税和劳役,大督也参加生产劳动。他们的妻子也要参加劳动,主要从事纺织工作。提马瓦是第二个阶层,他们是平民或奴隶妻妾的后裔,主要为大督服务,包括随其征战、航海掠夺、充当私人卫兵,同时也要参加狩猎捕鱼、建房造船等生产活动,但是无需帮助大督耕田也无需交纳贡赋。奥里朋属于第三阶层,依附于大督或提马瓦,主要从事农业生产和其他劳务工作,其地位类似家内奴隶,他们也分为两种类型,其中马卡焉(mangay-an,指战士)的地位较高,与提马瓦基本无大的区别,而阿育黑(hayohay)的地位则最低,受奴役的程度最深。[2]

泰加洛族是菲律宾群岛人数最多的民族群体:其先民来自婆罗洲及周围的岛屿。在 16 世纪末期,他们的社会经济发展水平较高:以灌溉农业为主,水利系统比较发达,此外在贸易及商业方面也较发达。如米沙扬族一样,泰加洛族的"巴朗盖"也分为三个阶层,首领也称为大督,其所属阶层为"马吉奴"(maginoo)。第二阶层是属于大督的支持者或依附者,这类人分为两种,一种称"摩哈利卡"(mahar-lika),另一种称"提马瓦"(timawa)。这两者的地位有所不同,前者主要充当首领的随从和卫士,随首领征战和掠夺,而后者主要是耕种土地,故前者似乎比后者的地位高,从总体来看,泰加洛社会中"提马瓦"的地位比米沙扬社会中"提马瓦"的地位低。[3] 他们要随时应召

① William Henry Scott, Barangay: *Sixteenth-Century Philippine Culture and Society*, Ateneo Manila University Press, 1994, p. 130.

② William Henry Scott, *Barangay: Sixteenth-Century Philippine Culture and Society*, p. 134.

③ 何平:《西班牙人侵前菲律宾的巴朗盖社会》,《东南亚》,1996,(1),第46~52 页。

为首领及其马吉奴的成员耕作,有时也要交纳贡赋。"提马瓦"之下的一个阶层称为"阿利平"(Alipin,意为负债者),地位最低,主要从事农业和其他劳动。阿利平中同样包括了两类人,一种有住房和包括土地在内的生产资料,称为"阿利平·纳马黑黑"(Alipin namama-hay),对主人的依附程度较低;另一种没有土地、没有住房,食宿在主人家中,称为"阿利平·牙·吉吉利"(Alipin sa gigilid),类似家内奴隶。[①]

关于"巴朗盖"的社会性质,学术界有三种不同的意见,即奴隶社会说、早期封建社会说与原始社会末期说。[②] 笔者倾向于原始社会末期说。其主要代表人物是菲律宾历史学家 R.康斯坦丁诺。他认为西班牙殖民以前,菲律宾的原始公社并没有完全瓦解,私有财产虽然出现,但生产资料的主体—土地仍是公有的,仅由首领以"巴朗盖"的名义管理。社会上虽有阶层区别,但还未充分形成以各个社会集团对生产资料的不同占有关系为基础的阶级划分。首领同其他"巴朗盖"成员一起参加劳动。另外,由于"巴朗盖"是由扩大了的双系家族组成的社会集团,亲属关系在其生产与生活中起着巨大的作用,把"巴朗盖"的全体成员紧密地联系在一起,各个阶层之间有相互的权利与义务,首领按照原始部落的习惯法行事,整个"巴朗盖"是一个亲属关系网,各个阶层之间没有不可跨越的等级界限,依附民与家内奴隶都有机会改善自己的社会地位而获得解放。因此,在西班牙人入侵之前的"巴朗盖"社会里,各地的社会发展很不平衡且明显带有过渡的性质,没有明确的阶级划分,正在萌芽的剥削关系是在血缘关系的掩饰之下,处于一种不发达的"初级阶段",还没有冲破原始社会末期农村公社的藩篱。[③]

①　William Henry Scott,*Barangay:Sixteenth-Century Philippine Culture and Society*,pp.225~226.

②　金应熙:《菲律宾史》,第55~56页。

③　何平:《西班牙人侵前菲律宾的巴朗盖社会》,《东南亚》,1996,(1)。

在 16 世纪中期西班牙人侵入时,吕宋岛马尼拉附近的巴朗盖社会组织正处于重要的转折时期。出现了一些拥有较强经济与军事力量的巴朗盖联盟,如马尼拉及其周围地区,在渤泥的影响下,它的政治组织形式已经明显超越了血缘的范围。如马尼拉的首领苏莱曼采用了拉贾(rajah 王)的称号,其管辖范围已扩大到马尼拉周围和内湖边上的一些村镇,拥有防御工事和较强大的海上战船,有向国家发展的趋势,但它还没有形成真正的国家,西班牙人的入侵阻碍了国家的形成,打断了菲律宾大部分地区的历史发展进程。

第二节　菲律宾的原始宗教

在西班牙天主教传入菲律宾群岛时,菲律宾民族主要的宗教信仰分为两类,一类是中部和北部大部分地区的民族信仰以万物有灵和鬼神崇拜为特征的原始宗教。另一类是南部岛屿的大部分地区由于较早受伊斯兰文化的影响,从 13 世纪末期开始,就渐渐地信仰一神教——伊斯兰教。社会组织与宗教信仰的本质差异,导致了菲律宾不同地区和民族在天主教侵入时的不同反应和结局:南部的伊斯兰教社会有效地抵御了天主教的传播,而中部和北部的大部分地区则很快地接受了天主教。

一、菲律宾民族的神灵宗拜

菲律宾是一个多民族的国家,共有 55 个民族。其中最大的 4 个民族是米沙扬族(Visayans),主要居住在米沙扬群岛;泰加洛族(Tagalogs),主要居住在吕宋岛、民都洛等地;伊洛干诺族(Ilocanos),分布在吕宋岛北部的沿海地带;比科尔族(Bicolanos),分布在吕宋岛西南部近海地带。其余的少数民族分布在全菲各地,主要为棉兰佬和苏禄,共有 12 个种族,最著名的是马拉瑙、蒂鲁莱、伊兰诺诺和马坚里佬;其次是吕宋岛的高山省,分布有 11 个种族,最著名的是伊哥罗特、阿巴瑶、加令牙、文独、伊富高及孟圪族，其余的分散在吕宋岛的中部和南部的森林地区以及米沙扬群岛。[1] 菲律宾民族的渊源极其复杂。据菲律宾著名考古人类学家拜尔教授的研究，菲律宾群岛无土著人类，群岛居民皆为外来移民的后裔，从旧石器时代后期，约25万年前，到公元前200年前之间，共有7次大的移民浪潮。迁移到菲律宾的人种主要有两大类，即小黑人尼格里托人和马来亚人，他们是菲律宾民族最早的祖先，经过长期的进化、发展，以及后来与其他民族的融合，形成了今天菲律宾的各民族。[2]

许多文献资料表明，在天主教传入之前，除南部的苏禄群岛、棉兰佬岛等地的大部分地区信奉伊斯兰教外，菲律宾中部和北部的大部分地区信仰的是以万物有灵和神灵崇拜为特征的原始宗教。

原始宗教是相对于神学宗教（也称阶级宗教、人为宗教）而言，在前西班牙时期，原始宗教在菲律宾群岛广泛实行与其低下的生产力发展水平密切相关。正如恩格斯所说：史前时期"这种种关于自然界，关于人本身的性质，关于精灵，关于魔力等虚假的表象，大抵是以消极的经济因素为基础的。"[3]

简单地说，"神灵创世，神生万物，万物有灵"是菲律宾原始宗教世界观的基本思想。菲律宾民族原始宗教的发展经历了从对自然实体（包括大自然崇拜、动植物崇拜）的直接崇拜到对超自然属性与超自然神秘力量（神灵崇拜）的崇拜两个阶段，并且在原始社会解体的末期，即巴朗盖社会时期，菲律宾的原始宗教已经发展到多神教的高级阶段，即出现主神崇拜和附属神灵崇拜，处于多神教向一神教的过渡之中。

---

① 刘芝田：《菲律宾民族的渊源》，（香港）东南亚研究所1970年版，第17页。

② 刘芝田：《菲律宾民族的渊源》，第11页。

③ 恩格斯：《恩格斯致康·施米特》，《马克思恩格斯选集》（第4卷），人民出版社1972年版，第484页。

　　神灵创世是菲律宾原始宗教的根本思想。原始宗教常常在古代神话中得到反映,古代菲律宾的神话反映出古代菲律宾人对自然界的认识,其中最重要的是反映世界和人类起源以及宇宙形成的神话。菲律宾民族的古代神话传说中有许多关于宇宙生成、神灵创世、神生万物的故事,其内涵非常接近萨满教的原始观念。

　　首先,菲律宾民族原始宗教的宇宙观与萨满教的宇宙观相似。萨满教认为宇宙是一个立体的世界,天分多层。"三界宇宙说"是萨满教宇宙观中最基本的宇宙模式。它将宇宙分为上、中、下三层,或称天界、人界、地界。① 古代菲律宾民族也认为世界有三个组成部分:首先是在他们头上的浩瀚无垠的宇宙,居住着许多无形的、具有神秘力量的神灵,他们构成了神灵世界。其次是人类及其他动植物居住的世界,他们的一切活动都受神灵世界的主宰。第三是阴间地狱,住着邪恶的精灵和魔鬼,常常加害人类。此外,菲律宾马拉瑙人还认为,大地有七重,每一层都居住着不同的生物,最高层是我们人类居住的;天空也分为七重,每一层都居住着天使。②

　　其次,菲律宾民族原始宗教信仰中关于万物起源的观念接近萨满教神创万物的思想。比如菲律宾古代神话中关于菲律宾群岛及其初民的来历,默鲁造人的传说,竹生的故事等等,均反映出古代菲律宾人对自然发展、人类起源的认识。

　　原始宗教发展的初级阶段的特征是自然崇拜,主要表现为对自然万物的崇拜。其特点是相信万物有灵。从人类生活方式、实践能力以及思维发展的历史来看,人类最早的宗教观念的产生与人们日常生活紧密相关的自然现象有关。这一时期,人类对神祀的崇拜多限于可直观和感觉到的自然实体,这些自然实体在其物质资料的生

---

　　① 富育光:《论萨满教的天穹观》,《世界宗教研究》,1987,(4),第 129~138 页。

　　② T. Valentino Sitoy. Jr, *The History of Christianity in the Philippines*: *The Initial Encounter*, Vol. 1, Quezon, New Day Publishers,1985, pp. 1~5.

产和生活中占有重要地位，与人类的生活息息相关，如日月星辰、山川河流、动物植物等，这一切都被人类赋予神的属性，人类对之表示敬意、感激、祈求、屈服等情感。古代菲律宾人是一个农业民族，靠天吃饭，所以天象崇拜在其自然崇拜中占有突出的地位。如米沙扬人把天象的变化与农业的收成紧密地联系在一起，他们认为月亮由缺渐盈预示着丰收与部族的繁衍；泰加洛人的天象崇拜包括启明星、昴星、北斗七星以及月亮，认为这些天体能赐予他们丰收和财富。此外，捕鱼与狩猎在古代菲律宾人的生活中也占有重要地位，所以山川河流、江海湖泊也是他们的崇拜对象，常常向居住在其中的众神祭献。在菲律宾人的动物崇拜中，最突出的是鳄鱼崇拜。菲律宾气候炎热，河流湖泊众多，非常适合鳄鱼生活，但是鳄鱼性情凶猛，常伤害人畜，菲律宾人对之充满敬畏。在植物崇拜中，菲律宾人崇拜一种叫做"巴拉塔"的树（balete），他们认为此树上栖息着神秘的精灵，他具有邪恶的力量，能使人窒息而死。[①]

二、菲律宾民族的鬼神崇拜

菲律宾原始宗教发展的第二阶段是是对超自然属性或超自然神秘力量的崇拜，其主要表现形式为鬼神崇拜（包括祖先崇拜）。随着生产力的提高、物质生活的改善以及人的认识能力的发展，古代菲律宾民族对世界的观念已在渐渐形成。他们不仅认为世界由三个部分组成，而且在古代菲律宾人看来，无论是天上的神灵，还是地下的魔鬼，都具有超自然的神秘力量，会给人间带来吉祥和灾难，因此对他们产生了崇拜的观念。鬼神崇拜是在万物有灵的基础上发展起来的，它在古代菲律宾民族的原始宗教中占有相当重要的地位。

1. 多神崇拜体系

我们先来看看菲律宾人的神灵崇拜。这一阶段的神灵崇拜，已

---

① 　William Henry Scott, *Barangay: Sixteenth-Century Philippine Culture and Society*, p. 77, 78, 237.

经超越了万物有灵意义上的神灵崇拜。在 16 世纪西班牙人到达菲律宾时,菲律宾原始宗教信仰里的神灵崇拜已经发展成为一种具有比较复杂体系、包含主神和附属神灵崇拜的多神信仰系统。主神即至高无上的创世神,它具有一切神灵的特征和功能。菲律宾的许多民族都有本民族的主神,如北吕宋伊富高族的主神为 Kadak'lan(意为"伟大的"),邦板牙族称其主神为 Miglalang(意为"创造者"),三描礼示族的主神叫 Malayari(意为"所有者"),泰加洛族和米沙扬族的主神则是 Bathala(意为"最大的王"),比科尔族的主神叫 Gugurang(意为"最古老的"),而居住在棉兰佬的 Higaonons、Mamanwas,Subanons,Manobos 等民族的主神则是 Magbabaya(意为"决定者")。[1] 虽然各民族对创世神的称谓不一,但是菲律宾的许多民族都有创世神的历史表明在 16 世纪前期,菲律宾的原始宗教信仰正处于一个重要的过渡时期,即从多神教向一神教过渡,并且在有关"创世神"的概念方面与一神教如伊斯兰教和基督教有相同之处,因此,它较容易接受这两种一神宗教的教义,这有助于伊斯兰教和天主教在菲律宾群岛的广泛传播。

在菲律宾的多神信仰系统里,除了主神外,还有其他附属神灵,分为两种:一种称为"共同创世神"(co-creator gods),是主神创造出来的与之共同创造宇宙的神灵,他们也住在神灵世界,为主神服务。在菲律宾民族的宗教意识里,他们没有向这些神灵祈求保佑的习惯,所以较少有关于这些神灵的记载。但是在棉兰佬的布基农族(Bukidnon)的传统宗教信仰里,他们认为本族的创世神 Magbabaya 用自己的七根头发创造了七位神灵,分别是 kasambungan(意为"统

---

①　菲律宾其他的民族的主神还有,Bontoks 族和 Kankanais 的主神为 Lumawig;巴拉望群岛中部的 Tagbanwas 族的主神为 Magindusa;民都洛岛上 Mangyans 族的主神为 Mahal na Makakaako;Bilaans 族的主神叫做 Mele;Bagobos 族的主神叫做 Pamulak Manobo 或 Mandarangan。参见 T. Valentino Sitoy,Jr,上揭书,第 12 页。

一神")、Balagsulat(意为"史神")、Inlig-en(意为"力量之神")、Bala-ghukom(意为"正义之神")、Mahingsugod(意为"行善之神")、Malagulin(意为"智慧之神")以及 Migtalapnay(意为"维持之神")。[1]另一种是在主神和"共同创世神"之下,但与人们关系非常密切的"众神"(Lesser Divinities)。他们地位虽微,各司其职,但却掌管世间万物,人间百业,是菲律宾各民族崇拜的主要神灵,称之为阿尼托(ani-to)或提华多(diwatas)。[2]

　　菲律宾的几个主要民族都有这种众神信仰。菲律宾人的"众神"信仰,相当一部分是在万物有灵的基础上发展起来的,他们把许多自然物体和自然现象归在专门的神灵管理之下,此外,还有许多神灵主宰人类的生产活动。如在泰加洛人的信仰里的,"众神"主要包括 Indianale(意为劳动之神),Dimangan(意为丰收之神),Amanikabli(意为海神),Mayaari(意为月亮女神,美神),Tala(意为星星女神),Hana(意为晨光女神),Lakapati(意为土地神、农业神),Mapulon(意为季节神),Apolaki(意为太阳神、武士的庇护神),Dian Masalanta(意为爱情女神)等。[3] 班乃岛米沙扬族的"众神"信仰似乎更丰富,有 Maklium-sa-twan(意为山谷和平原之神),Maklium-sa-bagidan(意为火神),Maklium-sa-tubig(意为水神),Kasaray-sarayan-sa-silgan(意为风暴之神),Suklang Malayon(意为家庭女神),Abyang 和 Alunsing(意为天神),Makaptan(意为疾病之神),Sidapa(意为死亡之神),Magyan 或 Sumpoy(意为地狱之神),Sisiburanon(意为地狱之

　　① 　William Henry Scott, *Barangay: Sixteenth-Century Philippine Culture and Society*, p. 13.

　　② 　William Henry Scott, *Barangay: Sixteenth-Century Philippine Culture and Society*, p. 10.

　　③ 　*BRPI*, Vol. 7, pp. 185~189.

神),Simuran 或 Siguinarugan(意为地狱守护神)。① 布基农族的"众神"有等级之分,地位最高的是 Tagolambong(意为智慧之神),接下来是 Lalawag(意为狩猎之神),Bulalakaw(意为水神),Ibabasuk(意为农业女神)与 Pamamahandi(意为财神)。②

同其他原始民族一样,古代菲律宾人把庄稼的丰收和部族的繁衍视为头等大事。所以主宰丰收和生育的神格外收到敬奉。如他们在播种季节要祭拜土地神 Lakapati,在开垦荒地时也要祭拜它。农夫手举一儿童,口中向神祈求使孩子免遭饥饿。③ 在菲律宾民族的多神信仰中,神也有善恶之分,那些有超自然神秘力量的魔王会给他们带来不幸、厄运、疾病与死亡。同善良的神灵一样,邪恶的神灵也有等级之分。如在布基农族(Bukidnon)和马洛布族(Manobo)的神话里,Mangilala(意为欺诈者)是邪恶神灵的创造者,巴高布人则把他称为 Manlimbong。而泰加洛人则把魔王称为 Sitan,在他下面还有其他的邪恶的魔鬼。④

2.祖先崇拜

祖先崇拜,或称鬼魂崇拜,在菲律宾原始宗教中占有重要地位。一般说来,原始宗教里的祖先崇拜实际上是对祖先灵魂的崇拜。人类灵魂不死的概念是在万物有灵的观念上发展起来的。古代菲律宾的许多民族都相信灵魂不死,并非常敬畏祖先的灵魂。这可以从他们的瓮葬文化里得到印证。如泰加洛人认为人死后灵魂还在,称其为 kaluluwa。如果祖先死后灵魂到处游荡,没有归宿,就会徘徊人

---

① F. Landa Jocano, *Philippine Prehistory：An Anthropological Overview of the Beginning of Filipino Society and Culture*,Quezon City, 1975, pp. 223~224.

② William Henry Scott,*Barangay：Sixteenth-Century Philippine Culture and Society*,p. 15.

③ William Henry Scott,*Barangay：Sixteenth-Century Philippine Culture and Society*,p. 234.

④ *BRPI*,Vol. 7,pp. 185~189.

间作祟,给家人带来疾病和灾难,所以必须祈求阴间主宰灵魂的神 naga 为祖先的灵魂安排一个适当的去处。"那些正直、勇敢、生前没有做坏事、高尚品德者的灵魂会住一个叫做 maca 的地方安息,而那些生前行恶者的灵魂会被安排在 casaanan,遭受痛苦。"[1]在菲律宾人的祖先崇拜观念里,祖先和部落英雄的灵魂掌管着生者的祸福。如古代米沙扬人认为他们的一切都在神灵的掌管之下。他们把神灵叫做提华多(diwata),祖先的灵魂称为 umalaged,如今在班乃岛偏僻山区的米沙扬族还在使用这两个词。他们向祖灵祭献,祈求丰收、健康和财富,如果对祖灵不敬,就会遭受惩罚,招致疾病与灾难。[2]

3.巫术信仰

在菲律宾民族原始宗教信仰的实践活动中,最主要的方式是实施巫术活动。巫术是与原始宗教信仰密切相关的一个普遍现象,它与宗教一样有关于彼岸的概念,即有关世界超验方面的观念。二者都认为人能够和这种超验世界建立某种联系。但是宗教仪式只是使人和这种力量或超验世界处于某种关系之中并表现人对其的反应,而巫术仪式则试图提供操纵这些力量的方式,从而改变和影响经验世界本身。研究原始宗教的著名英国人类学家弗雷泽认为,原始民族相信某些事物有超自然的神秘力量,便采取巫术力量,如用符咒仪式等对这些事物施加力量,以使它们遵从自己的旨意。但巫术力量并不能偿其所愿,于是才祈灵于神祀、祖灵和魔鬼。[3]

菲律宾原始民族信仰超自然的神秘力量,并且认为这些神秘力量可以通过某些征兆显现出来,或者是通过祭师(baylan)的符咒仪式得到验证。鸟、蜥蜴和蛇在菲律宾人的信仰中是先知先觉、能预兆

①　*BRPI*,Vol. 7,pp. 195～196.

②　William Henry Scott,*Barangay:Sixteenth-Century Philippine Culture and Society*,p. 78.

③　詹姆士·弗雷泽:《金枝:巫术与宗教之研究》,中国民间文艺出版社1987 年版。

凶吉的动物。鸟卜是菲律宾人巫术信仰中最常用的仪式。在泰加洛人的信仰中,一种叫 tigmamanukan 的鸟是神的使者,能预知吉凶。男人出征掠夺,如果看见这种鸟从右向左飞,则预示着将凯旋;如果看见此鸟从左向右飞,则表示他们将战死不归。[1] 米沙扬人认为,看见蛇和蜥蜴在房屋前则是警告主人不能出门,在家里发现大蜥蜴则表示即将大难临头。米沙扬族的占卜师常用四颗鳄鱼或公猪的牙齿来抽签占卜(luknit)。米沙扬的战士们要出海掠夺前,占卜师也要先进行一种叫 mangayaw 的仪式。他们先登上一种叫 baroto 的小船,坐在正中间,然后向神灵祷告,请求征兆:如出征吉利的话,小船就会摇动。如果小船真的摇动了,他们又问是哪位神灵的神力所赐,口中说出一长串神灵的名字,然后就向其中最有可能施加神力的神灵祭献供品。[2] 米沙扬人认为巫师的咒语与魔法里蕴藏着超自然的力量。如念咒语 habit 就会使人着魔;咒语 bakwit 能使女子留住情人;咒语 mentala 可以使人在穿过河流沼泽时不被鳄鱼伤害,也可以使人踩在火红的铁块不被烫伤,咒语 tiwtiw 可使渔民和猎人满载而归;而 oropok 能使地里的老鼠繁殖。一种叫 tagosilangan 的魔法能使人看见隐藏的东西;而一种叫 tagarlum 的神奇草药则能使人隐身。[3]

此外,在米沙扬人巫术信仰里也反映出大督的地位与权力。米沙扬人认为大督被赋予了产生神秘魔力的本领,并且这种本领世代相传。如大督有一种叫 ropok 的魔力,能使着魔者像奴隶一样听从他;panlus 是大督的另一种魔力,当受害者脚踏在矛上时,会感到疼

---

[1]　William Henry Scott, *Barangay: Sixteenth-Century Philippine Culture and Society*, p. 237.

[2]　William Henry Scott, *Barangay: Sixteenth-Century Philippine Culture and Society*, pp. 82~83.

[3]　William Henry Scott, *Barangay: Sixteenth-Century Philippine Culture and Society*, p. 83.

痛;bosong 是指经过大督面前时肠子会痛;hokhok 则指大督吹一口气或者触摸到手就能轻松地置人于死地;而 kaykay 则指大督在远处就能用手指刺穿他人。[①]毫无疑问,大督所具有的这种"魔力"神化了大督对"巴朗盖"的统治。

古代菲律宾人的巫术活动和其他祭祀活动,通常由部族里有声望的老年妇女"巴伊兰"(baylan)主持,这些人就是祭师、占卜师、萨满和巫师,她们在部族里占有相当重要的地位,并可以参与讨论与决定部族里的大事。他们的巫术和宗教活动没有固定的场所,也没有固定的时间,在一切需要的时候进行祭祀。所以,虽然菲律宾的原始宗教已经发展到多神信仰,有主神和附属神灵之分,并且有实施宗教功能的神职人员,但是他们没有修建祭祀神灵的庙宇、没有固定的宗教节日,常常是在需要或必要时才进行祈求祷告。这说明在他们的宗教信仰结构中,缺乏完整的宗教实践。作为一个完整的宗教信仰结构,它应包含宗教意识、宗教实践和宗教情感。宗教实践是体现和坚定教徒宗教意识的外化活动,是宗教观念的物质承担体。它不仅包括信仰的主体,还包括以宗教组织等为中心的政治、经济、文化实体,以及以宗教为目的的行为活动等物的因素。如果只有宗教意识而没有宗教实践活动,就不能称为严格意义上的宗教。所以从这个角度来讲,菲律宾民族的原始宗教信仰,虽然已经包含了丰富、复杂的宗教意识,但因缺乏完整的宗教实践活动,因此还不是严格意义上的宗教。面对具有成熟理论、完备体系的基督教时,自然无法抵抗基督教的传播。

值得指出的是,菲律宾原始宗教信仰里的一些观念非常接近基督教世界的观念,如三界说中的天界、人界、地界与基督教信仰中的天堂、人间与地狱基本相似,菲律宾民间信仰中默鲁造人的传说也与基督教上帝造人的观念有异曲同工之处,其他还有关于创始神的信

---

① William Henry Scott, *Barangay: Sixteenth-Century Philippine Culture and Society*, p. 83.

仰与魔鬼的观念等,都与基督教有接近之处,这种不可思议的相似性,无疑有助于菲律宾民族皈依基督教信仰。

第三节　伊斯兰教在菲律宾的传播

考察前西班牙时期菲律宾的宗教文化与社会组织,不能不涉及伊斯兰教在菲律宾的传播与南部穆斯林苏丹国家的初步建立。早在黎牙实比侵入前,伊斯兰教不仅已在菲律宾南部广泛传播,而且还在苏禄(Sulu)和马京达瑙(Maguidanao)占据了统治地位,建立了伊斯兰教的苏丹国,并且伊斯兰教也开始向北部传播。在马尼拉,一些占统治地位的家族也皈依了伊斯兰教。伊斯兰教在菲律宾群岛的传播不是一个孤立的事件,它是伊斯兰教在整个马来群岛(其地理范围包括马来半岛、印度尼西亚群岛以及菲律宾群岛)传播的一个重要组成部分。

一、早期伊斯兰教在东南亚的传播

关于早期伊斯兰教在东南亚的传播方式,学术界有多种说法,其中占主导地位的是贸易传教说。[①] 虽然此说法不能全面反映出伊斯兰教在东南亚地区传播的方式和特点,但伊斯兰教最早的确是沿着贸易航线传入东南亚,阿拉伯穆斯林商人对早期伊斯兰教在东南亚

---

① 关于伊斯兰教在东南亚传播的原因、方式其他几种说法有职业传教士、政治动机、经济动机、心理需要以及社会运动理论。参见 Cesar Adib Majul, *Muslim in the Philippines*, Quezon City: University of the Philippines Press, 1973, pp. 47~50.

的传播无疑有重要的作用。① 从历史来看,伊斯兰教传入东南亚是
当时中国与阿拉伯海上交通与贸易繁荣的产物,它的传播经历了数
百年的历史。有史料表明,在 7 世纪时,伊斯兰教就已经开始传入中
南半岛的占婆以及苏门答腊的西海岸。从公元 8 世纪中叶到 10 世
纪初,由于阿拉伯帝国和唐帝国内部发生的变故,导致大批阿拉伯商
人和传教士来到东南亚,形成了多个穆斯林定居点,并且伊斯兰教在
东南亚传播的中心开始出现。如马来半岛的吉打(Killah，Kalah),
苏门答腊的旧港(Palembang),以及中南半岛的占婆(Champer)等
地,可以说,从公元 8 世纪中叶到 10 世纪末期是伊斯兰教在东南亚
传播的一个转折点,穆斯林商人以上述地区作为基地,逐渐向周围地
区扩展。他们不仅成为阿拉伯商人在当地的代理商,而且还不断地
涉及当地的贸易,特别是与中国以及其他东南亚港口之间的贸易,如
在 10 末期后,穆斯林商人的贸易已经开始远及渤泥、爪哇等地。一
些学者认为,在 10 世纪末期,有穆斯林商人参与的中国与东南亚海
上贸易的线路有东西两线:西线是从马六甲经过中南半岛的占婆到
达中国南方港口;东线是通过渤泥以及菲律宾群岛到达中国。②

　　随着东西方海上贸易的发展,穆斯林商人在东南亚的经济力量
日益增长;另一方面由于伊斯兰教的广泛传播,它在东南亚当地社会
的影响力也与日俱增,并且穆斯林逐渐渗入国家政权,获得政治权
力。如一些穆斯林商人在当地政权中担任了重要的职务,参与国家

---

　　① Wang Gunwu，The Nanhai Trade：A Study of the Early History of Chinese Trade in the South China Sea，JMBRAS，Vol. 31，Part 2，No. 182。G. R. Tibbetts，*Early Muslim Trader in South-East Asia*，JMBRAS，VOL30，Part 1，No. 177，1957。

　　② Wu Ching-hong，*A Study of References to the Philippines in Chinese Sources from Earliest times to the Ming Dynasty*，Quezon City，1959，pp. 75~80.

的重大事务。① 更重要的是,部分地区出现了穆斯林建立的地方政权,或者当地的统治者皈依了伊斯兰教。如 11 世纪占婆宾瞳龙(Pandurang)穆斯林建立了首都在佛逝(Vajaya)的地方政权;13 世纪,苏门答腊的巴塞(Pasai)、八儿剌(Perlak)也成为伊斯兰教国家。15 世纪初,马六甲王国的建立及其国王拜里迷苏剌皈依伊斯兰教进一步推动了东南亚地区"伊斯兰教化"的进程。伊斯兰教地位的确立使马六甲很快就成为贸易中心和伊斯兰教在东南亚传播的中心,伊斯兰教也随着马六甲王国势力的扩张而传播到马来半岛的其他地区:1456 年,彭亨成为马六甲帝国的一部分,吉打从 1460 年开始皈依伊斯兰教,而丁加奴和北大年则是在 1474 年左右皈依伊斯兰教。②

　　马六甲的伊斯兰化不仅加速了伊斯兰教在马来半岛的传播,而且也推动伊斯兰教在印尼群岛的传播。虽然伊斯兰教早在 7 世纪时就沿着中西海上贸易商路来到印尼的苏门答腊岛,并且于 13 世纪末 14 世纪初,在苏门答腊的西北海岸地区建立了伊斯兰教政权,但由于印尼大部分地区长期受印度文化的影响,婆罗门教和佛教的传播已有上千年的历史,并对印尼社会产生了根深蒂固的影响,能够有效地抵制伊斯兰教的传播,所以在 15 世纪初以前,伊斯兰教除了在苏门答腊北部地区立足,以及主要在统治阶层中传播外,并没有出现大规模的民众改教运动。③ 但是在 15 世纪初马六甲皈依伊斯兰教后,随着马六甲王国势力向印尼群岛的扩张,以及印尼群岛与马六甲商业联系的加强,伊斯兰教也逐渐在苏门答腊岛的东海岸地区与爪哇岛等地传播开来。1478 年,具有华人血统的伊斯兰教贤人拉登·巴

---

　　① 廖大珂:《论伊斯兰教在占婆的传播》,《南洋问题研究》,1990,(3),第88~97 页。

　　② 约翰.F.卡迪:《东南亚历史发展》(下册),第 208 页。

　　③ 廖大珂:《1511 年前伊斯兰教在印度尼西亚的传播》,《南洋问题研究》,1995,(3),第 17~25 页。

达(Raden Pateh)率领伊斯兰教联军打败信仰印度教的满者伯夷王朝,建立了爪哇岛上的第一个伊斯兰教国家——淡目王国。淡目王国是当时印尼群岛最强大的国家,它的势力曾扩张到印尼的各个主要岛屿,使整个印尼群岛都处于伊斯兰教的影响之下。15 世纪末,伊斯兰教在爪哇已成为占统治地位的宗教。

从 15 世纪中后期到 16 世纪初期,在马六甲、苏门答腊、爪哇的影响下,印尼群岛西部婆罗洲的渤泥、东部的班达群岛的安汶以及摩鹿加群岛上的重要国家德那地、蒂多雷的国王,都先后皈依了伊斯兰教。

伊斯兰教在东南亚海岛地区的迅速扩张不仅是穆斯林世界政治、经济势力崛起的象征,而且也是对欧洲基督教势力向东扩张的回应。1511 年,葡萄牙人攻陷马六甲是东南亚历史发展的重要转折点,它标志着欧洲的政治、商业、军事、宗教文化势力开始全面入侵东南亚。葡萄牙人的全面入侵激起了穆斯林的反抗,加速了伊斯兰教的传播。在马六甲沦陷后不久,马来半岛和印尼群岛上的许多小国都相继伊斯兰化,如苏吉丹那(Sukadana),马辰(Banjarmasin),安汶(Ambon),万丹(Bantan),马打兰(Mataram)等。16 世纪后伊斯兰教在东南亚地区,特别是在爪哇岛的迅速传播还应归功于伊斯兰教国家亚齐的建立,亚齐于 1524 年建立后,就成为 16 世纪乃至 17 世纪伊斯兰教传播到印尼群岛的一条主要通道,并取代马六甲成为伊斯兰教在东南亚的中心。

二、伊斯兰教在菲律宾群岛的传播

虽然在 10 世纪时,已经有穆斯林商人在菲律宾南部群岛出现,但总体上讲,菲律宾南部群岛的伊斯兰化相对滞后于东南亚海岛的其他地区。伊斯兰教最早传入的是菲律宾苏禄群岛的布万萨(Bwansa)地区,其过程是从建立移民聚居点和开展传教活动开始,最后建立了伊斯兰苏丹国家。约在 13 世纪末或者 14 世纪初期,在苏禄岛的和乐地区已经出现了穆斯林的聚居地。据《苏禄世系表》

(Sulu Genealogy)和当地的传说可知,有一位叫 Tuan Masha'ika 的外来穆斯林与当地部族首领的女儿结婚,从此在当地繁衍下来,其后代在生活中也遵循伊斯兰教的风俗习惯。[①] 在 14 世纪后半期时,已有苏非(Sufi)传教士来到苏禄,其中最有名的是《苏禄世系表》提到的一位具有非凡神力的传教士卡利姆·阿尔·马赫敦(karim ul-makhdum),他在布万萨定居后,建立了菲律宾的第一座清真寺,吸引了许多人来听他讲经。[②] 卡利姆的到来,使苏禄伊斯兰教的势力得到极大加强。因此,当 15 世纪初,巴京达王子(Raja Baguinda)率领一群人(包括穆斯林武士)从苏门答腊的米南加保来到苏禄的时候,当地首领在得知他们是穆斯林后,立即热情招待,并尊奉他为布万萨的统治者。到 15 世纪中叶时,一位名叫赛义德·阿布·巴克尔(Sayyid Abu Bakr)的阿拉伯人来到苏禄,他不仅为沿海的居民讲授古兰经,而且还成功地使山上的居民皈依了伊斯兰教。他与巴京达的女儿帕拉米苏里(Paramisuli)结婚。后巴京达去世,他继承了岳父的地位,建立了苏禄苏丹国,他被尊称为谢里夫·阿尔·哈希姆苏丹(Sharif ul-Hashim),[③]苏禄苏丹国的建立表明伊斯兰教的地位已在苏禄地区牢固地确立。

伊斯兰教传入菲律宾南部的第二个主要地区是以马京达瑙为中心的棉兰佬岛。伊斯兰教传入马京达瑙地区远在苏禄之后,但其传入过程基本与苏禄相似。据马京达瑙族的传说,在 15 世纪中叶时,一位叫谢里夫·奥里亚(Sharif Awliya)的传教士就来到马京达瑙(今哥打巴托市)传教,他与当地首领的女儿结婚。稍后,又有一位叫谢里夫·马拉贾(Sharif Maraja)的传教士从柔佛来到棉兰佬岛的普兰吉河流域(Pulangi)传教。到 15 世末期时,普兰吉河流域已有一些穆斯林移民的定居点。1511 年,马六甲被葡萄牙人占领,迫使许

---

①　Cesar Adib Majul, *Muslim in the Philippines*, p. 52.

②　Najeeb Nitry Saleeby, *The History of Sulu*, Manila, 1908, p. 42.

③　Cesar Adib Majul, *Muslim in the Philippines*, pp. 56~57.

多伊斯兰教徒从马来半岛向婆罗洲、菲律宾群岛迁移。其中一位叫谢里夫·穆罕默德·卡奔素旺(Sharif Muhammad Kabungsuwan)的穆斯林首领于 1515 年从柔佛率领大批随从在马拉班(Malabang)登陆。他通过武力征服以及与当地的统治家族联姻等方式,推动了伊斯兰教在伊拉农族与马京达瑙族中的传播。之后,卡奔素旺从哥打巴托和马拉班地区沿着河谷和海岸线向棉兰佬北部推进,17 世纪上半期,拉瑙湖地区的马拉佬族也皈依了伊斯兰教。[1]

　　棉兰佬岛的伊斯兰化,在很大程度也得益于与苏禄、渤泥以及德那地等伊斯兰国家的联系。在 16 世纪末期,苏禄苏丹的势力已经扩展到棉兰佬岛的三宝颜及其附近地区,该地区每年要向苏禄苏丹进贡。[2] 同时期,渤泥的穆斯林传教士也经常到马京达瑙传教。在 1578、1579 年马尼拉总督桑德(Francisco de Sande)给两位远征马京达瑙的西班牙队长的指示中,就明确地提到从渤泥来的传教士在马京达瑙地区传播伊斯兰教。[3] 在欧洲人到来之前,渤泥、摩鹿加群岛与菲律宾南部岛屿有着密切的贸易往来与姻亲关系。欧洲人到来之后,伊斯兰教传播逐渐与贸易活动联系在一起。1588 年,马尼拉大主教萨拉查在给国王的信中谈到一些从渤泥、德那地,甚至从麦加来的宣教士在棉兰佬岛宣教、修建清真寺、在学校里教授古兰经,他担心伊斯兰教势力扩张会威胁天主教在菲律宾群岛的传播。[4] 与萨拉查同时代的一些西班牙传教史学家也认为,在摩鹿加群岛中,德那地与马京达瑙的关系最为密切,对伊斯兰教在马京达瑙的传播起了重要作用。[5] 德那地在 15 世纪中后期就已经伊斯兰教化,并很快转变

①　Peter Gordon Gowing, *Muslim Filipinos: Heritage and Horizon*, Quezon: New Day Publisher, 1979, pp. 21~23.

②　Cesar Adib Majul, *Muslim in the Philippines*, p. 67.

③　*BRPI*, Vol. 4, p. 178, 234.

④　*BRPI*, Vol. 7, pp. 68~69.

⑤　*BRPI*, Vol. 12, p. 313.

成为一个狂热的反欧洲基督教扩张的伊斯兰教国家,曾经数次派特使联合亚齐与渤泥的苏丹,企图组成联盟驱逐香料群岛的葡萄牙人。西班牙侵入菲律宾群岛后,德那地也协同马京达瑙共同驱逐西班牙人。1597 年,曾有一名德那地苏丹的王族成员率领八百名德那地人前往马京达瑙抗击西班牙军队的进攻。[①] 在 1597 年西班牙人与棉兰佬穆斯林的另一场战斗中,一名来自德那地的穆斯林宣教士英勇战死。[②]

但在 16 世纪,伊斯兰教在棉兰佬岛的传播并不是很顺利。直到 17 世纪中期前,西班牙传教士在拉瑙湖地区发现,虽然大督通过与外来的穆斯林联姻,皈依了伊斯兰教,但他们的臣民并非全是穆斯林。在马拉佬的部分地区,特别是在 Didaga, Taraka 以及 Bansayan 等地,仍然受到西班牙天主教的影响,耶稣会传教士在那里活动频繁。[③]

此外,在西班牙侵入菲律宾之际,吕宋岛的马尼拉地区也开始受到了伊斯兰教的影响。与苏禄和马京达瑙不同,伊斯兰教对吕宋岛的影响首先是依靠马尼拉地区的统治家族与渤泥苏丹长期保持的血缘与姻亲关系。其次才是依靠穆斯林移民与宣教士的活动。马尼拉的统治者与渤泥苏丹王室有着深远的姻亲与血缘关系。1521 年,随麦哲伦环球航行的海员皮加菲塔(Antonio Pigafetta)在其航海日记中,曾记载了他们在渤泥沿海抓到一名俘虏,是吕宋一名大督的王子,名叫拉贾·马坦达(Rajah Matanda),当时担任了渤泥苏丹的大队长。[④] 在西班牙侵入马尼拉之前,拉贾·马坦达的侄子拉贾·苏莱曼(Rajah Sulayman)还娶了渤泥苏丹阿布杜·卡哈尔(Abdul Ka-har)的女儿。在西班牙占领马尼拉初期,马尼拉的大督家族与渤泥

---

① *BRPI*, Vol. 10, pp. 60～61, p. 221.

② *BRPI*, Vol. 9, pp. 284～285.

③ Cesar Adib Majul, *Muslim in the Philippines*, pp. 71～72.

④ *BRPI*, Vol. 33, p. 223.

苏丹家族的婚姻关系也还在发展。如汤多（Tondo）国王拉坎杜拉（Lakandula，也是渤泥苏丹的亲戚）的侄子——奥古斯丁·德·黎牙实比娶了渤泥苏丹赛义夫·阿尔·拉贾（Seif ur-Rijal）的侄女。[①] 在西班牙占领马尼拉初期，马尼拉的大督企图趁西班牙人未站稳脚跟之际，密谋与渤泥苏丹联合驱逐马尼拉的西班牙人，于 1588 年发动汤多"叛乱"，遭到西班牙人的镇压而未遂。[②]

但马尼拉大督与渤泥苏丹的血缘与姻亲关系并不能说明马尼拉的大部分居民都已经皈依了伊斯兰教。实际上，在西班牙侵入马尼拉之际，马尼拉的大部分居民仍然保持他们的万物有灵信仰，虽然有少数人前往渤泥并接受古兰经的教导，[③]但西班牙对他们的称呼还是有所区别，称之为"土著"（Indio），而不是"摩洛"（Moro）。西班牙入侵马尼拉之际，伊斯兰教在吕宋岛的传播可以说是正处于萌芽时期，平静而缓慢。有证据显示，为与西班牙人抗衡，渤泥苏丹在西班牙人占领马尼拉后不久，曾派出一批伊斯兰宣教士前往吕宋岛的马尼拉、八打雁（Balayan）以及民都洛岛（Mindoro）与波伯（Bonbon）宣教与建立移民点。1574 年，民都洛的穆斯林在华人林阿凤围攻马尼拉之际，趁机侵袭岛上的西班牙人。但由于西班牙人的到来及其势力的逐渐加强，此时伊斯兰教已经不可能在马尼拉产生深刻的影响。1580 年，一位西班牙人在报告说："吕宋岛的居民并不是真正的摩洛人，他们并不了解穆罕默德的教义，一些居住在海边，常与渤泥商人贸易的居民受他们的影响，禁食猪肉……但他们并不知道这个禁忌的由来与含义，也不知道其他伊斯兰教的戒律……"[④]1572 年的另一份报告中也提到来自渤泥的一些穆斯林首领在马尼拉附近的内湖地区建立了三个定居点，但是"从整体而言，居民并不完全了解伊斯兰

---

① *BRPI*，Vol. 4，p. 199.

② *BRPI*，Vol. 7，pp. 96～105.

③ *BRPI*，Vol. 3，pp. 141～142， p. 165，p. 196.

④ *BRPI*，Vol. 3，pp. 141～142， p. 165.

教的法律,只是简单地遵循不吃猪肉的规定,以及祈祷时口中颂念‘穆罕默德’”。① 这说明,在 16 世纪中后期,伊斯兰教在菲律宾吕宋岛的传播正处于初级阶段,而西班牙人的到来有效地遏制了伊斯兰教在吕宋岛的进一步传播。西班牙人如果不是在 16 世纪中后期侵入马尼拉,而稍晚 20－30 年,“那么马尼拉完全有可能被伊斯兰教皈依”,正如西班牙官员莫加所言,“到那时就很难根除吕宋岛居民的伊斯兰信仰,感谢仁慈的上帝及时地阻止了他们……”②

　　伊斯兰教的广泛传播与苏丹国家的建立推动了菲律宾南部地区的伊斯兰教化。不仅伊斯兰教的风俗习惯得到普遍执行,而且伊斯兰教社会的政治法律、文化教育、经济社会制度在菲律宾南部群岛也逐步建立起来。如他们禁食猪肉,为成年男子施行割礼,允许一夫多妻,学习阿拉伯文,建立伊斯兰教的学校,学习古兰经,采用伊斯兰教纪年、使用奴隶劳动制度以及实行伊斯兰教法等。菲律宾南部的伊斯兰教化有重要的历史意义和影响,它不仅有效地阻止了近代欧洲殖民主义的扩张,而且推动了菲律宾南部各民族共同文化意识的形成,增强了菲律宾南部民族的凝聚力。更重要的是,菲律宾南部的伊斯兰教化,促进与加强了菲律宾穆斯林民族与东南亚其他地区,以及西亚、中东穆斯林民族的联系,推动了穆斯林信仰共同体的形成。

---

　　①　*BRPI*, Vol. 3, p. 196.

　　②　Antonio de Morga, *The Philippine Islands, Moluccas, Siam, Cambodia, Japan, and China at the close of the Sixteenth Century*, Translation by Henry Stanley, London, 1868, pp. 307~308.

第四章

菲律宾天主教化的
关键时期(1565—1650)

　　研究东南亚历史的著名学者安东尼·里德(Anthony Reid)在其《近代初期的东南亚：贸易、霸权与信仰》一书中认为,16世纪中期至17世纪中后期是东南亚地区宗教信仰发生剧烈变化的关键时期,表现为伊斯兰与基督教这两种具有极强扩张精神的宗教在东南亚扩张、相遇、碰撞、斗争,其结果是伊斯兰教在除菲律宾吕宋岛和米沙扬群岛的广大海岛地区得到加强并促使这些地区基本上完成伊斯兰教化;而天主教则在菲律宾的中部和北部地区、越南以及东印度群岛的部分岛屿得以迅速传播,特别在西班牙殖民统治下的菲律宾中部米沙扬群岛和北部吕宋岛,在这一时期里基本上完成了天主教化。[①]菲律宾天主教化的原因是多方面的,除了传教士的努力,以及采取适应性的传教方法外,其中一个重要原因还在于天主教会敦促殖民政府改变了对菲律宾的殖民政策,即从初期的以暴力掠夺为主的军事征服转变为以传教为主的"和平征服"。这种政策改变,极大地推动西班牙殖民统治在菲律宾的建立以及天主教的迅速传播。

---

　　① 　Anthony Reid, *Southeast Asia in the Early Modern Era：Trade, Power and Belief*, pp. 151~179.

第一节　天主教会与西班牙殖民政策的修正

许多殖民史家把西班牙对菲律宾群岛的占领比喻为"良心"与"剑"的征服,[1]并把西班牙对菲律宾的占领主要归功于"十字架"的胜利。[2] 的确,与西班牙殖民者在征服美洲初期对美洲印第安人实施的种族灭绝式的军事征服相比,西班牙天主教会在菲律宾群岛宣扬的以传教为主的"和平征服"方式则少了许多暴力与血腥。从本质上看,西班牙在菲律宾实施的以传教为主的"和平征服"政策是对其早期以军事征服为主的殖民扩张政策的重大修正;天主教会在促使西班牙海外殖民政策发生转变的过程中发挥了关键的作用。

欧洲基督教世界建立在"教皇授权论"、"开化论"与"解放论"之上的海外殖民扩张理论,成为欧洲基督教世界为其海外殖民活动辩护的"神圣"而"合法"的借口。但是,随着西班牙殖民者对美洲印第安人的暴行的被传教士揭露,尤其是这些暴行与基督教所宣扬的"慈悲"、"善良"、"文明"、"正义"与"解放"等所形成的强烈反差,西班牙殖民者在美洲的暴行首先遭到一些具有温和人文主义思想的多明我会传教士的谴责与抨击,而基于"教皇授权论"、"开化论"与"解放论"的基督教世界的征服理论也因此在西班牙国内的天主教会、神学界和法学界引起了激烈争论。

一、西班牙海外殖民权力的争论:对美洲的反应

多明我会传教士蒙得辛诺斯(Antonio de Mondesinos)成为谴

---

[1]　John Leddy Phelan, *Some Ideological Aspects of the Conquest of the Philippines*, p. 221.

[2]　G. F. Zaid, *Philippine Political and Cultural History*, 1957, Vol. 1, p. 156.

责西班牙殖民者暴行和维护美洲印第安人权利的先驱。针对西班牙殖民者在美洲实行的委托监护制(encomiendas)以及许多委托监护主滥用权力、肆无忌惮地役使印第安人所带来的严重后果,1511年,他在海地布道时就公开谴责西班牙殖民者的暴行"无疑是对印第安人的谋杀"。① 并严厉地质问欧洲基督教世界"印第安人是不是人?他们有没有理性的灵魂?"蒙得辛诺斯的言论虽然遭到教会上层与西班牙王室的压制,但他提出的问题却在西班牙国内和罗马教会引起了轩然大波,并引发了西班牙天主教会、神学界和法学界对西班牙在美洲管辖权力与统治方式的争论。争论的第一个话题集中在西班牙对美洲的占领是否合法,归根结底是质疑"教皇授权论",即罗马教皇是否享有对非基督教国家的管辖权力。1539年西班牙多明我会修道士弗朗西斯科·德·维多利亚(Francisco de Victoria)在西班牙著名的萨拉曼卡大学(Salamanca University)发表了题为"关于印第安人的陈述"(Relectio de Indis)的演讲,其中明确地宣称:"教皇没有享有对国家的世俗管辖权,他不能统治非基督徒民族及其领地,也无权授予西班牙君主统治海外领地的世俗管辖权力。"②维多利亚根据进步的自然法观点,即"上帝面前人人平等"的主张,为非基督徒土著人的权利进行了有力地辩护,大胆地将西班牙以教皇赠与为基础对美洲实行统治的合法性一笔勾销。

　　虽然维多利亚从"教皇无世俗管辖权"的角度否认了西班牙王室统治印第安人的合法性,但他并未从根本上否定西班牙王室对印第安人的权利,而是竭力地从其他方面为西班牙王室诉求占领美洲的"合法性"。如他提出了"人间财富用途天定说"与"传播福音权力说"

---

　　① 王亚平:《16世纪西班牙美洲殖民地天主教传教活动的政治作用》,《世界历史》,1992,(5),第154～162页。

　　② Gayo. Aragón, The Controversy over Justification of Spanish Rule in the Philippines,in Gerald H. Anderson ,*Studies in Philippine Church History*, Ithaca and London:Cornell University Press,1969,p. 5.

来论证西班牙王室对印第安人享有的权力以及在几种特定情况下享有对印第安人发动正义战争的权力。维多利亚的"人间财富用途天定说"认为："西班牙人与蛮人一样，同属人类，凡人皆应当像爱自己一样地去爱同类。所以那些蛮人排斥西班牙人，是没有正当理由的……所以，西班牙人可以通商，分享公共财富。如果蛮人使用暴力，则西班牙人可以自卫……如果西班牙人想尽一切办法，仍不能保障自己的安全，而不得不征服蛮人，占领他们的土地，必要时可以行使一切战争权利：剥夺他们的财产，俘虏他们，罢免及撤换他们的首领。"[①]同样他在"传播福音权说"中认为："基督徒有权到蛮人的地方传教，以拯救他们的灵魂……教皇是人间的精神主宰，有权把向印第安人传教的使命委托给西班牙人……如果蛮人阻碍西班牙人自由地传播教义，蛮人的首领以暴力阻止本族人皈依基督教，西班牙人可以使用武力来保障这种自由……根据这些理由，西班牙人可以行使战争权，占领土地，并任命新的国王……"[②]维多利亚对西班牙海外征服权力"合法性"的诉求清楚地表明了天主教会对西班牙海外殖民扩张的真实态度。

争论的第二个主题集中在对印第安人的统治方式上，即由谁来对印第安人实施管理和统治，移民、贵族还是西班牙王室。根据1493年的教皇诏书，只有王室才享有对印第安人的管辖权，并且这种管辖权是与传教事业联系在一起的，不能被委托给其他西班牙人或通过委托监护制转让给个人。但在16世纪的美洲，委托监护制是一种主要的统治方式。它源于西班牙收复失地运动中的一种授地制度，16世纪初经过略加修改后移植到新大陆。依照规定，国王为了奖赏有功的拓殖者，将某一地区一定数量的印第安人"委托"给他们

---

①　雅克·阿尔诺：《对殖民主义的审判》，世界知识出版社1962年版，第119～120页。

②　雅克·阿尔诺：《对殖民主义的审判》，第119～120页。

加以"监护"，他们负有保护印第安人并使之皈依天主教的义务，[1]同时拥有向印第安人征收贡赋和征用劳役的权利。但监护权本身不含有土地使用权、司法权，印第安人名义上仍是国王的自由臣民，土著村社拥有自己的土地，村社内部事务仍由酋长管理。委托监护制名义上是由委托监护主对印第安人实行间接的殖民统治，但在西班牙殖民美洲初期，委托监护主经常非法地行使管辖权，结果使监护制成为变形的封建领主制，委托监护主也常常与西班牙国王分庭抗礼，成为印第安人的实际统治者。[2]　在西班牙国内，赞成实行委托监护制的大有人在。如亚里士多德派学者塞普尔韦达就明确地宣称，应由移民中的贵族对印第安人实行严格的监护统治。但是，由于委托监护主对受监护的印第安人毫无节制地剥削和压迫，委托监护制遭到许多有良知的教会人士的谴责和反对。除蒙得辛诺斯外，在海地传教的多明我会神父拉斯·卡萨斯(Las Casas)也公开指责西班牙殖民者的暴行，并强烈要求西班牙王室废除委托监护制，由王室对印第安人实施直接的统治。拉斯·卡萨斯谴责西班牙殖民者的实质并不是反对西班牙对美洲的征服权力，而是反对委托监护主对印第安人的残暴统治，主张由王室和传教士通过"和平殖民"的手段来维护西班牙王室在美洲的统治，但是他对西班牙殖民者暴行的谴责和对印第安人权利的呼吁成为促使菲利普二世于 1573 年颁布旨在约束殖民者暴行、规范殖民程序的《海外发现管理条例》的重要因素，这条法令对西班牙海外殖民政策的改变有着积极的影响。这种影响在后来西班牙对菲律宾的"和平征服"中得到了具体地体现：在教会的监督

---

[1]　根据 1512 年 12 月 12 日颁布的《印第安法》(The Laws of Burgos)第 3 条和第 12 条规定，委托监护主有义务为受监护的人提供衣、食和住宿以及帮助他们接受基督教；并在传教士缺乏时，代替传教士为印第安人提供圣礼服务。参见 Lesley Byrd Simpson, *The Encomienda in New Spain*, Berkeley and Los Angeles，1950。

[2]　韩琦：《论拉丁美洲殖民制度的遗产》，《历史研究》，2000，(6)，第 127～141 页。

与协助下,西班牙人用少量兵力就迅速征服了菲律宾大部分地区,并依靠教会建立起殖民统治,这与天主教会宣扬的"和平殖民与传教"政策有直接关系。

二、西班牙殖民政策的改变与菲律宾的"和平征服"

在西班牙征服菲律宾初期,特别是 1565—1580 年期间,虽然最早到达菲岛的奥古斯丁会神父也认为西班牙对菲律宾没有合法占领权,但他们对西班牙殖民政策的讨论并没有集中在这个问题上,而是主要谴责早期殖民者,主要是士兵与委托监护主对菲律宾人肆无忌惮地抢劫和暴力。[①] 委托监护制也是西班牙统治菲律宾的一种主要殖民制度。1571 年,黎牙实比就开始在宿务实行委托监护制,把土地和菲律宾人分配给跟随他远征的有功之臣。随着征服的推进,该制度也在其他占领地实行。从 1571 至 1572 年,黎牙实比共封赐了143 名委托监护主。[②] 至 1591 年,在菲律宾共有 257 个实行委托监护制的庄园,监护着 667612 名菲律宾人。[③] 虽然法律也规定委托监护主有义务保护被委托监护人的利益,为他们提供教育并促进天主教的传播,但是,同西属美洲的印第安人一样,早期菲律宾人也同样遭受到委托监护主的侵扰与折磨。他们强征重税,非法调拨劳役,贪婪暴虐,十分凶狠。委托监护主为催逼赋税,"经常严刑拷打居民头目,如未能如愿以偿,往往虐待致死。头目不在,则捕其妻女,以为人质。""老、弱及依附人口,一并征税,迫使许多属民因此不敢结婚,有些则杀死自己的儿女。"委托监护主还强使劳役为自己服务,"他们迫使属民为其建造房屋、船只、伐木、碾米,把米和木材运往马尼拉,而不给任何报酬。"[④]在征税过程中,委托监护主还巧立名目,故意要属

---

① *BRPI*, Vol. 3, p. 254.

② *BRPI*, Vol. 34, pp. 304~310.

③ *BRPI*, Vol. 1, p. 169.

④ *BRPI*, , Vol. 9, p. 96.

民交纳稀有珍贵物品,又压低估价,然后再转手倒卖,牟取暴利,这种手段致使属民交纳的税额往往超过定额的一倍以上。委托监护主的暴政,摧残了生产力,严重阻碍了菲律宾社会经济的发展。早期菲律宾奥古斯丁会传教士的书信、1573 年上呈给西班牙国王的备忘录以及同年的"税收意见书"中就十分详细地记载了委托监护主与西班牙士兵对菲律宾人的虐待与暴行以及因此对传教事业带来的消极影响。[①] 奥古斯丁会在备忘录里请求西班牙国王重新派遣有良知的、正直的总督来管理菲律宾,制止这些暴利。殖民当局也意识到委托监护主的过度剥削带来的危险,不得不对委托监护主的行为进行纠正。1595 年,马尼拉最高法院拟定了一个"限制标准",规定了委托监护主应收的类别和数额,同时声明实物要交当地的农产品。1604年,阿库纳总督(Acuna)修订了这个标准,更加具体地规定了征收实物的类别和数额。[②] 备忘录引起了西班牙国王的重视,后来西班牙国王撤消了拉维萨雷斯(Lavezaris)的总督职务,并重新任命墨西哥省高等法院的法官弗朗西斯哥·桑德博士(Dr. Francisco Sande)为菲律宾的总督。

但教会与殖民当局关于殖民政策的争论并没有因此而结束,1581 年,随着明我会神父、马尼拉第一位主教多明哥·德·萨拉查(Fr. Domingo de Salazar)的到来,争论变得更加激烈。萨拉查在被任命为马尼拉主教前,曾在美洲传教多年,是拉斯·卡萨斯思想的狂热追随者。任马尼拉主教后,他不仅严厉谴责殖民当局对菲律宾人的虐待与暴行,而且也开始质疑西班牙国王在菲律宾实行统治的合法性。多明我会关于西班牙国王统治菲律宾合法性争论主要集中在两个方面:一是西班牙国王是否享有对菲律宾人的精神管辖权;二是

---

　①　*BRPI*, Vol. 34, pp. 223～228, 229～234, 256～272, 286～294.

　②　John Leddy Phelan, *The Hispanization of the Philippines: Spanish Aims and Filipino Responses*, 1565—1700, Madison: The University of Wisconsin Press, 1959, p. 96.

西班牙国王是否享有对菲律宾人的世俗管辖权。

1582 年,萨拉查主持召开了菲律宾历史上的第一次宗教会议(Synod),会议的主要议题是"讨论天主教传播的有关事宜以及过去和未来西班牙统治菲律宾的合法性"。这次宗教会议使在菲律宾的各个传教会达成这样的共识:西班牙统治菲律宾的合法性只能建立在传播福音的理由上,传播天主教、实行和平征服才是西班牙在菲律宾实行合法统治的唯一方式。会后,他派遣桑切斯神父(Fr. Alonso Sánchez)回西班牙向国王汇报,他相信"菲利普二世是一名虔诚的天主教徒,而且是天主教国家的国王,在确认征服菲岛的正义与合法性之前,他不能采取其他一切行动"。[①]

在确认西班牙国王享有在菲律宾传播天主教的权利与义务并对菲律宾人享有精神管辖权之后,萨拉查开始思考西班牙国王是否享有对菲律宾人的世俗管辖权,其中首要问题是关于税收。

税收问题是西班牙占领菲岛初期教会与殖民当局争论的主要问题,因为这是涉及西班牙是否享有对菲律宾人世俗管辖权的关键问题。在 1573 年奥古斯丁会的"收税意见书"中,教会就对殖民当局的高额税收提出意见与批评。奥古斯丁会在这份报告中认为:"每个纳税人 3 塔埃尔(tael)[②]的税收是太高了,没有人能够支付。他们自己都衣不蔽体,食不果腹,因而常常逃入山里逃避税收。我们认为即使在衣食无忧、法律健全、社会安定的基督教社会,超过 1 马埃司(maez)的税收都是不人道的,何况菲律宾此时的社会情况! 如果以后情况好转,生产提高,可以考虑提高税收。""1 马埃司税最实际的

---

　　① Gayo. Aragón, The Controversy over Justification of Spanish Rule in the Philippines, in Gerald H. Anderson, *Studies in Philippine Church History*, p. 12.

　　② Tael(塔埃尔),maez(马埃司)是在前西班牙时期在菲律宾使用的黄金计量单位,1 塔埃尔约等于 1.5 盎司,1 马埃司约等于 1/10 塔埃尔。参见 *BR-PI*, Vol. 3, p. 192.

征收办法是允许菲律宾人用粮食和布来代替,如果士兵能辅之以其他方式谋生,这种税率是合适的……我们的责任是无论如何也要保护他们,公正地对待他们,纠正对他们的虐待,教导他们信仰我们的教义。"[1]但是奥古斯丁会的建议遭到以拉维萨雷斯为首的委托监护主的强烈反对,为此,奥古斯丁神父拒绝为他们执行圣礼。[2] 在 1586年马尼拉的宗教会议上,教会终于与委托监护主在税收问题上达成协议,即向每个成年菲律宾人征税 10 里亚尔,其中 0.5 里亚尔作为主教的薪水,1.5 里亚尔作为西班牙士兵的补贴,2 里亚尔作为传教士的生活补贴,6 里亚尔归委托监护主所有。菲利普二世批准了这个税额,并指示应允许菲律宾人以实物或香料来代替税收。[3]

1589 年,菲利普二世任命古墨兹·佩雷斯·达斯马雷纳斯(Gómez Pérez Dasmarinas)为菲律宾总督,并指示他与主教共同商议管理菲岛的有关事宜。[4] 在税收问题上,主教萨拉查与达斯马雷纳斯又发生了冲突。但此时的萨拉查已经变得比较现实,并且意识到委托监护制度和税收制度不可能在西班牙的海外殖民地废除,他所能做的只是论证西班牙国王对菲律宾享有合法的世俗管辖权,并制止委托监护主对菲律宾人的过度剥削。

在西班牙国王是否享有对菲律宾人的世俗管辖权问题上,萨拉查肯定了西班牙国王对菲律宾人的世俗管辖权,但其合法性必须建立在大多数菲律宾人自愿选择的基础上,或者是通过正义的战争。在菲律宾当时的情况下,萨拉查认为,应该允许菲律宾人自愿选择是否接受西班牙国王的统治,因为西班牙国王没有向菲律宾发动正义

---

① 　Martin J. Noone. S. S. C,*General History of the Philippines*：Vol. 1. Quezon City, Garcia Publishing Co. Inc,1986,pp. 428~429.

②　*BRPI*,Vol. 34,p. 301.

③ 　John Leddy Phelan, *Some Ideological Aspects of the Conquest of the Philippines*,p. 233.

④ 　*BRPI*,Vol. 7,p. 159.

战争的理由。他引用了多明我会神学家卡叶塔诺（Cayatano）的理论。卡叶塔诺认为，教会对教皇领地上的居民有理所当然的统治权；对教皇领地外的、但是反对基督教君主统治的异教徒有发动正义战争的权力；但是对那些教皇领地外的、既没有阻碍天主教的传播，又没有反对天主教国王的人民，天主教国王没有理由对他们发动正义的战争。菲律宾的情况就属于最后一类。[①] 萨拉查的观点得到多明我会神父米格尔·德·比拉维德斯（Miguel de Benavides）的支持，并且他还认为，如果菲律宾人的首领已经皈依了天主教，那么就应该保留他们对其原来下属的管辖权，这是他们的自然权利（Natural Right）。这种方法与西班牙国王在菲律宾的统治并不相冲突，而且还有利于推动天主教的传播。[②]

　　1590 年，78 岁高龄的萨拉查为捍卫自己的观点，与比拉维德斯一起返回西班牙向菲利普二世汇报。经过漫长的讨论，1594 年 6 月 11 日，菲利普二世做出裁决，除了保留已皈依天主教的菲律宾人首领的权利外，其他的决议完全与萨拉查的观点相反。1594 年 12 月 14 日，萨拉查在西班牙去世，享年 82 岁。但比拉维德斯并没有放弃自己的立场，他坚持向国王呈情，决心使国王改变决定。最后，菲利普二世匆忙召集主管殖民地事务的印第院开会，并在 1596 年 10 月 17 日发表了一项声明，同意萨拉查与拉比拉德维斯的观点。1597 年 2 月 8 日，菲利普二世又颁布了一道敕令：命令菲律宾总督召集所有官员讨论殖民政策，首先，要求他们退还所有不应收的税金；第二，不能用武力威逼菲律宾人接受西班牙人的统治，应该允许他们做出自

① Gayo. Aragón, The Controversy over Justification of Spanish Rule in the Philippines, in Gerald H. Anderson ,*Studies in Philippine Church History*, pp. 15～16.

② Gayo. Aragón, The Controversy over Justification of Spanish Rule in the Philippines, in Gerald H. Anderson, *Studies in Philippine Church History*, pp. 15～16.

愿的选择。[1]

1598 年,被任命为新塞哥维亚(Nueva Segovia)教区主教的比拉维德斯带着西班牙国王的这道敕令回到马尼拉。同年四月,这道敕令开始逐渐在吕宋岛的各省宣布,一些地区的菲律宾人首领表示愿意率众接受西班牙国王的统治。1599 年,菲律宾总督古兹曼(Tello de Guzman)在给西班牙国王的信中写道:"多数菲律宾人普遍愿意接受陛下的统治。在新塞哥维亚教区的伊罗戈斯地区,进展顺利,他们愿意接受你的统治。同样,在马尼拉奥古斯丁的辖区,也是如此。但在内湖省方济各会的辖区,暂时还没有结果,当地的首领说要一年后方可决定。这种情况在其他地区也存在。"[2]

可以说,西班牙国王的这道敕令是其海外殖民政策发生改变的又一重要体现,它对西班牙以比较和平的方式迅速地在菲律宾建立起殖民统治起了较大的作用。而教会,特别是多明我会关于"西班牙海外殖民地管辖权"的争论对推动西班牙海外殖民政策的改变起了十分重要的作用。一方面,我们不应忽视教会在这场争论中体现出来的理性精神与温和的人文主义思想,与血腥残暴的军事征服相比,这种"和平征服"具有一定的进步意义。另一方面,我们也应该清醒地认识到,西班牙海外殖民征服政策的改变并不能改变其海外殖民扩张的侵略本质。历史证明,教会所宣扬的"和平征服"具有极大的欺骗性与危害性,这种挟裹着殖民主义思潮、以天主教信仰和文化为核心的"精神征服"对菲律宾历史和社会发展产生了深远的影响。直至今天,下至普通的菲律宾民众,上至菲律宾社会的文化精英,甚至包括赛德在内的一些菲律宾历史学家依然对天主教会和传教士流露出感恩戴德的褒扬,感谢他们带来了基督教信仰、价值观与拉丁文

---

① Gayo. Aragón, The Controversy over Justification of Spanish Rule in the Philippines, in Gerald H. Anderson, *Studies in Philippine Church History*, pp. 15~16, p. 19.

② *BRPI*, Vol. 10, pp. 253~255, p. 287.

化,却对这种"和平征服"的性质缺乏全面与深刻的认识,这种普遍的"民族意识的模糊与倒退"是西班牙传教士对菲律宾实施"精神征服"与殖民统治所带来的严重后果。

第二节　教区与教会学校的建立与发展

一、五大传教团的到来

从 16 世纪末到 17 世纪中期,天主教在菲律宾的迅速扩张主要依靠五大传教团奥古斯丁会、方济各会、多明我会、耶稣会以及奥古斯丁重拯会传教士的努力。[1] 奥古斯丁是最早到达菲律宾的传教团,在菲律宾的传教史上占有重要地位。1565 年,在黎牙实比远征队里就有五名奥古斯丁会的先驱。[2] 这五名奥古斯丁会士成为菲律宾历史上的第一批传教士。黎牙实比占领宿务后,为奖赏奥古斯丁传教士跟随他远征的功劳,立即划出一块地给奥古斯丁会建立教堂和修道院,宿务因地处米沙扬群岛中部,并且靠近棉兰佬岛,地理位置非常重要,所以,很快就在此设立了奥古斯丁会菲律宾省。随着西班牙对马尼拉的占领,奥古斯丁会的势力也迅速扩展到以马尼拉为中心的吕宋岛地区,马尼拉的大部分地区都划在该会的管辖之下,1575 年,该会的大教堂在马尼拉兴建。此外,吕宋岛的大部分地区以及米沙扬的宿务和班乃岛都成为奥古斯丁会所管辖的教区。从

---

① 早期的传教工作主要依靠这五大传教团的修道士(regular),此外,还有一小部分在俗传教士(secular)。1655 年,在菲律宾的修道士有 254 人,而在俗传教士只有 60 名。见 Phelan, *The Hispanization of the Philippines: Spanish Aims and Filipino Responses*, 1565—1700, p.33.

② 他们是 Urdaneta, Martin de Rada, Diego de Herrera, Pedro Gamboa, Andres de Aguirre。

1567 年到 1699 年,在菲律宾的奥古斯丁会士就有 1028 名。① 从 1564 至 1898 年的 300 多年的时间里,共有 2368 名奥古斯丁传教士到菲律宾传教,建立了 385 个传教区,共管辖 200 万教民。②

　　紧跟奥古斯丁会来到菲律宾的是方济各会。该会的 15 名传教士于 1577 年到达马尼拉。方济各会对推动天主教在菲律宾迅速而广泛的传播做出了巨大贡献。首先,方济各会为推动传教,针对当时传教士奇缺、菲律宾人居住分散的情况提出了"移民并村"的计划。在 1578 年该会的第一次教团会议上,方济各普拉森西亚神父(Juan de Plasencia)建议对菲律宾人实行"移民并村"政策,即动员菲律宾人集中居住在较大的村庄和市镇里,居住在山上的部族也迁移到沿海低地居住,并积极倡导修建道路和桥梁,以利于派遣传教士传教。"移民并村"政策对天主教在菲律宾的迅速传播起积极作用。其次,方济各会传教士是倡导学习菲律宾民族语言,并用菲律宾民族语言传教布道的先驱。其中方济各会传教士普拉森西亚,特拉维拉(Miguel de Talavera)以及奥利弗(Juan de Oliver)为菲律宾民族语言的发展做出了开拓性的贡献。

　　从 1577 年至 1898 年,共有 2367 名方济各传教士来到菲律宾,建立了 233 个教区。③ 从管辖地区来看,1586 年,方济各会在马尼拉建立了圣格里高利省,并负责马尼拉及其附近的一些堂区。16—17 世纪,方济各会的势力主要在吕宋岛西南部的甘马遴地区(Cama-

----

①　Ordanico G. Delapena,*The Birth of the Catholic Philippines in Asia*, U. S. A Xlibris Corporation, 2000,p. 19.

②　G. F. Zaid, *Philippine Political and Cultural History*, Vol. 1,第 183 页,在菲律宾圣托马斯大学、多明我会神父帕勃罗·斐尔南德兹博士的《菲律宾教会历史》一书,对西班牙殖民时期各教团的传教士人数、教区数量及所辖教民的人数有不同的记载。详情请参看 Pablo Fernandez, O. P. , *History of the Church in the Philippines*, Manila:National Book Store,Inc, 1979, pp. 19～27.

③　G. F. Zaid,*Philippine Political and Cultural History*,Vol. 1,p. 184.

rines)与岷都洛岛扩张,较晚才涉足米沙扬群岛和棉兰佬地区。

除了上述两大修会外,耶稣会和多明我会也是菲岛传教的主力。耶稣会于 1581 年来到马尼拉,起初只有 3 名传教士。1596 年,又有 14 名耶稣会士来到马尼拉,并建立了永久传教团。1661 年,在菲岛的该会传教士已有 101 人。[①] 至 1768 年耶稣会被驱逐时,共有 158 名耶稣会士来到马尼拉,建立了 93 个教区。[②] 耶稣会除了在马尼拉有少数堂区外,其势力范围主要在米沙扬群岛和棉兰佬地区。多明我会于 1581 年到达马尼拉,当时只有 2 名传教士,其中一位便是大名鼎鼎的主教萨拉查。随后,又有 39 名传教士于 1585、1587 年到达马尼拉,并在马尼拉建立了菲律宾圣玫瑰省。至 1898 年,估计共有 1755 名多明我会传教士来到菲律宾,建立了 90 个教区。[③] 多明我会主要负责管理华人传教事务以及班加西兰与卡加延地区。此外,奥古斯丁重拯会也是一支重要力量,第一批沉思派传教士于 1606 年来到菲律宾,在整个 17 世纪里,共有 270 名该会传教士在菲律宾传教。[④] 至 1898 年,至少有 1623 名该会传教士在菲律宾工作。他们共建立 235 个教区和小的居民点(visitas)。[⑤]

17 世纪中期后,由于西班牙国力的衰落,"光荣"也不复存在,像菲利普二世时代那样信奉"我的宗教、我的祖国、我的国王"的西班牙人也大大减少。17 世纪中期后,到海外的传教士开始减少,传教被奉为神圣"事业"的年代已经过去,相反,传教更多的是被当作一种可以谋生的"职业",特别是传教士在殖民地享有的社会、政治地位与特权吸引了许多不合格的神职人员前往菲律宾,这些传教士无论是在

①　Ordanico G. Delapena, *The Birth of the Catholic Philippines in Asia*, p. 25.

②　G. F. Zaid, *Philippine Political and Cultural History*, Vol. 1, p. 185.

③　G. F. Zaid, *Philippine Political and Cultural History*, Vol. 1, p. 185.

④　Ordanico G. Delapena, *The Birth of the Catholic Philippines in Asia*, p. 28.

⑤　G. F. Zaid, *Philippine Political and Cultural History*, Vol. 1, p. 186.

道德与宗教热情方面,还是在神学训练方面都无法与早期的传教士相比,传教士人数的减少和许多神职人员道德与素质的堕落是17世纪后期传教事业衰落的一个不可忽视的原因。[①]

二、主教区与基层教区的建立

菲律宾的教会组织结构可以说是西班牙和新西班牙的教会组织在东方的移植。菲律宾的教会组织主要由主教区以及由教区(mission)或堂区(parish)为主的地方教会组织组成。在1581年主教区建立之前,菲律宾教会名义上是归新墨西哥省的大主教管理,但实际上是由最早到菲律宾的奥古斯丁会管理。1581年,多明我会神父萨拉查到达马尼拉,标志着菲律宾第一个主教辖区建立。主教区的建立以及主教权力的加强应该归功于天主教历史上有名的特兰托会议(Trent)[②],根据该会议精神所制定的一份敕令《"保教权"令》,重新肯定了主教统治权,使主教成为每个教区教会事务的支柱。

1591年,萨拉查回到西班牙,向菲利普二世汇报了菲律宾教会管理存在的问题,后来菲利普二世下令把管辖范围过大的马尼拉主教区改为一个以马尼拉为驻地的大主教区和三个主教区:新塞哥维亚主教区(Nueva Segovia),新卡塞雷斯(Nueva Caceres)主教区以及宿务主教区。[③] 1595年,教皇克莱蒙特三世批准了这些主教区的建立。新塞哥维亚主教区以今天伊洛哥省的维干(Vigan)为教区主教驻地,管辖北吕宋岛的教区事务。新卡塞雷斯主教区则管辖着今

---

①　Renato Constantino, *A History of the Philippines*, Manila: Monthly Review Press, 1975, p. 67.

②　天主教会的第19次公会。由教皇保罗三世的代表于1545年12月13日在奥地利特兰托召开。由于受西班牙与法国交战的影响,会议时断时续,至1563年才告结束。会议中心主旨在于反对宗教改革,并提出要在天主教内部进行改革。会议制定了信仰纲要,为近代天主教教仪体制重新奠定了基础。

③　1865年,又设立了和乐(Joro)主教区,管辖Iloilo, Capiz, Antique, Calamianes, Negros, Zamboanga与今天的Davao地区。

天的奎宋省(Quezon)，南甘马遴省(Camarines Sur)与北甘马遴省
(Camarines Norte)、亚眉省(Albay)、索索贡(Sorsogon)、以及吕宋
岛附近的一些小岛。宿务主教区是四个主教区中管辖范围最广的一
个教区，包括米沙扬群岛、棉兰佬岛以及远在太平洋的马里亚纳斯群
岛与关岛。

　　主教管辖区在西班牙对殖民地的统治中具有很重要的意义。它
既是一个宗教机构，又具有相当的民政权力，"它本身形成一个行政
自治中心，负责祭祀、各项任命以及教会裁判工作。其他还负责传教
工作、教区会议的法规以及神学院的教育等等。在民政权力方面，它
推选各项任命的候选人，与各级民政机构相互影响，并负责执行政治
当局——西印度事务委员会、总督和检审法庭所订的法规。"①教区
的增多意味着教会在西班牙殖民扩张中有了更多的责任和中心。

　　在地方上，教会组织的基础是堂区制度，它起源于古罗马，经历
了长期的演变，后经特兰托会议批准，成为天主教机构的基层组织，
西班牙王室对它享有"保教权"，教区主教对它有巡视权。但是在菲
律宾，在长达200多年的时间里，除了由少数在俗传教士建立的堂区
外，教会的基层组织主要是由五个教团建立的类似堂区的传教区
(mission-parish)构成②。他们基本上只服从本教团上级的命令，在
教职任免上都有相当的自主权力，甚至为反对马尼拉主教的教区巡
视权多次与主教斗争。直到1767年，马德里高等法院的桑乔(Basi-
lio Sancho de Santa Justa y Rufina)来到马尼拉担任大主教一职后，

---

　　①　莱斯利·贝瑟尔：《剑桥拉丁美洲史》(第1卷)，第500页。

　　②　1565—1650年，西班牙五大传教团建立的基层教区如下：耶稣会59
个，主要分布在宿务主教区与马尼拉大主教区；奥古斯丁会56个，主要分布在
马尼拉大主教区与宿务—米沙扬主教区；方济各会53个，主要分布在马尼拉大
主教区与新卡塞雷斯—甘马遴主教区；多明我会18个，主要分布在新塞哥维亚
主教区；沉思会11个，主要分布在马尼拉大主教区。见 Phelan, *The Hispan-
ization of the Philippines：Spanish Aims and Filipino Responses*，1565—1700，
pp. 169~171.

才克服重重困难,把堂区制度引进菲律宾,使修道院的教区逐步转变为堂区。[①] 主教通过对教区或堂区的管理,逐渐使所有的神职人员均受制其权柄之下。这些天主教的教区通常只有1—2个传教士常年驻扎,管理教区内的日常宗教事务,主持祭祀与圣礼。

基层教区的建立,不能不涉及西班牙殖民政策中的"移民并村"制度(Reductions)。如前文所述,在前西班牙时期,"巴朗盖"是菲律宾主要的社会政治组织,"巴朗盖"的规模不一。主要分布在经济较发达,人口稠密的地区,如马尼拉、班乃岛、宿务等地。对人力、物力有限的西班牙人而言,众多分散的、小规模的"巴朗盖"组织显然不利于西班牙人的统治与天主教的传播。所以在1578年方济各会的宗教会议上,为促进天主教的传播,普拉森西亚神父就提出了"移民并村"计划,主张把众多小"巴朗盖"的居民集中到一个中心市镇,在市镇广场建立教堂、学校、神职人员住所。在这些建筑周围是菲律宾人的居住区。这基本上是一个教区的雏形。在这样的教区内,居民除了每周到教堂做弥撒,诵读玫瑰经,接受教理问答外,还要定期地参加宗教节日活动与游行,并和着教堂的管风琴演唱圣歌。这一切对菲律宾人的信仰转变无疑起着潜移默化的作用。

此外,在教区之下还有更小的传教点,一般称为访问站(visita)。因为居民较少,所以没有传教士常年驻扎在那里,但区内建有小教堂,方便居民祈祷,教区神父会不定期地前去视察。在16、17世纪,菲律宾教区就已经按照规模大小分为了三类,即初级教区、普通教区与重点教区。1894年,根据西班牙国王的一道命令,把菲律宾所有的教区根据规模大小重新划分为五等,初级教区一般管辖5000名教民;普通教区管辖5000～10000名教民;中等教区管辖10000～20000名教民;大教区管辖20000～30000名教民;管辖30000名以上的称为特大教区。在五类教区中一般教区和中等教区居多。根据

①　Pablo Fernandez, O. P. , *History of the Church in the Philippines*, pp. 36～37.

1898 年教会的统计,全菲律宾共有初级教区 746 个,普通教区 105 个,中等教区 116 个。[1] 根据"保教权",西班牙国王除了给教区里正式的圣职人员发放津贴外,还根据教区的具体情况给予数额不等的补助。[2] 从教区结构上讲,每个教区都必须包含具有四大功能的宗教场所:大教堂、修道院、小教堂(位于每个巴朗盖)以及墓区。教区居民一生的轨迹便锁定在教堂到墓区间:出生后在教堂受洗;童年时在修道院学习天主教的教义;婚配时在教堂接受神父的赐福;一生中经过教堂里的无数次祈祷与忏悔;死后安葬在教区的墓地里。每个教区根据其规模大小,安排数量不等的传教士与其他神职人员,这些传教士不仅负责管理教区的宗教事务,而且也兼管教区的政治、司法、文化、教育与经济权力。因此教区的建立,无论对促进天主教的传播,还是对维护西班牙的殖民统治都具有重要意义。可以说,正是基层教区的建立,才"在菲律宾,每有一个传教士,国王就有一个将军和一支军队。"[3]"传教士不仅是精神上的指导者,而且他也是任何意义上的市镇统治者。……事实上,在菲律宾的整个西班牙政府依靠修道士……"[4]"教会成为西班牙在菲律宾统治的基础,如果搬掉

---

①　Pablo Fernandez, O. P, *History of the Church in the Philippines*, p. 39,43.

②　根据 1604 年西班牙国王菲利普三世的敕令,各级神职人员的每年的俸禄如下:马尼拉大主教 600 比索,高级传教士 400 比索,一般修道士 400 比索,全职牧师 300,兼职牧师 200 比索。另外对比较穷的教区和重点教区,王室的补助也相对多一些,在 17 世纪,一般是一年 100 比索和 100 cavans 的大米。到 19 世纪末期,增加到 400 比索,有时 800 比索。参见 Pablo Fernandez, O. P, *History of the Church in the Philippines*, p. 29,41.

③　V. A. Pacis etc, *Founders of the Freedom: The History of the Three Constitution*, Capital Publishing House,1971, p. 57.

④　Arthur Judson Brown, *The New Era in the Philippines*, New York, 1903, p. 126.

这个基础,整个统治结构将倒塌"之说①,这些描述一点都不夸张,正是通过各类教区与传教士,西班牙殖民政府依靠为数不多的军队,才能牢牢地控制了广大的菲律宾民众。

三、教会学校的创立

在西班牙的海外殖民扩张活动中,创办教会学校是一项很重要的内容。西班牙殖民者认为"基督教教育是良好统治的基础"。所以,历代西班牙国王都支持在海外殖民地建立以天主教为核心的教育制度,纷纷颁布敕令,建立各级教会学校。② 总的来讲,西班牙殖民时期,菲律宾的教育体系可分为三级:即初等教育、中等教育与高等教育。

初等教育以教区小学为主,主要为儿童设立。第一所教区小学于1565年由奥古斯丁教会在宿务创办。后来,到达菲岛的其他教团也遵照西班牙国王的命令,纷纷在各自的教区建立学校。1582年,马尼拉大主教萨拉查召集各教团的高级传教士,商讨教区学校的发展,并做出如下规定:每个镇必须建立两所学校,包括男童学校与女童学校;所有儿童必须上学;学校的老师基本上由教会的神父担任,教师的工资由学生的父母负担,贫困家庭的孩子可以免除学费。1686年,西班牙国王查尔斯二世又下令免除所有学费。③ 学校的主要课程包括教理问答、简单的方言读写、音乐、基础的算术训练以及简单的手工业和商业知识。此外,按照委托监护制度的规定,委托监护主有义务从经济上资助教区学校。1591年,萨拉查主教敦促达斯马雷纳斯总督下令所有的委托监护主,无论贫富,必须储备教育基

---

① United States, *Reports of the Philippines Commission*, Washington: Government Printing Office, 1900, p. 43.

② *History of Education in the Philippines: Spanish Period*, 1865—1898, University of Santo Tomas, 1953, pp. 54~57.

③ *History of Education in the Philippines: Spanish Period*, p. 55.

金,支持教区学校的发展。在各方的支持下,从 1565 到 1650 年间,估计共有 1000 所教区学校建立。[①] 利用这些教区学校,传教士对菲律宾儿童进行潜移默化的天主教教育,并让儿童带动其父母改宗。这在一定程度上推动了天主教在菲律宾的发展。

　　比教区小学高一级的是私立中学。与教区小学不同,虽然这类学校也接受政府的财政资助,但它们多为私立学校,主要为西班牙人、西菲混血儿、菲律宾大督、贵族的孩子开办。这类学校一般分为四种,包括修道院学校、学院(类似于今天的高中)、女子中学以及神学院。这类学校虽然名为中等教育,但实际上教学内容参差不齐。有的学校课程包含小学到初中的内容,有的则在中学的基础上更进了一步。在这些中学中,著名的有男子学校有圣伊格纳西奥(San Ignacio)(1589 年)、圣何塞学院(San Jose)(1601 年),圣托马斯学院(Santo Tomas)(1611 年)以及圣胡安·德·累特朗学院(San Juan de Letran)(1630 年)等,主要培养神职人员。女子中学在菲律宾教会学校中也占有重要地位,著名的女子学校有圣波坦西娜学院(San Potenciana)(1594 年),圣伊萨贝尔学院(San Isabela)(1632 年)、圣卡塔利娜(San Catalina)(1696 年),圣塞芭斯提安(San Sabastian 年)(1719 年)以及圣玫瑰学院(1750 年)等。女子学校除了宗教教育课程外,还开设了数学、文学写作、拉丁语、地理、音乐、绘画、缝纫、刺绣、插花与家庭服务等课程,[②]吸引了许多上流社会家庭的女眷。至 1728 年,在圣伊萨贝尔学院接受过教育的女子已超过 13000 人。[③] 由于妇女的改宗对下一代的宗教信仰有直接影响,所以菲律宾妇女接受宗教教育,无疑有助于天主教在菲律宾的迅速传播。

　　西班牙殖民时期,菲律宾的高等教育则是在中等教育的基础上

---

　　① *History of Education in the Philippines：Spanish Period*，pp. 49～50.

　　② *History of Education in the Philippines：Spanish Period*，p. 74.

　　③ Dolmacio Martin，*A Century of Education in the Philippines*，1860—1960，Manila，1890，p. 5.

发展起来的。有的是由学院直接升为大学。如建立于 1589 年的马尼拉学院于 1681 年被教皇批准为一所正规大学；1611 年的圣托马斯学院于 1619 年升级为圣托马斯大学。一些教会学院经过不断完善与发展，至今依然存在，并且适应时代的变化，在保留基本宗教教育课程的同时，与时俱进，增加了许多自然科学与现代科学技术的课程，成为今天菲律宾高等教育体系中的重要组成部分。

由此可见，教会在菲律宾教育发展史上扮演着重要的角色，教会可以说是菲律宾教育的开拓者与奠基人，教会创办了初级、中级与高等院校，奠定了菲律宾教育体系的基础。但是，教会学校创立的主要目的并不是为了开启菲律宾人民的智慧，而是为了传播天主教信仰和管理殖民地。所以，西班牙殖民时期，菲律宾的教育带有浓厚的欧洲中世纪教育的特点，即教会垄断教育，并以宗教教育为核心，培养忠于上帝和国王的信徒与臣民，而不是培养具有民族意识的公民。这种教育体系带来两方面的后果，一方面有力地推动了天主教在菲律宾的传播，同时也引入了一些粗浅的欧洲世俗文化，另一方面，重视宗教教育、忽视世俗教育，特别是自然科学知识与技术被长期忽视，极大地阻碍了菲律宾社会的发展与进步。

第三节　菲律宾天主教社会的初步形成

裴化行在《利玛窦神父传》一书中提到了 16 世纪在西属、葡属殖民地天主教广泛传播、受洗者大量增加与教会迅速建立的一个重要原因，即教会基本上省略了受洗前的宗教教育，望教问答被简化为宣誓，普遍施行集体洗礼，最后才是正规的教理问答。[①] 这种情况在菲律宾也普遍存在。在菲律宾，17 世纪天主教徒的迅速增加主要也是

---

① 　裴化行:《利玛窦神父传》(下卷)，商务印书馆 1995 年版，第 404、405 页。

依靠实行集体受洗仪式,然后再是正规教理问答的学习,而望教阶段的宗教教育由于传教士奇缺与语言障碍基本上被省略了。自 16 世纪末期始,西班牙传教士为了向菲律宾人传播天主教教义,努力地学习当地的主要方言,除了编写各种主要方言的词汇书与语法书外,更主要是把基督教的教理问答翻译成为菲律宾主要的方言。这种问答式的传教方法对促进天主教教义在菲岛的传播发挥了重要的作用。

一、教理问答:方法与内容

所谓教理问答就是把复杂的基督教学说简化并编写成册,采用一问一答的教学方式来传播或巩固基督教信仰,这是基督教信仰传播中的一种重要方式。这种方法可追溯到基督教创立初期,教会为了帮助儿童和新信徒理解基督教的教义,便派人专门编写简要的基督教教义,并采用问答式的方法来教授。在西班牙殖民菲律宾初期,这种问答式的传播福音的确效果不错。据耶稣会传教士兼史学家切雷诺的记载,1592 年,他到班乃岛一个名叫 Tigbauan 的地方布道时,发现那里虽然只有一个耶稣会传教士,但是福音的传播在那里却取得了令人满意的成就。该地的耶稣会传教士已经学会了用当地语言向居民传播天主教的教义。该地的居民们十分愿意接受这种问答式传播福音的方法,附近村镇的居民也送孩子来听讲教理问答。每到节日时,许多成年人也在街上诵读教理问答。孩子们从中理解了天主教的教义并成为天主教徒。[1] 这种方法对天主教在菲律宾的传播发挥了重要作用,正如一些宗教历史学家所言:"在菲律宾,问答式的方法发挥了极好的作用。如果不使用这种方法,从 1565 至 1700 年,不可能有大规模的皈依。"[2] 菲律宾历史上的第一本书——1593

---

[1] Pedro Chirino, *Relacion de Las Islas Filipinas*, Manila: Historical Conservation Society, 1969, p. 263.

[2] Ordanico G. Delapena, *The Birth of the Catholic Philippines in Asia*, p. 41.

年泰加洛语版的《教理问答》，据说是由方济各传教士普拉森西亚1582 年翻译的，后经方济各传教士奥利弗(Juan de Oliver)修改并加以出版的。[①] 那个时代，西属殖民地的教理问答形式大同小异，基本上由宗教信条、圣礼制度、伦理道德以及护教辩护四部分组成，内容一般分为两个部分：第一部分包括祈祷文和基本真理，这是信徒必须熟悉的，包括十字架、信条、"我们的父"、"圣哉玛丽亚"、圣母颂、十四条信仰条令(其中七条是关于耶稣的神性，七条是关于耶稣的人性)、上帝十戒和教会五戒、七圣事、可赎罪和不可赎罪、七大罪和总忏悔。第二部分是补充真理，包括四大品德(即勇敢、正义、谨慎、克制)，三大神学品德(即慈悲、希望、信仰)、慈悲善行(七大物质善行与七大精神善行)、圣灵之禀赋、灵魂的感觉与功能、灵魂之大敌、大福祉、光荣躯体(殉教者死后复活的躯体)、教父职责等。[②] 早期，在菲律宾广泛使用的教理问答有两本，一本是由方济各泰加洛语和比科尔语专家奥利弗所翻译的泰加洛语版的教理问答，另一本是由多明我会神父科伯(Juan Cobo)所翻译的中文版的教理问答。自 17 世纪始，罗马教皇下令将整个天主教世界的教理问答标准化，一律采用著名的耶稣会神学家、红衣主教罗伯特·贝拉明（Robert Cardinal Bellarmine)编写的教理问答。

二、圣礼制度的建立

17 世纪教理问答虽然被普遍翻译成为菲律宾的民族语言，但是由于印刷成本的昂贵，教理问答并没有大量印刷，教理问答仅仅是提供给西班牙传教士使用，对菲律宾人灌输天主教信仰还是主要依靠传教士利用布道的形式来讲解教理问答的内容。布道通常是星期天

①　John Leddy Phelan, *Philippine Linguistics and Spanish Missionaries*,1565—1700, in *Mid-American: A History Review*, Vol. 37. No. 3. July, 1955, pp. 153~177.

②　裴化行:《利玛窦神父传》(下卷)，第 405,406 页。

在村、镇的广场或教堂里举行。为了让菲律宾人尽快牢记教理问答，西班牙传教士特别注意采用"文化适应"的传教方法，如耶稣会传教士把教理问答中的各种祈祷词、信条、戒律融入米沙扬人播种与划船时吟唱的传统歌谣里，使其朗朗上口，极易记诵。

教理问答的广泛传播有效地促进了 17 世纪菲律宾天主教社会的初步形成，这主要体现在圣礼制度初步在菲律宾社会建立起来。同宗教教义一样，宗教圣礼也是宗教的基本内容。教义与圣礼相互依存。天主教圣礼制度，把教会对信徒的控制规范化、程序化，形成一种行为方式的固定秩序。一个信徒从生到死，都被掌握在教会的神职人员手中。可以说，依靠圣礼制度，教会对信徒的神权专制得以建立。早期天主教的圣礼十分简单，只有洗礼和圣餐礼。但是随着天主教教义的演化，圣礼不断地趋于繁复，目的在于加强教皇的神圣性。至 13 世纪初，圣礼由两种增加到七种，即：洗礼（Baptism）、圣餐礼（Eucharist）、坚振礼（Confirmation）、告解礼（Penance）、婚配礼（Marriage）、终敷礼（Extreme Unction）、授神职礼（Ordination）。

首先，天主教洗礼是菲律宾人普遍接受的圣礼。至 1594 年，在菲律宾的传教士增加到 267 人，有 286000 人接受了洗礼，至 1622 年，共有 500000 人接受了洗礼。[①] 其次，以一夫一妻和禁止离婚为核心的天主教婚姻制度也逐渐开始在菲律宾土著社会推广。

一夫多妻制度是许多殖民地前资本主义时期很普遍的婚姻制度。在前西班牙时代，菲律宾广大地区一夫多妻现象很流行，而且离婚也很随意，特别是在大督阶层里，三妻四妾是很普遍的现象，这种

① 　John Leddy Phelan, *The Hispanization of the Philippines: Spanish Aims and Filipino Responses*, 1565—1700, p. 56. 16 世纪末期菲律宾群岛的人口估计大约在 60 万左右，关于西班牙殖民时期（1565—1898）菲律宾群岛的人口统计，参阅 O. D. Corpuz, *The Roots of the Filipino Nation*, AKLAHZ Foundation, Inc, Quezon City, Philippines, 1989, pp. 515~569.

婚姻制度成为天主教传播的主要障碍。[①] 针对西属殖民地这种与天主教所提倡的"一夫一妻"婚姻制度迥然不同的风俗,早在 1537 年,罗马教皇保罗三世就颁布了一道敕令,下令殖民地的土著民族只能在所有妻妾中选择第一位妻子作为合法配偶,如果不能确定谁是第一位妻子,那么就只能从中选择一位到教堂请神父证婚。而且为了防止有人选择比较年轻的妻子而抛弃年老的妻子,教皇还特地申明不准此种人受洗成为天主教徒。但是在菲律宾,教皇的敕令并没有得到严格执行。教会允许菲律宾人选择任何一个妻子作为他们合法的配偶,而且教会对菲律宾人选择带着年幼孩子的年轻妻子,而不是年老的妻子作为他们的合法配偶并没有加以阻拦,其主要目的是为了不让年幼的孩子失去父亲从而生活陷入困境。菲律宾教会对此的解释是为了避免给新入教者带来过度的经济与感情负担。但自 17 世纪后期开始,当大多数菲律宾人受洗成为天主教徒后,教会也逐步开始认真执行罗马教皇的这条敕令,规定只有当非天主教徒的结发妻子去世或拒绝受洗成为天主教徒时,菲律宾人才可以从其他妻子中选择一位作为合法的配偶。[②]

除了推行一夫一妻制度外,教会也按照天主教会的宗教法规禁止离婚。但在初期菲律宾人似乎并不愿意接受这种宗教法规。1621 年发生的一系列要求离婚的案件便可以说明菲律宾人还很留念前西班牙时期"离婚自由"的传统,而教会也设法阻止这种传统的复苏。1621 年,马尼拉主教塞雷诺(Gracia Serrano)被一系列要求离婚的事件困扰。这些要求离婚的菲律宾丈夫都声称他们在结婚前已经与妻子的亲戚发生了性关系,并以此为借口要求与妻子离婚(因为这种关系被天主教的宗教法规视为合法婚姻的阻碍)。塞雷诺一方面指

---

①　John Leddy Phelan, *The Hispanization of the Philippines: Spanish Aims and Filipino Responses*, 1565—1700, p. 61.

②　John Leddy Phelan, *The Hispanization of the Philippines: Spanish Aims and Filipino Responses*, 1565—1700, p. 62.

责他们在此之前故意隐瞒事实,在另有新人时才披露此事以达到离婚后另结新欢的目的;另一方面他写信给菲利普三世,希望他请求教皇能授权予菲律宾教会赦免事实婚姻中的"罪孽",从而打消那些以此为借口而申请离婚者的妄想![1] 教皇于 1630 年授予了马尼拉大主教此种特权。

除了推行一夫一妻制度与禁止离婚外,按照天主教圣礼制度的规定,婚礼仪式不必一定在教堂里举行,但必须要有神父参加,神父的结婚弥撒与祝福是天主教徒合法婚姻不可缺少的部分。但是神父的祝福并不是免费的,通常是要收取一定的圣礼服务费。在菲律宾,奥古斯丁和方济各会收的圣礼服务费通常是比较高的,特别是奥古斯丁会,该会神父证婚一次收费 2 批索。[2] 1596 年,由于担心相对高昂的婚礼服务费使菲律宾人望而却步,并且误解婚配礼的精神含义,菲利普二世下令禁止神父对菲律宾人收取婚礼服务费,但这条指示并没有得到执行,因为收取圣礼服务费已经成为教会最快、最便捷的生财之道。

西班牙天主教会在菲律宾建立天主教婚姻制度的过程中,对菲律宾人婚姻制度中某些与天主教教义并非严重相悖的传统风俗则采取了宽容的态度,并视之为菲律宾人的习惯法而允许其继续存在。如在泰加洛人传统的婚嫁风俗中,新郎要给女方家送聘礼或为女方做无偿劳动。在天主教的传统看来,这不符合教会的教义。一方面,教会担心女方的父亲会因为聘礼的多寡而因此在婚姻方面违背女儿的意愿,从而践踏教会所提倡的"婚姻自由"的原则;另一方面教会从

---

① 　BRPI,Vol. 20,pp. 86～87;Vol. 14,pp. 158～159。

② 　BRPI,Vol. 42,p. 56。在菲岛教会史上,与其他传道修会相比,奥古斯丁会在纪律方面表现较差。如许多该会传教士参与大帆船贸易;包括教长 Juan de Valderrama 在内的奥古斯丁会传教士违背教会戒欲苦行、独身贞洁的教义,私下纳蓄姬妾;教会内部也四分五裂,甚至导致该会教长塞普尔韦达(Vicente de Sepulveda)于 1617 年 6 月 30 日被该会的克里奥尔传教士谋杀。

天主教所倡导的婚前贞洁观念出发,担心婚礼举行之前,男方因为要为女方无偿劳动而住在女方家,男女双方频繁接触,从而使双方难保婚前贞洁。[①] 所以,在 1628 年,西班牙国王菲利普三世下令,禁止所有西属殖民地的土著居民结婚时赠送聘礼和为女方家提供无偿劳动的风俗。但是这项禁令在菲律宾并没有被严格执行。[②] 天主教教义中以一夫一妻和禁止离婚为核心的婚姻制度却在菲律宾社会建立起来。

此外,圣礼制度中的告解礼与圣餐礼也逐渐在菲律宾社会推广。告解礼要求教徒每年至少向神父忏悔一次,为自己精神和行为上的罪向上帝请求宽恕。告解礼有利于教会推广天主教的伦理道德教化,所以在天主教圣礼制度中占有重要地位。但在西班牙殖民初期,由于传教士奇缺和语言障碍,告解礼并没有得到很好的执行。在农村,由于居民居住分散,多数天主教徒数年无法见到神父履行告解礼,即使是在马尼拉,有时为了一个忏悔,得等候神父 10 天半月。1610 年,由多明我会的泰加洛语专家何塞(Francisco de San Jose)编纂出版了第一本泰加洛语忏悔集。至 17 世纪末期,已经有好几种用菲律宾民族的主要方言编纂的忏悔书在菲岛流传。由于告解礼对菲律宾人而言完全是一个新的宗教礼仪,所以教会在实行时也是小心谨慎,以免引起菲律宾人的反对。总体而言,菲律宾的告解礼并不是严格按照规定进行,通常只是听一些弥撒,背几段圣母玫瑰经或去拜访一个病人就算代替了忏悔。神父为了方便教徒的忏悔,一般也是

---

① 在菲律宾的天主教化过程中,天主教会非常重视培养菲律宾人的贞洁观念,努力用天主教的神学思想与道德伦理观念影响菲律宾人,并竭力消除菲律宾传统文化与习俗在性别关系与社会伦理道德方面对菲律宾人的影响。这方面的论述参见,Carolyn Brewer, *Shamanism, Catholicism and Gender Relations in Colonial Philippines*, 1521—1685, Ashgate,2004。

② John Leddy Phelan, *The Hispanization of the Philippines: Spanish Aims and Filipino Responses*,1565—1700,p. 65.

问几个简单的问题,教徒按照标准答案进行回答。①

　　圣餐礼也是天主教圣礼制度中的一项重要内容,但是在西属殖民地,早期并不是每个教徒都有资格接受圣餐。在 16 世纪初期,西班牙在墨西哥的教会就认为多数"愚笨"的土著人不能理解此项圣礼的精神意义,所以在执行圣餐礼问题上要对教徒实行甄别制度,只有那些非常虔诚,至少连续 4~5 年都执行告解礼的合格教徒才有资格接受圣餐。这个提议获得罗马教皇保罗三世的极大支持。1573 年,奥古斯丁会的宗教法规学者阿古尔托(Pedro de Agurto)在墨西哥城发表一篇论文,认为教会必须对教徒加以区别,只有那些合格的天主教徒才可以接受圣餐。这项政策在菲律宾也得到贯彻。1595 年,阿古尔托被西班牙国王任命为宿务教区的第一任主教,1606 年,他在菲律宾重刊了他在墨西哥发表的论文,加强了教徒接受圣餐的甄别制度。因此,在菲律宾,一直到 17 世纪,能领取圣餐的也只是少数教徒,而且通常是在四旬斋期间,平时只有少数身患重病的教徒才可以领受圣餐。②

　　此外,在圣礼制度中,坚振礼也是一项重要的内容。从宗教理论上言,坚振礼是洗礼的补充。马尼拉大主教萨拉查在 1583 年就开始在菲律宾施行坚振礼。但由于主持这项圣礼是主教的特权,而初期主教职位又经常空缺,所以,此项圣礼只是偶尔施行。有的地方甚至二三十年都没有主教前去施行坚振礼。同样,由于神职人员奇缺,很少教徒在临终前得到神父施行的涂油礼。由此看来,天主教会的圣礼制度在 17 世纪初期并没有完全在菲律宾建立,但圣礼制度中最基本的洗礼、婚配礼与告解礼的广泛实行的确可以说是菲律宾天主教社会初步形成的一个明显标志。

---

　　① 　John Leddy Phelan, *The Hispanization of the Philippines: Spanish Aims and Filipino Responses*, 1565—1700, pp. 66~67.

　　② 　John Leddy Phelan, *The Hispanization of the Philippines: Spanish Aims and Filipino Responses*, 1565—1700, p. 69.

第四节　华侨的宗教皈依与同化

在西班牙远东扩张战略中,马尼拉是作为西班牙侵略中国的前沿,以及中国—马尼拉—墨西哥—马德里贸易与传教航线上的一个重要中转站。所以,菲律宾的天主教化和西班牙化是保证西班牙远东扩张战略成功的一个关键。但是西班牙在菲律宾群岛的殖民统治与传教事业却受到来自华侨移民的挑战。作为群岛经济生活中不可缺少的民族,华侨的商业和贸易活动成为殖民地存在的基础。但是日渐增多的华侨移民以及他们带来的风俗习惯,在西班牙看来,成为他们殖民统治的安全隐患与菲律宾人皈依天主教的障碍,为消除这些隐患与障碍,西班牙殖民者一方面对华侨实行隔离居住、限制移民、大规模驱逐与屠杀政策,另一方面又出台各种政策诱使华侨受洗皈依天主教。

一、天主教会诱使华侨受洗皈依的动机

在 1571 年黎牙实比占领马尼拉前,已经有华人移民在马尼拉居住了。1571 年,马尼拉的男女华侨有 150 多人,并且"均改宗为天主教徒"。[①] 这说明,西班牙人占领马尼拉后,随即把华侨也纳入了天主教化的目标之中。西班牙天主教会诱使菲律宾华侨受洗皈依改宗的动机有两个方面:

首先,西班牙殖民政府企图在宗教文化上同化华侨,从而确保自身的安全。在菲律宾,华侨问题一直是一个"问题",尤其是在西班牙统治时期。在处理华侨问题上,西班牙人一直处于两难:他们需要华侨在菲岛经济生活中必不可少的服务,然而又对华侨不断增加的人

---

① 陈荆和:《16 世纪之菲律宾华侨》,(香港)新亚研究所东南亚研究室,1963,第 25、70 页。

口感到猜忌和害怕。[1] 他们不断采取各种方式诸如税收、隔离居住、驱逐以及大屠杀来限制华侨移民的增长,加强对华侨的控制。但是,西班牙人认为最有效的方法还是通过改变华侨的宗教信仰以及鼓励华侨天主教徒与土著教徒通婚来造就一个信仰天主教、忠诚西班牙当局的特殊阶层。西班牙殖民者对被其统治的文化少数民族实施的同化政策有其深刻的历史渊源。正如魏安国所说:"一个影响西班牙殖民者对华侨的态度与政策的因素是历史上西班牙人同摩尔人和犹太人斗争的伊比利亚经验。这二者在经济上都是必需的,而在文化上又是难以同化的。对之,西班牙人采取了隔离、西班牙化与驱逐的政策。西班牙人把这些经验也带到了菲律宾,并把它用在华侨身上。"[2] 西班牙人对华侨的宗教政策有三个目标:传播天主教信仰、灌输忠诚西班牙的信仰,最终达到同化的目的。[3] 这种宗教政策是西班牙征服哲学的重要体现。因为长期同异教徒斗争的历史使西班牙人认为"信仰相同,其心也类,信仰不同,其心必异"。以天主教化为核心的西班牙帝国的征服哲学使西班牙人深信天主教化就是西班牙化,天主教在西班牙收复失地运动中所扮演的重要作用使天主教不仅成为西班牙社会文化,而且还是政治文化的重要组成部分,教会与国家的密切联系使信仰与忠诚合二为一,政教合一成为西班牙帝国政治文化的重要特征。

其次,华侨皈依天主教有其宗教意义:即消除华侨的异端信仰与习俗,消除华侨对菲律宾人在信仰与习俗方面的影响,从而使菲律宾群岛彻底天主教化。西班牙殖民者占领马尼拉后,充分认识到华侨在菲岛经济生活中的地位与作用,"没有华侨的商业和贸易,殖民地

---

① 陈守国:《华人混血儿和菲律宾民族的形成》,(马尼拉)菲律宾华裔青年联合会,1989,第5页。

② Wickbery, *The Chinese in Philippine Life*, 1850—1898, Yale University Press, 1965, p. 8~9.

③ Wickbery, *The Chinese in Philippine Life*, 1850—1898, p. 15.

不可能存在"。华侨作为菲律宾殖民地存在和发展不可缺少的民族，在西班牙人看来，他们具有许多当地民族难得的优点，但是，从基督徒的角度来看，华侨又有许多上帝不能宽恕的罪恶，如酗酒、赌博以及一些违背自然的性行为。西班牙传教士常常指控菲律宾华侨社会"耽于鸡奸和其他秘密的罪恶"，当时菲律宾的总督达维拉斯还将此事报告给西班牙国王。[①] 从早期东南亚华侨社会基本上是以单身男性为主的社会结构来看，欧洲人对华侨异常性行为的指控可能是事实。在欧洲基督教看来，这种行为是完全违背天主教伦理的罪恶，这是西班牙人竭力主张对华侨实行隔离政策，禁止华侨与菲律宾人接触，特别是禁止华侨在菲律宾人家里过夜的主要原因。但教会本着普济的教义，对一切罪恶的灵魂都要救赎，而一切灵魂都能得到救赎，只要受洗成为基督教徒。这是华侨皈依西班牙天主教的宗教意义。

但是华侨皈依西班牙天主教意义决不仅限于此，它还有更深远政治意义，即希望受洗的华侨天主教徒可以减少对菲律宾土著的影响，保障菲律宾群岛的安全，并希望受洗的华侨教徒能够利用他们与中国家乡的联系，成为到中国传播福音的先驱。[②]

西班牙占领菲律宾后不久，天主教得到迅速而广泛的传播，至1594年，已经有28多万的菲律宾人接受洗礼，至1622年，菲律宾的天主教徒达到50万。为了继续扩大传教事业的成果与巩固已有的成果，教会竭力消除阻碍菲律宾人皈依天主教的障碍。而在教会看来，华侨不仅是上帝的罪人，是亟待拯救的异教徒，而且"华侨与菲律

[①]　*BRPI*, Vol. 6, p. 63.

[②]　确有华侨回国传播天主教。如雍正十一年(1733)九月，菲律宾华侨蔡祖私自回国，在漳州后坂社严登家立谕传天主教，后蔡祖被处绞刑，其所搭之船的船户、水手也受杖刑。见庄国土：《中国封建政府的华侨政策》，厦门大学出版社1989年版，第102页。

宾人的联系是阻碍菲律宾人皈依天主教的最大障碍。"①西班牙在马尼拉的主教、传教士以及殖民政府官员在不同时期都有如此的言论。莫加就曾赤裸裸地表现出对华侨的偏见和敌视:"本地充斥着如此多的异教徒,不仅使我们毫无安全可言,而且他们都很邪恶,土著与他们接触交往,丝毫不利于土著在基督教和道德上的提高……"②1605年,马尼拉大主教贝拉维德斯在一份报告中写道:"这些'常来者'(指华侨)是异教徒和偶像崇拜者,而且是在新近皈依我们神圣基督教信仰的基督徒土著之间居住的最恶劣和最有害的民族……"③即使是已经皈依天主教的华侨也不能相信。在 1764—1800 年的政府法令中有这样一条规定:"由于华侨对土著施加的不道德的影响,基督徒华侨与异教徒华侨都不能与菲律宾土著居住在一起。违令者一旦被发现,立即遣送回马尼拉的'八连'施以 200 皮鞭的刑罚,并送到甲米地港服役四年。已婚的华侨教徒,如被证明对土著施加了有害的影响,将被送回圣克鲁兹(Santo Cruz)和岷伦洛(Binondo)。"④这说明西班牙人认为:"菲律宾土著急切需要摆脱华侨在宗教文化与生活习俗上对他们的影响,不逊于西班牙人对自身安全因素的考虑。"⑤所以,为了使菲律宾人坚持基督教信仰,保护西班牙教会在菲律宾的传教成果,就必须尽量减少华侨对菲律宾人的影响。其方法除了对华侨实行隔离居住外,使华侨皈依天主教也是势在必行的政策。

二、西班牙殖民政府推行吸引华侨改宗的一系列政策

在华侨皈依问题上,西班牙殖民当局并没有采取强行改宗的政

---

①　De la Costa Horacio, *The Jesuits in the Philippines*, p. 207.

②　*BRPI*, Vol. 16, pp. 194~195.

③　陈台民:《中菲关系与菲律宾华侨》,(香港)朝阳出版社 1985 年版,第273 页。

④　*BRPI*, Vol. 50, p. 200.

⑤　Wickbery, *The Chinese in Philippine Life*, 1850—1898, p. 9.

策,而是在税收、居留权、迁移、婚姻等方面对华侨基督徒与非基督徒实行差别性的对待,对皈依天主教的华侨给予种种优惠的待遇,从而诱使更多的华侨皈依天主教。

首先,华侨天主教徒可以在税收方面得到优惠。回顾西班牙殖民政府对华侨的政策,其中最重要的一项政策就是从税收上加强对华侨的控制。西班牙统治时期,曾多次针对华侨征收各种关税,但是华侨却可以通过受洗成为天主教徒来免除这些税收。1627 年,菲利普三世下令:"皈依天主教的华侨 10 年内免除所有额外税收,只需交纳与土著一样的税收。"[1]

第二,在大驱逐时期,华侨天主教徒可以留在菲律宾。西班牙殖民政府为控制菲岛华侨人口的增长,常对不信教的华侨实行集体驱逐。1596 年,不信教的华侨 12000 人被总督莫加下令驱逐。[2] 1606 年,菲利普三世下令只允许 6000 名华侨留在菲律宾。1620 年、1632 年又两次重申了此命令。[3] 但是天主教却成为保护华侨免遭驱逐的保护伞。在大驱逐时期,华侨往往通过集体受洗成为天主教徒而逃避驱逐。而神父们也积极地为华侨施洗,并因此大量敛财。如在一次大驱逐行动中,教会的神父们从中收取了大量的洗礼费,有两名神父一天之内就为 400 名华侨施洗。[4]"教会财富因为收取华侨的洗礼费而日渐增多,他们不在乎那些受洗的华侨并不是真心地接受天主教信仰,而是以此作为永远留在菲岛的手段。"[5]信仰改变的动机不纯,为 1762—1766 年英西战争中,大量华侨教徒叛教并且帮助英军攻打西班牙人埋下了种子。所以,在英西战争之后,菲律宾总督安达

---

①　*BRPI*,Vol. 22,p. 158.

②　*BRPI*,Vol. 19,p. 266.

③　*BRPI*,Vol. 22,p. 157.

④　Shubert. S. C. Liao, *Chinese Participation in Philippine Culture and Economy*, Manila,1964,p. 385.

⑤　Alfonso Felix,Jr,*The Chinese in the Philippine*,1770—1898, Manila, 1966,p. 1.

下令,驱逐在战争期间帮助英军的华侨天主教徒,并且谴责为华侨施洗的天主教会:"他们应当受到与华侨同样的惩罚"。[1]

　　第三,华侨天主教徒有一定的选择定居地的自由。在西班牙人占领马尼拉初期,为保证西班牙人的安全以及禁止华侨与土著接触,马尼拉的华侨只能聚居在马尼拉城外的"八连",并在西班牙军队大炮的射程之内。对非天主教徒的华侨,只能在马尼拉附近活动;但是,对皈依了天主教的华侨,则有可能离开马尼拉。17 世纪 20—30年代,西班牙殖民政府想把华侨分散到农村,以帮助中吕宋地区的农业发展。他们认为华侨天主教徒比不信教的华侨容易管理,所以,允许一部分华侨天主教徒向马尼拉以外的各省发展。到 18 世纪中期,已有相当一部分华侨分散到群岛各地,如中吕宋地区、班乃岛、宿务、那卡、三宝颜等地,都出现了华侨的聚集区。[2] 华侨聚居区的这种地理扩张,在一定程度上是华侨天主教徒扩张的结果。可以肯定地说,华侨天主教徒所享有的这种迁移自由在很大程度上刺激了华侨接受洗礼成为天主教徒。

　　第四,华侨天主教徒在婚姻上享有特权。在西班牙殖民时期,华侨与土著的通婚一直是西班牙殖民政府关心的一件大事。西班牙王室支持华菲之间的通婚,认为这是同化华侨的方法之一。1620 年,菲利普三世下令:"鉴于许多'常来'(指华侨)皈依天主教并与菲律宾妇女结婚,他们居住在城郊,应该给予他们土地,让其安居并形成一个村庄,这样能使他们依赖土地而定居下来,习惯家庭生活,即使他们人口增加,也不会威胁到马尼拉的安全。"[3]但是华菲之间的通婚只限于华侨天主教徒与菲人妇女之间。"任何一个菲律宾人、西班牙人和混血儿都不能与华侨结婚,除非后者受洗成为天主教徒,并且保

---

[1]　Alfonso Felix,Jr,*The Chinese in the Philippine*,1770—1898,p. 2.

[2]　Wickbery,*The Chinese in Philippine Life*, 1850—1898,p. 12.

[3]　Alfonso Felix,Jr,*The Chinese in the Philippine*,1570—1770,Manila,1966,p. 61.

证成为一个守法的居民。"①天主教徒华侨享有的婚姻特权成为促使华侨积极皈依的重要因素。因为早期华侨社会以男性为主的性别结构使适婚华侨男子很难在菲律宾找到华侨妇女婚配,所以与菲律宾妇女结婚几乎是他们唯一的选择。这可以从专门负责向华侨传播福音的多明我会保存的 17 世纪马尼拉华侨受洗记录中得到佐证。从 16 世纪末起,菲律宾华侨的宗教事务就由多明我会负责管理。他们在马尼拉华侨聚居地建立了两座教堂。一座是位于八连的"三圣堂"(The Three Kings),另一座是建在岷伦洛的"三圣堂"。从多明我会保存的八连华侨受洗的档案,可以了解 17 世纪华侨皈依天主教的一些情况。首先,早期皈依天主教的华侨均是成年男子。根据奎松市多明我教会保存的华侨受洗记录显示,从 1618 至 1619 年,共有 155 名男性华侨受洗,其中 20～39 岁的有 87 人,40～99 岁的有 36 人,年龄最小的是 19 岁,最大的是 99 岁。1627 年 5 月 14 日至同年 9 月 27 日,共有 100 名男性华侨受洗,其中 20～39 岁的有 66 人,40～70 岁的有 24 人。从 1618 至 1628 年的 10 年间,共有 1330 名华侨在八连的三圣堂受洗,全部为成年男子。根据这份记录,可知当时受洗的华侨均为男性,并且多在适婚年龄,其受洗的主要动机极可能就是为了成为天主教徒,从而具备与当地妇女结婚的条件。从 1629 年开始,在八连多明我会的华侨婴儿受洗记录开始出现并逐渐增多,他们几乎都是华侨与他们菲律宾妻子所生的混血儿。所以可以说,此前,大部分受洗成为天主教徒的华侨与菲律宾妇女结婚组成了家庭。这是他们皈依天主教的主要目的。正如莫加所说:"他们皈依天主教并不是为了灵魂的救赎,而是为了获得成为基督徒后能得到的种种优惠。"②教会也逐渐认识到一些华侨信仰皈依后面的世俗动机,所以对华侨基督徒与土著的通婚条件要求越来越严格。1849 年,西班牙

---

① Alip, *Political and Cultural History of the Philippine*, vol. 1, Manila,1954,p. 299.

② *BRPI*, Vol. 16,p. 196.

王室下令,要求今后所有与菲律宾妇女结婚的华侨必须具有下列证明:受洗证明;教父或未婚妻的保证书;至少成为基督徒两年;至少已在菲律宾居住六年,且无犯罪记录;有教区神父为其宣讲教义的证明,并且保证婚后如要回国,应征求菲律宾妻子的同意。[①] 此举旨在杜绝多数华侨利用宗教来谋取世俗利益,以此来纯洁华侨入教的动机。但条件如此苛刻,程序如此复杂,以至许多华侨宁愿选择同居或纳妾,而不愿到教堂举行正式的婚礼。

值得特别指出的是,多明我会传教士为菲岛华侨的皈依做了许多开拓性的工作。特别是该会的科伯神父(Fr. Juan Cobo),不仅努力学习并掌握了中文,而且还负责编写出版了菲岛历史上第一部中文版的《天主教教义》,为适应菲律宾华侨社会闽南人居多的状况,该书是用闽南方言土话音译西班牙语。此外,为使华侨改变信仰,多明我会传教士在一些方面还注意适应华侨的风俗习惯。如华侨受洗时拒绝剪辫剃发一直是一个困扰教会与西班牙殖民当局的问题。[②] 因为华人的传统观念认为,"身体肤发,受之父母,不可毁损,此乃孝之先也。"而教会要求华侨受洗时剪辫剃发的规定显然与华侨的风俗相悖,所以在初期愿意受洗的华侨并不多。[③] 这个问题引起了教会与菲律宾总督的关注,并为此展开了讨论。后来,西班牙国王为此做了如下的批示:"要求华侨受洗时剪辫剃发是不适宜的,因为这阻碍了华侨的皈依,并且使他们不能返回中国引导其他人。众所周知,华侨留长发的这种风俗,是比殖民地的其他风俗更普遍,从来不被认为是不适宜的。主教应召集各教会负责人和那些博学之士,共同研究解

---

① 　Pablo Fernandez, O. P. , *History of the Church in the Philippines* , p. 155.

② 　陈台民:《中菲关系与菲律宾华侨》(第1卷),第198页。

③ 　陈台民:《中菲关系与菲律宾华侨》(第1卷),第245页。

决这个问题的好办法。"[1]后来萨拉查主教表示为争取华侨入教,可以放松对华侨剪辫剃发的要求。

西班牙传教士除了在传教方法上适应华侨风俗习惯外,还专门为华侨兴办了一些慈善机构来吸引华侨改宗,如由多明我会于1588建立的圣加布里尔医院(St. Gabriel)就是专门为华侨设立的。在当时物质生活条件极其贫乏的社会,这些慈善机构的建立的确是一项笼络人心的善举,依靠这些善行,"多明我会神父们赢得了华侨的信赖,许多华侨在垂死之际要求受洗成为天主教徒。"[2]

西班牙天主教在华侨中的传播虽然使一部分华侨皈依天主教,但是并没有达到其预期的目标,即通过皈依天主教来培养一批忠诚西班牙王室的华侨天主教徒。许多华侨天主教徒在1762—1766年英军攻占马尼拉时叛教并帮助英军攻打西班牙人的事实即说明了西班牙同化政策的失败。之后,西班牙殖民政府逐渐取消了华侨天主教徒与非天主教徒之间的区别政策。虽然西班牙殖民政府的同化没有造就出一批忠诚西班牙的华侨天主教徒,但却通过华侨天主教徒与菲律宾土著妇女的联姻造就了一大批在宗教上信奉天主教的华菲混血儿。17世纪中叶,华菲混血儿传教士洛伦若·路易斯(Lorenzo Ruiz)的事迹便反映了西班牙天主教信仰对华菲混血儿的深刻影响。[3] 华菲混血儿在18世纪中期取得法律地位,成为一个独立的阶层——"密斯提佐"(Chinese Mestizo)。他们秉承了华侨祖先的经商才能,在经济上迅速崛起,成为菲律宾民族资产阶级的中坚力量。在政治倾向上,他们既不倾向于父辈的祖籍地,也不倾向于西班牙,而

---

① Albert Chan, S. J, *A Note on the shih-lu of Juan Cobo*,载 *Philippine Studies*,1989,Vol 87,pp. 479~487.

② *BRPI*, Vol. 32, p. 11.

③ 洛伦若·路易斯,多明我会传教士。生于一个华菲混血家庭,其父是一华侨商人,其母为菲人。1633—1637年在日本传教。后遭受日本德川幕府的迫害于1637年9月2日在日本长崎殉教牺牲。1987年被罗马教皇约翰·保罗二世正式封圣。他是菲律宾历史上第一个被罗马教皇封圣的菲律宾人。

是成为菲律宾民族主义的代言人。19世纪中期后,随着菲律宾民族主义的高涨,他们先是作为西班牙殖民统治的掘墓人而登上政治舞台,后来又成为排华运动的主要代表。菲华混血儿阶层的产生和发展变化是西班牙对华侨实行同化政策的一个重要产物。

第五章

天主教在菲律宾:调适与变化

16 世纪中期至 17 世纪中期菲律宾迅速天主教化的一个重要原因在于西班牙殖民当局和天主教会采取了以传教为主的"和平"殖民政策以及与之相一致的适应性传教路线,即天主教在某些方面尊重当地文化传统与风俗,甚至包容与吸收当地文化与传统中的某些元素,促进天主教文化与当地文化相调和,从而使天主教在当地社会传播与立足。这种适应性的传教路线是促进 16 世纪以来天主教在世界各地广泛传播的一个重要因素。本章将结合适应性传教路线在菲律宾的实践,来探讨天主教在菲律宾的调适与变化。

第一节　教会关于传教路线的分歧与争论

自 16 世纪以来,与西班牙的海外殖民政策一样,西班牙天主教会的海外传教政策基本上经历了两个发展阶段,即从与军事征服政策相一致的武力传教路线转变成为与"和平"征服政策相一致的适应性传教路线。军事征服传教路线的特点就是与军事征服紧密结合,以武力为前驱,大规模地推进传教事业。① 这种传教路线在很大程度上与基督教的发展历史密不可分。基督教在欧洲的发展过程中,

---

①　沈定平:《明清之际中西文化交流史》,商务印书馆 2001 年版,第 490 页。

曾受到"具有精神崇拜和好战特点的蛮族王国的战争社会"的深刻影响。① 这种影响反映在传教方法上,便是以武力为前驱或者派遣外交式的军队。正如裴化行所说:"提起早先在欧洲传教情形来,都是以武力作前驱:为向野蛮的萨克斯人传教,查理曼大帝曾统率大军,作为传播信德真理的基本;在16世纪,欧洲分割时期,信心的传播也同样乞灵于外交式的军队。"②在新航路发现后欧洲积极向海外扩张的新形势下,"为适应传教工作的需要,教皇不得不向各新的区域内伸张这种政策。"③于是,十字架与宝剑的结合成为初期欧洲殖民者海外扩张最有效的武器。在这方面,西班牙天主教会在征服墨西哥初期,对当地传统宗教信仰的大规模摧毁,并用暴力强迫异教徒皈依天主教的传教政策就是军事性传教路线的最典型体现。

此外,西班牙人在墨西哥等地贯彻实行的军事性传教路线与其历史上与摩尔人长期斗争的影响密不可分。西班牙历史上的"反占领运动"把土地的占领与改变人的信仰紧密地联系在一起,并且这种征服哲学后来一直贯穿于西班牙的海外殖民扩张中。曾追随科尔特斯征服墨西哥的贝尔纳·迪亚斯在其回忆录中记述道:"我们废除了印第安人中间的盲目崇拜和其他令人憎恶的东西之后,上帝保佑我们的努力,我们给男人、妇女和所有征服后出生的孩子施洗礼,要不然他们的灵魂可能已下到地狱。"④令人震撼的是,这两种征服,即领土征服与精神征服在殖民扩张初期都主要依靠血腥的暴力手段来完成,正如西班牙传教士卡萨斯主教在其著名的《西印度毁灭述略》一书中揭露到,"那些统治西印度的西班牙人仍以野蛮愚昧的手段强迫印第安人皈依天主教,说是只有如此,方能拯救他们的灵魂。为达此

---

① 克里斯托弗·道森:《宗教与西方文化的兴起》,第15页。

② 裴化行著,萧睿华译:《天主教十六世纪在华传教志》,商务印书馆1936年版,第320页。

③ 裴化行著,萧睿华译:《天主教十六世纪在华传教志》,第320页。

④ 斯塔夫阿里诺斯:《全球通史:1500年以后的世界》,第124~125页。

目的,他们不惜任何手段,也不顾所产生的恶果。除此之外,他们还千方百计对其所犯的罪行进行掩盖和美化。他们的野蛮愚昧真是到了无可复加的地步。他们为所欲为,按自己随意想到的任何手段逼迫印第安人皈依宗教、臣服卡斯蒂利亚国王与王后。印第安人稍示不满,就被置于血火之中,或砍或杀,或被卖为奴。"①在臭名昭著的西班牙远征军头目科尔特斯(Hernando Cortes)对墨西哥的军事征服中,殖民者不仅大肆掳掠金银财宝,而且还强迫墨西哥土著统治者皈依基督教,在遭到阿斯特克人的反抗后,残忍地杀害了阿斯特克人一次盛大敬神集会的参加者。②

　　西班牙在远东殖民扩张初期也企图实行这种军事传教路线,这具体体现在西班牙企图对中国实行的军事征服计划中。西班牙占领马尼拉后,随即把目光投向了广袤的中华大地。西班牙传教士以马尼拉为据点,在中国沿海岛屿与东南海岸一带从事窥视活动,企图像葡萄牙人一样,获得一处类似澳门那样的西班牙在中国的贸易与传教基地。③但是几经周折,也未如愿以偿。在此情形下,西班牙殖民者开始酝酿用武力打开中国大门。1583 年 6 月 8 日驻马尼拉的主教在给西班牙国王的信中建议道:"陛下既领有班、葡两国,印度全部亦即列入版图……依敝人之见,敢请遣派大批军队进入中国,以实力高强,不致被中国军队所伤为原则。此项军队,有自由进入中国,及在中国各省通过之权。如此既可尽镇慑之能事;又可保障传教事业之安全,及传教工作之自由,朝廷及地方官皆不敢作阻止传教之妄想矣。"又说:"中国皇帝过于执拗,故意禁阻传教工作,尽可借军队之

---

　　①　巴托洛梅·德拉斯·卡萨斯:《西印度毁灭述略》,商务印书馆 1988 年版,第 31 页。

　　②　严中平:《老殖民主义史话》,第 97 页。

　　③　裴化行:《明代闭关政策与西班牙天主教传教士》,载《中外关系史译丛》1984 年第 4 辑,上海译文出版社 1988 年版,第 261 页。

力,取消其治国权……求陛下摒弃一切业务,专意进行此种伟大计划。"①

　　马尼拉主教的建议,实际上是西班牙多明我会传教士维多利亚"传播福音权"学说的又一次体现,并且从所谓的"防御性"武力护教开始向进攻性的武力传教路线转变。这种进攻性的武力传教路线进一步暴露在被誉为"在基督教义信仰和实践上最杰出"的西班牙耶稣会传教士桑切斯(Alonso de Sanchez)的言行中。这位狂妄的殖民主义者公开宣称"对原始人种必要时就该用刀尖把宗教加到他们头上去。用任何残暴的手段去强迫他们接受宗教都是合理的"。② 桑切斯于1581年跟随首任马尼拉主教萨拉查来到菲岛。从1852年至1854年,桑切斯数次到福建沿海、台湾以及澳门活动,到中国传教希望的渺茫促使其武力传教的愿望更加强烈,"经验告诉我皈依(中国)几乎是不可能的事","以为劝化中国,只有一条好法,就是借重武力","若没有军队协助传教士,便一个人也不能劝化"。③ "单靠劝说是无济于事的。过去我们也是靠把俗人的行动与传教上的行动合在一起才取得成效的;如果单靠说教,得到的只能是殉教,而殉教本身不是一种目的。""应当借助于世俗力量,使用军人的武力和其他现世的手段。"④这种效法美洲的榜样,以武力为前驱推进传教事业,在当时成为马尼拉西班牙殖民当局与传教士的共同呼声。1584年,马尼拉的传教士在写给在肇庆传教的耶稣会士罗明坚的书信中,直截了当地要求他"在中国内地募集征服外教人用的十字军。"⑤ "马尼拉方

　　① 裴化行著,萧睿华译:《天主教十六世纪在华传教志》,第227~228页。
　　② Foeman, *Islands of the Philippines*, London: Sampson Low, Marston&Co,Ltd,1899,p.51.
　　③ 裴化行,萧睿华译:《天主教十六世纪在华传教志》,第233~234页。
　　④ 裴化行:《明代闭关政策与西班牙天主教传教士》,载《中外关系史译丛》1984年第4辑,上海译文出版社1988年版。
　　⑤ 裴化行著,萧睿华译:《天主教十六世纪在华传教志》,第228页。

面的传教士，皆受到这种思潮的荡动，个个都觉得十分兴奋。"①正是在这种激动与兴奋的驱使下，1586 年 4 月，出台了由马尼拉殖民者高级官员、主教与传教士共同策划的《论征服中国》备忘录，该备忘录彻底暴露了西班牙殖民者对中国实行武力征服的野心和阴谋。

然而，马尼拉的这种武力传教路线却遭到澳门耶稣会传教士的反对。作为西班牙在远东的竞争对手，受葡萄牙王室支持的澳门耶稣会传教士，在对中国传教问题上表现出超乎寻常的审时度势、理性与谋略。这表现在他们主张对中国实施和平的适应性传教路线上。早在 1552 年，被誉为"东方传道之父"的耶稣会士沙勿略，在日本布道期间就认识到中国文化的悠久与灿烂，决定把传教中心从日本转移到中国。更重要的是，在传教方法上，他放弃了过去在印度以及香料群岛等地通过半强制手段迅速皈依大批民众的传教方法，主张在中国推行通过学术研究以及同有社会地位的上层人物建立密切联系的新方法。这种"学术传教"的思想，为后来适应中国传统文化和风俗的传教路线的确立，铺垫了最初的基石，从而为中西文化交流在较为平等与和平的条件下展开，开辟了道路。②

继沙勿略之后，继续东来的耶稣会传教士络绎不绝，并且在沙勿略的基础上，进一步加深了对中国文化与社会的认识，将适应性传教策略逐渐形成理论，并开始在实践中贯彻与执行。其中范礼安（Alessandro Valigano）、利马窦（Matteo Ricci）、罗明坚（Ruggieri）等人成为酝酿、策划与实践适应性传教路线的重要代表人物。1578 年，范礼安在澳门停留时就对耶稣会的传教工作进行了如下规划：（一）必须改变目前在其他国家采用的传教方法，必须了解中国的礼俗、社会和民情；（二）要选派懂得中国语言文字的传教士进入中国传教。③ 罗明坚于 1580 年入华传教，首先用中文撰写了有关天主教教

①　裴化行著，萧睿华译：《天主教十六世纪在华传教志》，第 228 页。

②　沈定平：《明清之际中西文化交流史》，第 167，181 页。

③　利玛窦：《中国札记》（上册），中华书局 1983 年版，第 142 页。

义的书籍——《天主圣教实录》(1584 年)。而在华传教 28 年的利玛
窦更不愧是天主教在华传教事业的奠基者。在华期间,他穿梭于宫
廷与士林,在上流社会中觅得知音,建立了以往任何传教士都无法比
拟的、极为广泛的社会联系。基于对中国礼仪文化的深刻认识,利玛
窦对在华传教策略做了极大的调整,并且致力于天主教的本地化:一
方面,用中文著书传道,印证儒学与天主教教义并不相悖;另一方面,
主张容忍中国教友祭祖祭孔的行为,使天主教在中国获得了一个进
身之阶。在他们的努力推动下,明末清初天主教在中国的传播取得
了极大的成功。

　　除了积极倡导适应性传教路线外,以范礼安、罗明坚和利玛窦等
人为代表的耶稣会传教士也坚决反对西班牙传教士意欲在中国实行
的武力传教政策。1582 年 3 月,桑切斯在前往澳门途中漂流到福建
沿海,后到广东被广州官府当作间谍囚于狱中,经罗明坚的请求而被
释放。从此,桑切斯与罗明坚开始密切往来。但从 1582 至 1584 年
间,桑切斯数次到澳门,但他在澳门并不受葡萄牙商人与传教士的欢
迎,反而遭到他们的嫉恨和排挤。西、葡两国传教士之间的这种矛盾
在当时是非常尖锐的,即使是在同会传教士之间。如 1584 年,葡萄
牙籍方济各会士把西班牙籍的同会传教士驱逐出马六甲的修道院,
后者逃往澳门,又被澳门的葡萄牙人驱逐,只得返回马尼拉。[①]　西班
牙籍奥古斯丁会会长孟利格与西班牙籍方济各会士罗耀拉(Martin
Ignace Loyala)在 1586 年给西班牙国王的联名抗议信中道出了西、
葡两国的尖锐矛盾与根源:"我们有比君主权力更大的教皇手谕,但
葡萄牙人也不睬之,也不听我们解释,因为我们是西班牙人。"[②]原来在
东方的葡萄牙人不满西班牙国王菲利普二世对葡萄牙的兼并,并且

----

　　①　裴化行:《明代闭关政策与西班牙天主教传教士》,载《中外关系史译
丛》1984 年第 4 辑,第 267 页。

　　②　裴化行:《明代闭关政策与西班牙天主教传教士》,载《中外关系史译
丛》1984 年第 4 辑,第 267 页。

西班牙人在远东的扩张违反教皇的"保教令",侵犯了葡萄牙人在东方的政治、经济利益外,桑切斯等人宣扬的武力传教也对耶稣会在东方的传教事业带来了不利影响,直接威胁耶稣会的在华事业,乃至葡萄牙在整个亚洲的利益。1584年,澳门传教长卡布拉尔从肇庆视察返回澳门,同年12月5日在他给范礼安的信中表示了对桑切斯等人活动的不满和忧虑:"我恐怕这些来来往往的西班牙传教士,要为我们引起极大的损害……因为他们不单要掀起失去这处极关重要的传教根据地的危机,并且要断送这所商埠(澳门),从此累及与中国的商业关系;如果不幸两国的商业中断,我真不敢设想日本的传教事业及麻剌甲与印度的关税,将要落到何种境地。"①正是基于这种担忧,所以葡萄牙人起初竭力对中国官员封锁西班牙兼并葡萄牙一事,目的即在隐藏与西班牙的政治关系,以恐引起中国的敌视。② 范礼安立即抓住机会,迅速将卡布拉尔的书信转寄给耶稣会总会长,并在上面加上一段严厉的短注:"余前与彼(桑切斯)作长时间之谈话……总觉其言谈及其意见偏于狂躁,似缺乏明智……余以为按其在中国所行之各种事迹,应科以当得之惩罚。"耶稣会总教长显然支持范礼安的决断,他在1586年2月22日写给菲律宾耶稣会传教长的信中写道:"不要放过一个在菲力宾(菲律宾)的传教士到中国去……桑切斯的行径,大大错误。"③

　　遵照范礼安的指示,即便是与桑切斯颇有交往的罗明坚与利玛窦,也反对桑切斯的武力传教路线。罗明坚在给马尼拉教会的复信中,对于他们提出的"在中国内地募集征服外教人用的十字军"的建议,根本未予理睬。④ 并且利用在澳门逗留半月之久的时间,对桑切斯等人,"谆谆劝戒",但"总是不能纠正他的妄想"。连桑切斯也承认

---

①　裴化行著,萧睿华译:《天主教十六世纪在华传教志》,第294～295页。

②　裴化行著,萧睿华译:《天主教十六世纪在华传教志》,第226页。

③　裴化行著,萧睿华译:《天主教十六世纪在华传教志》,第295～296页。

④　裴化行著,萧睿华译:《天主教十六世纪在华传教志》,第228页。

道："我和罗明坚的意见完全相反,我以为劝化中国,只有一条好办法,就是借重武力。"①

利玛窦也"竭力避免同他们有任何牵连。即使与葡萄牙人,他也尽量少有什么瓜葛……由于气质,也出于信念,他显然愿意采取阿科斯塔神父的解决办法,反对阿隆索·桑切斯神父的极端理论"。②罗、利二人原本与桑切斯颇有往来,初期甚至不顾葡人的反对而与之合作,但由于桑切斯坚持对中国武力传教的路线,后来二人也完全避开了他。③

针对马尼拉西班牙传教士狂妄急躁的心态与武力护教的思想,范礼安在 1599 年 10 月 13 日写给新任耶稣会驻菲律宾教长的信中重申了在华耶稣会的传教路线："你们那里和我们这里的情况不一样,同一的指导是无用的。不过,对于我们中间从欧洲来到这些地区的一切人必须而且应该共同的,是等待在所有国取得许多经验之后,再对我们的神父使用的办法作任何更改,即使这些办法看来非同寻常。"④他还认为,"因为时移境迁,这已经不是传教士能'一手拿着圣经,一手拿着皇帝所给的宝剑'和别人见面的时期,即便说武力不是用来培植信德而是用来保护传教者的生命,但是这种方法,在远东的伟大帝国是不能使用的。"⑤

桑切斯的武力传教路线不仅遭到澳门耶稣会的反对,同时也遭到远在墨西哥的西班牙传教士的反对。1586 年 6 月 28 日,桑切斯受马尼拉当局派遣,启程经墨西哥返回马德里向国王汇报侵华事宜。"他在墨西哥时遇有许多人反对他,其中最著名的是耶稣会士阿科斯

① 裴化行著,萧睿华译:《天主教十六世纪在华传教志》,第 230 页。
② 裴化行:《利玛窦评传》(下册),商务印书馆 1993 年版,572～573 页。
③ 裴化行:《明代闭关政策与西班牙天主教传教士》,载《中外关系史译丛》1984 年第 4 辑,第 264 页。
④ 裴化行:《利玛窦评传》(下册),第 387 页。
⑤ 裴化行著,萧睿华译:《天主教十六世纪在华传教志》,第 320 页。

塔。"阿科斯塔是一流的传教理论家,在其《救济印度民众》一书中,主张以和平的"劝化"为主要手段来帮助殖民地人民获得基督信仰。[①] 1587 年 3 月 5 日,针对桑切斯为代表的武力侵华鼓噪,他撰写了《对西班牙有意出兵侵华在公义方面的意见》,尖锐地指出在法律上和事实上均缺乏合理性。[②] 并逐条驳斥了桑切斯散布的谬论,最后指出,"为中国的归化,我们应该听凭上主的安排,不应该用武力来促其实现。"[③]

"听凭上主的安排,不应该用武力促其实现",这正是范礼安、利玛窦等人所遵循的基本传教原则,正是这种传教原则为明末清初天主教在中国成功传播指明了方向。相反,桑切斯之流企图以武力征服中国的庞大计划却随着西班牙"无敌舰队"的覆灭而化为泡影。而葡萄牙耶稣会传教士在中国的成功与西班牙传教士对华政策的失败则说明天主教的成功传播与正确的传教路线有非常密切的关系。这一点,后来也在菲律宾被西班牙传教士所证明。

第二节　适应性传教路线在菲律宾的实践

1588 年西班牙"无敌舰队"的覆灭不仅宣告了马尼拉殖民当局征服中国计划的破产,而且"宣告了帝国一切政治理想的死刑",[④]从 16 世纪末期起,西班牙各修会传教士逐渐集中精力,角逐菲岛,竞相为建立一个繁荣的天主教会而努力。至 1622 年,在菲律宾群岛,共

---

①　裴化行著,萧睿华译:《天主教十六世纪在华传教志》,第 232 页。

②　罗渔译:《利玛窦书信集》(下册),台湾光启出版社、辅仁大学出版社 1986 年版,第 495 页。

③　裴化行著,萧睿华译:《天主教十六世纪在华传教志》,第 233 页。

④　转自沈定平:《明清之际中西文化交流史》,商务印书馆 2001 年版,第 82 页。

有500000人接受了洗礼天主教。至17世纪中期,米沙扬群岛的天
主教化也基本完成。毋庸置疑,天主教在菲律宾的迅速传播,在很大
程度上是西班牙各传教团共同努力的结果,特别是他们在传教过程
中遵循的适应与调和的传教路线,是天主教在菲律宾成功传播的一
个主要因素,这首先体现在对菲律宾民族语言的学习、研究和利用菲
律宾主要的民族语言来传教上,不仅有效地保存和促进了菲律宾民
族语言的发展,而且还极大地推动了天主教信仰的传播。

一、方言传教

总的来讲,语言问题是阻碍欧洲天主教在海外殖民地传播的一
个重要障碍。西班牙传教士在菲律宾传教遇到的第一个难题也是语
言问题。在菲律宾,有讲100多种方言的民族分布在7000多个岛屿
上,单是在吕宋岛,就有6种主要的方言以及许多小的方言群。据
1591年的一份委托监护主的税收表显示的主要方言群的人口如下:
泰加洛语族124000人;伊罗戈斯语族75000人;比科尔语族77000
人;班加西兰语族24000人,邦板牙语族75000人,卡加延语族
96000人。[1] 而在米沙扬群岛,除了3种主要的方言外,还有无数小
的方言群。泰加洛语作为菲律宾的主要方言,早在西班牙人到来之
前就已经有了书写体的字母表,称为baybayin,它共包含有17个字
母,西班牙传教士在把它们分为3个元音,14个辅音。[2] 据16世纪
在菲律宾的耶稣会编年史家帕德罗·切雷诺(Pedro Chirino)记载,
泰加洛语在殖民初期已被广泛地用于书写与交流。当代研究菲律宾
民族历史的著名历史学家W. H. 斯科特(W. H. Scott)和F. L. 约克
罗(F. L. Jocano)认为古代泰加洛语在语音结构上与苏拉威西岛民

---

[1]　*BRPI*,Vol. 8,pp. 96~141.

[2]　Vicente L. Rafael. *Contracting Colonialism:Translation and Christian Conversion in Tagalog Society under Early Spanish Rule*, Ateneo De Manila University Press,1998,p. 44.

族语言的语音结构类似,并因此推断泰加洛语字母是由来自苏拉威西的商人在西班牙人到来之前传入菲律宾吕宋岛的。[①] 在西班牙殖民初期,传教士试图把教理问答等天主教教义翻译成原始的泰加洛语,但是很快就放弃了这种努力,因为他们发现泰加洛语词汇与语音太少,用来翻译天主教经典远远不够,所以他们决定利用拉丁语和卡斯第语来重新构建泰加洛语。

在西班牙传教士对泰加洛语的改造过程中,充分体现了天主教的等级观念。虽然他们强调上帝的智慧可体现在世界上的所有语言中,但却认为语言也存在等级之分。拉丁语是最接近上帝的语言,它是一种特殊、直接传达上帝教义的媒介,具有构建上帝的教义与教会宗教经典的功能。西班牙传教士认为,因为拉丁语的这种功能,泰加洛语应以拉丁语为母体而衍生。此外,西班牙的卡斯第语(Casltilian)在重建泰加洛的过程中也不可缺少,因为卡斯第语和拉丁语之间有很深的渊源关系,可以充当拉丁语与泰加洛语之间语言转换的媒介,卡斯第语作为一种主要的叙事文体在宗教文献翻译中起着关键作用。所以泰加洛语的重建过程包含两层意思,一是参照拉丁语的语法来构建泰加洛语的结构,二是在泰加洛语词汇的构成方法中结合卡斯第语的构建方法。[②] 其次,天主教的神学观念充分体现在西班牙传教士的宗教文献翻译以及方言布道的过程中。在西班牙传教士看来,虽然语言有等级之分,但所有的语言都是上帝创造的,上帝的教诲能够体现在所有的语言中。同时,传教士还认为天主教经典的翻译过程是一次神圣的传教活动,是他们对上帝的一次感恩与报答。传教士是上帝与信徒之间的媒介,他们学习其他语言的目的不在于与当地人建立联系,而是在于背负上帝的荣光,将上帝的教诲

---

① Vicente L. Rafael, *Contracting Colonialism: Translation and Christian Conversion in Tagalog Society under Early Spanish Rule*。

② Vicente L. Rafael, *Contracting Colonialism: Translation and Christian Conversion in Tagalog Society under Early Spanish Rule*, pp. 28~29.

传达给异教徒从而使他们皈依。① 但在翻译中,为维护天主教唯我独尊的地位,一些关键词汇保留着它们拉丁语或卡斯第语的原型,比如像 *Dios*(上帝),*Virgin*(圣母),*Espiris Santo Cruz*(圣灵),*Doctrina Christiana*(天主教教义),西班牙传教士认为信仰多神教的泰加洛民族的语言中没有这些神圣概念的对应词汇。

由于语言问题在天主教传播初期是一个事关传教成败的关键问题,1582 年,马尼拉宗教会议经过讨论,正式把学习菲律宾方言与翻译天主教教义确立为一项政策。② 当时普遍认为年轻人学习外语的才能优于年龄大的人,所以各修会都尽量选派年轻传教士到菲律宾。虽然在宗教理解与神学造诣方面与年龄大的传教士相比,年轻的传教士还显幼稚,教会在此方面也担当着风险,但是从语言学习能力是当时传教成功的关键因素来考虑,传教士的年龄基本上才是各修会考虑的主要因素。③ 从 1565—1580 年,西班牙传教士在语言学习方面并没有取得多大进展,除了马丁·拉达在短短的五个月内在宿务学会米沙扬语之外,几乎没有其他传教士能用菲律宾方言传道。④

但是 1594 年以后情况有了变化,首先是传教士对菲律宾民族语言,主要是泰加洛语的学习与研究方面取得了很大的成绩,并于 1593 年在菲律宾用木板印刷法出版了第一本泰加洛和西班牙语对照的《天主教教义》(*Doctrina Christiana*)。这本教义的出版与三位语言天才,即方济各会传教士普拉森西亚(Juan de Plasencia)、特拉维拉以及奥利弗的开创性工作密不可分。普拉森西亚于 1577 年来

① Vicente L. Rafael. *Contracting Colonialism: Translation and Christian Conversion in Tagalog Society under Early Spanish Rule*, p. 28.

② John Schumacher, S. J, The Manila Synodal Tradition: A brief History, *Philippine Studies*, 1979,(27)。

③ John Leddy Phelan, *Philippine Linguistics and Spanish Missionaries*, 1565—1700,p. 154.

④ John Leddy Phelan, *Philippine Linguistics and Spanish Missionaries*, 1565—1700,p. 154.

到马尼拉，在特拉维拉（一个西班牙青年，随父母参加了黎牙实比对菲律宾的远征）的帮助下学会了泰加洛语。1580 年，普拉森西亚奉命用泰加洛语编写一本语法、一本字典以及一本教义问答。从 1583—1586 年，奥利弗对普拉森西亚的成果进行了修订。奥利弗也是一位罕见的语言天才，他于 16 世纪上半叶出生在西班牙城市瓦伦西亚（Valencia），在大学毕业后加入方济各会，1582 年到达菲律宾时刚好 55 岁。随后被分配到吕宋岛西部的 Balayan 教区，在传教过程中他开始学习泰加洛语。在很短的时间内，没有任何语法、字典可供参看的情况下，他非常成功地掌握了泰加洛语。① 1592 年，已经 65 岁的他被派到民族、语言完全不同的比科尔（Bicol），但他仍然努力学习比科尔方言。奥利弗在菲律宾传教的 17 年（去世于 1599 年）时间里，对泰加洛语以及比科尔语的发展作出了重要贡献。他编写了 22 本泰加洛语言方面的手册，以及 6 本比科尔语天主教教义、忏悔录。②

其次，西班牙殖民政府开始划分传教区，有组织地管理传教事务。根据西班牙国王菲利普二世 1594 年 4 月颁布的一道敕令，西班牙驻菲律宾总督和主教把菲律宾群岛划分给最早来菲律宾的四大修会，即耶稣会、奥古斯丁会、多明我会与方济各会进行管理与传教。③这四大修会除分别在马尼拉及其附近的泰加洛语地区均有教区外，奥古斯丁与耶稣会瓜分了米沙扬群岛地区，同时奥古斯丁还被允许在伊罗哥与邦板牙地区设立教区与修道院。多明我会奉命负责管理华人传教事务以及班加西兰与卡加延地区。而方济各会负责对甘马

① Antonio-Ma Rosales, O. F. M, *A Study of a 16th Century Tagalog Manuscript of the Ten Commandments: Its Significance and Implication*, Quezon City: University of the Philippines Press, 1984, pp. 15~16.

② Antonio-Ma Rosales, O. F. M, *A Study of a 16th Century Tagalog Manuscript of the Ten Commandments: Its Significance and Implication*, pp. 17~19.

③ *BRPI*, Vol. 9, p. 120.

遴地区的传教工作。1594 年的这道国王敕令在菲律宾传教史上产
生了两方面的重要影响。一方面,传教地区的划分能够使各修会根
据各地的实际情况,指导传教士学习当地主要的方言,这极大地促进
了天主教的传播。但是另一方面,也导致各传修会在各自教区的势
力日渐壮大,并逐渐与代表西班牙王室利益的马尼拉主教抗衡,西班
牙时期菲律宾各修会与马尼拉主教之间常常发生的"教区巡视权"的
争论,个中原因与此不无关系。

从 1594 到 1650 年,伴随着各修会学习各地方言的进展,以及各
修会关于各地方言研究的加强,菲律宾民族语言的发展步入黄金时
期。四大修会为了适应传教士的语言学习,纷纷建立了印刷出版机
构。如多明我会在 1593 年建立了出版社,1606 年,方济各会出版社
出版了该会的第一本书籍。耶稣会的出版社可能建于 1610 年。在
1618—1621 年间,奥古斯丁修会出版了三本书籍。[①] 这些修会出版
的大量书籍均是关于语言学习的,如语法(arte),字典(vocabulario)
以及天主教的教理问答与忏悔录。由于以马尼拉为中心的泰加洛语
地区的重要性,这些出版物多数是用泰加洛语出版。在 1593—1648
年间出版的书籍中,其中泰加洛语占 24 本,米沙扬语仅有 5 本,邦板
牙语 3 本,比科尔语 2 本,伊洛卡洛语 1 本。1689 年,第一本班加西
兰语的书籍出版。在整个 17 世纪出版的书籍中,方济各会占了 17
本,奥古斯丁会 12 本,多明我会 11 本,耶稣会 5 本。[②]

在四大修会中,方济各会传教士对菲律宾民族语言的发展,特别
是对泰加洛语和比科尔语的发展做了大量开拓性的工作。除了前面
提到的三位杰出的传教士兼语言学家外,方济各传教士布拉文图拉
(Pedro de San Buenaventura)、孟特(Geronimo Monte)、安塔
(Alonso de Santa Ana)也是泰加洛语的专家并编写了语法书和字

---

① 裴化行:《利玛窦神父传》(下卷),商务印书馆 1995 年版,第 158 页。

② John Leddy Phelan,*Philippine Linguistics and Spanish Missionaries*,
1565—1700,p. 159.

典。另外，大部分比科尔语的书籍也是由方济各会传教士完成的，除了奥利弗外，利斯波阿（Marcos de Lisboa）在 1602—1611 年间也编写了一本比科尔方言的语法书和字典，并把一本教理问答翻译成比科尔方言，安德雷斯（Andres de San Agustin）于 1647 年也编写了一本比科尔方言的语法，并把红衣主教贝拉明（Robert Bellarmine）[①]的教理问答翻译为比科尔方言。[②]

奥古斯丁会管辖区的方言主要有泰加洛语、米沙扬语、邦板牙语以及伊洛卡洛语。据说，早在 1578 年，奥古斯丁会著名的传教士拉达（Martin de Rada）就编写了第一本米沙扬语的语法书。在 1600 年，已经出现了 1593 年泰加洛版《天主教教义》的米沙扬译本。此外，奥古斯丁会也重视教区内其他方言的研究。在 17 世纪初期，洛佩滋（Francisco Lopez）除了把红衣主教贝拉明的教理问答翻译成伊洛卡洛语外，还编写了伊洛卡洛的语法书与字典。另外几位奥古斯丁会传教士在伊洛卡洛语的翻译与语言发展方面也做出了贡献。邦板牙方言群在奥古斯丁会传教区也有较大比例。该会传教士也致力于该语言的学习与研究。欧卡奥（Diego de Ochao）是研究邦板牙语的先驱，他在 16 世纪末期就编写了一本语法书与字典，还翻译了一本忏悔录。他的学生科洛莱尔（Francisco Coronel）在 1621 年出版了邦板牙语的语法书、字典和教理问答。该教理问答甚至在 1901 年还被重印。除了这些主要的民族语言外，奥古斯丁会传教士对一些小的方言也有学习与研究。如黑里卡依那语（Hiligaina），该方言是居住在班乃岛与内格罗斯岛东部米沙扬族的方言，该区域在奥古斯丁会的管辖范围内。1637 年，门特雷达（Alonso de Mentrida）出版

---

　　① 　红衣主教贝拉明（Robert Bellarmine）的教理问答在 17 世纪初时就被翻译成菲律宾的各种方言，如比科尔语、伊洛卡洛语、泰加洛语、邦板牙语以及萨马儿语（Samarenyo），在菲律宾广为流传，并在 1610—1732 年间被多次重印。

　　② 　John Leddy Phelan, *Philippine Linguistics and Spanish Missionaries*, 1565—1700, pp. 159~160.

了第一本黑里卡依那语的语法书与教理问答。耶稣会的传教区主要
在米沙扬方言区,在 17 世纪,耶稣会士共编写了 10 本米沙扬方言的
语法书、字典、教理问答与布道书。①

　　多明我会传教管辖区的方言主要有华人的闽南语、泰加洛语、伊
班阿格语(Ibanag)以及班加西兰语。在 1593—1648 年间,多明我会
传教士就出版了 3 本针对华人传教的闽南语教理问答。该会传教士
何塞(Francisco Blancas de San Jose),是一位著名的泰加洛语专家,
他在 1610 年编写的语法书在 18 世纪还被重印。此外,他还在菲律
宾引进了活版印刷术,推动了菲律宾出版业的发展。讲伊班阿格语
的卡加延地区也是多明我会的传教范围。但早期的伊班阿格语的研
究成果只是一些手抄本,直到 19 世纪才有正式的出版物。多明我会
传教士学习的另一种语言是班加西兰语,1689 年,卡斯迪罗(Sebas-
tian del Castillo)出版了第一本该方言的天主教教理问答。②

　　综上所述,16—17 世纪西班牙传教士对菲律宾民族语言的改造
与重建,特别是把天主教教理问答等典籍翻译成为菲律宾的民族语
言,以及用各种菲律宾方言布道传教,极大地推动了天主教在菲律宾
的传播。

二、菲律宾社会组织的改造与适应

　　16 世纪基督教在海外传播的进程中不能回避的一个重大问题
就是如何对待异教信仰与文明。西方学者里卡尔结合墨西哥情况写
道:"面对异教文明和异教,传教士的态度大体可分为两类,或者是两
大体系:一类是扫荡一切,或者是绝对决裂;一类可称做'天意准备'
体系。头一种情况下,传教士把到达时看到的一切都看作彻底全盘

---

① John Leddy Phelan,*Philippine Linguistics and Spanish Missionaries*,
1565—1700,pp. 160～162.

② John Leddy Phelan,*Philippine Linguistics and Spanish Missionaries*,
1565—1700,p. 163.

腐化:无论是宗教、政治、社会体制,还是精神和灵魂。因此,必须扫荡传教士来到以前现存的一切,俗称'从零点重新开始',必须用新材料、在新的基础上建造崭新的大厦。入教者应该与其环境、以前的生活彻底决裂……大体而言,除了少数自发的例外,这是16—18世纪前传教团中占主导地位的体系。第二类则与之不同,其根本在于:任何民族,无论多么堕落,无论其信仰和体制如何,也并不完完全全是错误和罪孽,即使最落后的民族也起码蕴藏着一点点真理的火花,隐隐约约向往着光明和完美。问题在于发现这点火星,变这种向往为自觉,以他们为基础、为出发点去宣扬福音。因此,新入教的人无需同整个以往生活决裂,可以允许他保留其传统中天然善与真的东西。对他应予以信任。传教士并不创造什么,只是把已经存在于异教风俗习惯中的东西移植到基督教土壤中"。① 而天主教在菲律宾实行的适应性传教路线可以说集中反映了第二种体系的精神实质。

天主教在菲律宾传播过程中,其适应性传教路线的一个重要体现是不仅保留菲律宾以血缘为纽带的社会基本组织——"巴朗盖"以及内在的社会结构,并且在此基础上,按照天主教以教亲为纽带的社会组织特征对之实行改造与重组,使前西班牙时期菲律宾社会以血缘为主的社会关系转变成为以教亲为主的社会关系,从而在菲律宾的社会普遍建立起众多的以教亲为主的社会组织或网络,这些社会组织或网络的建立,不仅是天主教传播的成果,而且这种教亲关系随着血亲关系的延伸与扩展,从而使天主教信仰也逐渐影响到菲律宾社会的各个阶层与社会生活的方方面面。

我们知道,前西班牙时期的菲律宾的基本社会组织是以血缘关系为主的"巴朗盖"。"巴朗盖"作为双系家族组成的社会集团,血缘关系在其生产与生活中起着巨大的作用,并把"巴朗盖"的全体成员紧密地联系在一起,各个阶层之间有相互的权利与义务,首领大督按照原始部落的习惯法行事,整个"巴朗盖"是一个亲属关系网。西班

---

① 裴化行:《利玛窦评传》(下册),商务印书馆1993年版,第462～463页。

牙人到来后,并没有废除这种以血缘关系为主的"巴朗盖"组织。相反,殖民政府不仅保留了"巴朗盖"组织以及社会结构,特别是大督的地位和权利,而且还把大督纳入了西班牙殖民政府官僚制度的体系之中。首先,西班牙占领马尼拉后,对原来规模大小不等的"巴朗盖"实行标准化,即每个"巴朗盖"由 45—50 户家庭组成,并且打破以前禁止"巴朗盖"成员迁移的规定,允许成员有条件地流动。[1] 第二,保留大督的地位与特权,并把大督转变成为西班牙殖民政府最基层行政单位的首领——镇长(cabeza de barangay)。1573 年,最早到达菲律宾的奥古斯丁会士就向西班牙国王建议保留大督这个阶层,并让其继续享有特权。1594 年,菲利普二世下令允许菲律宾的大督享有两项特权。第一,大督及其长子免除一切赋税和劳役;第二,作为一种荣誉,赏赐他们西班牙贵族的姓氏"Don"。并且,大督的长子享有世袭特权,可以继承父亲的大督称号以及相应的特权(1786 年这一规定被废除)。[2] 他们作为殖民社会基层组织 cabeccra 的地方长官,受马尼拉省督管辖,并像以前那样,主要负责向其辖区内的菲律宾人征收赋税。当然,大督不再像以前那样拥有对其下属的绝对权力。大督地位与权利的保留,使大督自愿成为西班牙殖民统治在基层的代理人,以及西班牙殖民者与土著菲律宾人之间矛盾的缓冲器,对稳定西班牙在群岛各地的殖民统治发挥了重要影响。[3]

西班牙殖民者不仅把菲律宾大督纳入其殖民官僚体系之中,而且还与之建立起教亲关系。教亲关系是基督教社会在教徒之间建立的类似于血缘关系的一种社会纽带。教会要求教徒在举行宗教圣礼

[1] John Leddy Phelan, *The Hispanization of the Philippines：Spanish Aims and Filipino Responses*,1565—1700,p.122.

[2] *BRPI*,Vol.34,p.283;Vol.50,pp.254~255.

[3] J. S. Cummins, Nocholas P. Cushner, Labor in the Colonial Philippines,in *Jesuit and Friar in the Spanish Expansion to the East*,London：Variorum Reprints,1986,p.120.

时,特别是受洗礼、坚振礼以及婚配礼时必须有教父母在场作证。教父母作为其教子女获得精神重生的证人,在教子女的生活中也扮演着类似监护人的某些角色,如不仅有义务关心他们的精神生活,坚定教子女的宗教信仰,而且还要在特殊情况下对教子女的生活担负某些责任。如教子女的亲生父母在其未成年时死亡,教父母应承担教子女的抚养义务。在西班牙殖民菲律宾初期,一些西班牙殖民官员纷纷充当菲律宾大督及其亲属的教父。如麦哲伦曾经充当宿务大督胡马奔(Humabon)的教父。① 黎牙实比是宿务大督图巴斯(Tupas)(教名菲利普)的教父,黎牙实比的孙子——萨尔塞多(Juan de Salcedo),被誉为菲律宾历史上的科尔特斯(墨西哥的征服者)也充当了图巴斯的儿子平萨坎(Pinsuncan)(教名卡洛斯)的教父。② 这种模仿血缘关系而建立的教亲制度,极易为以血缘关系为纽带的菲律宾人所接受。并且大督作为这种纽带中的最重要的一环,他的受洗及其与西班牙人教亲关系的建立,在以血缘关系为核心的"巴朗盖"社会里,具有非同凡响的影响力,随着大督的受洗,整个"巴朗盖"的居民都相继效仿,纷纷受洗成为天主教徒。

随着西班牙人在群岛的扩张,教亲制度也迅速在西班牙人所到之处建立起来,并发生了一些重要变化。一般而言,人们通常选择那些社会地位高、经济条件好、在地方上享有良好声誉的人充当自己的教父母。起初,由于人们多居住在一个相对狭小的、靠血缘关系为纽带维系的社区里,血亲关系常常与教亲关系相重合,因此,教亲关系在性质上也发生了变化。如在菲律宾,建立教亲关系成为社交关系的重要方面,家长希望通过教亲关系结交权贵,一些有权势的人被很多人邀请充当他们子女的教父母,(按照规定一般只能做两个人的教

---

① BRPI, Vol. 1, pp. 153~155.

② G. F. Zaid, *Philippine Political and Cultural History*, Vol. 1, p. 147.

父教母),并且教父母也走下圣殿,逐渐出席一些世俗的场合。① 这说明,教亲关系已渐渐演变成为一种利益关系的纽带,其最初建立的宗旨——宗教关怀则显然退居其次,或者完全被忽略了。殖民政府也察觉了一些人利用教亲关系谋取世俗私利的弊害。如在 1599 年5 月 17 日,马尼拉高等法院的大法官就颁布了一道法令,该法令禁止华侨天主教徒充当别人的教父教母,其理由就是华侨教父母与其教子女及其家人利用这种关系谋取不正当的世俗利益。②

教亲关系还体现在众多以宗教信仰为核心为而建立起来的兄弟会(confraternity)与姊妹会(sodality)等组织上。兄弟会与姊妹会均起源于欧洲的基督教社会,信仰同一个庇护神的普通教徒们常常自愿组成一个个互助的小团体,成员之间以"兄弟"、"姊妹"相称。他们不仅定期在一起颂经祈祷,而且在日常生活上也互相帮助,如看望生病的教友、资助贫困教友的葬礼并周济他们的遗孤等。"兄弟会"与"姊妹会"所具有的这种互助功能对传播和坚定基督教信仰无疑具有积极的作用。随着天主教的传入,"兄弟会"与"姊妹会"也被移植到菲律宾,并且被教会当作推动天主教信仰传播的工具。如耶稣会就很善于利用他们的"姊妹会"来坚定人们的宗教信仰。为杜绝菲律宾人从土著萨满祭司那里寻求临终的安慰,耶稣会要求他们的姊妹们经常走访病患和垂死之人,劝告他们接受天主教的洗礼或履行最后的涂油礼;并且要求这些姊妹们要为同会姊妹举行天主教葬礼仪式,以消除菲律宾人原始葬礼中酗酒的陋习。③

---

① John Leddy Phelan, *The Hispanization of the Philippines : Spanish Aims and Filipino Responses*,1565—1700,p. 76.

② *BRPI*,Vol. 11,pp. 75~76.

③ John Leddy Phelan, *The Hispanization of the Philippines : Spanish Aims and Filipino Responses*,1565—1700,p. 76.

三、菲律宾"民俗天主教"的形成

天主教在菲律宾的适应性传教路线还着重体现在天主教对菲律宾民族文化与传统宗教习俗的适应与调和方面,这种适应与调和,不仅使菲律宾的一些传统习俗被保留下来,而且使天主教文化以一种新的形式在菲律宾民间流传,这就是融合了菲律宾传统文化习俗与罗马天主教,甚至墨西哥宗教文化元素①的菲律宾民俗天主教。

1. 文化适应与天主教节日庆典的改造

文化适应是天主教在菲律宾成功传播的重要因素。16—17世纪,传教士不仅用菲律宾方言传教,而且还利用菲律宾其他民族文化的形式来推动福音的传播。如在演唱天主教的歌曲时,也注重适应菲律宾的环境,采用了菲律宾民间音乐的旋律,这成为传播天主教教义的一条非常有效的途径,以至于许多菲律宾人自发地把神父布道时所讲的天主教教义编唱成曲,极易记诵。另一种民间文化形式"巴松"(pasyon),是一种在西方殖民者入侵前就在东南亚马来民族中流传的说唱文学,传教士在传播天主教教义时借用了这种民间文学形式,把有关天主教的故事如耶稣受难与殉道的事迹编唱在里面,流传至今。② 最能体现天主教文化适应的典范是教会对天主教宗教节日文化的改造,使之从单一的传播福音的宗教活动,转变成为包含福音传播、商业活动、文化休闲与社交娱乐的多功能节日,成为菲律宾人普遍欢迎的盛典。

---

① 在1821年墨西哥独立前,菲律宾与墨西哥之间的政治、经贸、文化关系非常密切,墨西哥的宗教文化对菲律宾产生了深远的影响。菲律宾的许多保护神都源于西班牙殖民时代的墨西哥。著名的如内湖省帕桑汉的保护神瓜达卢佩圣母,马尼拉基阿波的黑色纳萨雷内圣灵,以及安蒂波洛的和平与顺风圣母等都是从墨西哥传来的。

② Alfred W. McCoy, *Baylan*: Animist Religion and Philippine Peasant Ideology, in Philippine Quarterly of Culture & Society, 1982, (10), pp. 141~194.

　　天主教的宗教节日庆典活动主要是为纪念天主教历史上的重要人物或事件而举办的大型聚会及游行,其中穿插反映宗教历史的戏剧、歌舞、游戏等节目,是融合宗教教育与世俗娱乐于一体的宗教文化活动。在西班牙殖民初期,如何把居住在边远山区的菲律宾人集中在村镇周围居住,以便管理与传播宗教信仰,是殖民政府与天主教会思考的大事。1573 年,殖民当局听取了天主教会的建议,决定模仿西班牙在美洲的行政管理体制,采取了"移民并村"(reducciones)的政策,即着手建立各级行政统治机构,如:居民点(the visita)、镇(cabecera)、市 (pueblo),以及省(provincia)。把分散居住在小规模"巴朗盖"的居民迁移到以市镇为中心的周围地区居住。这些市镇设有殖民政府的官僚行政机构,驻扎了军队,更重要的是建有教堂和学校。在实行移民并村政策时,除了必要时的武力驱赶外,殖民当局与教会的重点策略还是主张"吸引"。① 其中,天主教会的宗教节日庆典活动在吸引居民迁移过程中也发挥了重要作用。西班牙传教士到菲律宾不久,就已经认识到天主教独特的宗教节日庆典仪式在吸引当地居民时所起到的重要作用。17 世纪初,在菲律宾的耶稣会传教士就向罗马教皇报告说,他们已经开始在各自的教区组织各种各样的宗教仪式和娱乐节目来吸引菲律宾人参加教会活动,许多菲律宾人,包括偏僻地区不信教的人,对这些与他们原始部落传统的庆典仪式迥然不同的宗教仪式表现出极大的好奇,纷纷赶来观看。17 世纪中期,在三宝颜(Zamboanga)的一名耶稣会传教士还向罗马教皇报告说附近穆斯林部落的首领也被吸引前来观看教会的宗教庆典仪式,并向传教士了解有关逾越节、复活节以及耶稣受难的故事。② 教会举办宗教庆典时,吸引菲律宾人的不仅有庄严肃穆的教堂建筑、各

---

　　① 　Reinhard Wendt, Philippine Fiesta and Colonial Culture, in *Philippine Studies*, 1998,(46),p. 4.

　　② 　Reinhard Wendt, Philippine Fiesta and Colonial Culture, in Philippine Studies, 1998,(46),p. 4.

种栩栩如生的宗教绘画、悠扬的音乐、复杂而华美的宗教仪式,而且教会还在节日期间举办各种游行以及体育和竞技等娱乐活动,如各种化装游行,人们或打着灯笼,或手持蜡烛,或带着面具,伴着各式装束,十分有趣;还有斗鸡,斗牛比赛,各种宗教戏剧演出和燃放烟花、爆竹活动也颇受菲律宾人欢迎。除此之外,教会还利用这个机会,向菲律宾人推广各种先进的农耕技术,手工业技术以及医药知识。[1]而且节日期间,在市镇广场上还有各种农产品和手工业品的交易集市;同时节日也为人们提供了一个社交的场所。庆典活动期间,亲朋好友、邻里乡亲聚在一起,说长道短;青年男女在一起谈情说爱。因此,可以说天主教节日已经成为一种兼具娱乐休闲、信息交流、商品贸易以及社会交往这样一种多功能的集会。对于天性喜爱热闹与交际的菲律宾人而言,宗教节日把神圣的福音传播与世俗的娱乐活动完美地结合在一起,使他们平日枯燥、乏味、封闭的乡村生活变得生动起来。每逢节日庆典活动期间,镇上教堂所在的广场上人头攒动,许多人甚至从非常偏僻的山区赶来参加。

但是,天主教节日庆典最根本的功能还是在于传播天主教和维护西班牙的殖民统治。在早期西班牙王国海外扩张的哲学中,占领土地与改变信仰是紧密相连的,而且改变人的信仰是实行征服的最好手段。这表明了教会美化和推广天主教节日的真正目的,即借助宗教工具对菲律宾实行全面地占领和彻底地征服。节日庆典活动期间,市镇街道上飘扬着西班牙王国的国旗,乐队演奏着西班牙国歌;教会举行各种宗教仪式,如布道、圣餐仪式、做弥散、忏悔;同时传教士还把天主教的教义与文化贯穿在音乐、歌舞、戏剧等娱乐节目中。通过这些活动,教会向菲律宾人宣扬天主教的教义与价值观以及"君权神授"的思想,竭力把西班牙对菲律宾的殖民统治合法化,从而达到传播天主教以及维护西班牙殖民统治的目的。

---

[1]　De la Costa Horacio, *The Jesuits in the Philippines*, 1581—1768, Cambridge:Harvard University Press,pp. 160~165.

　　值得注意的是,天主教节日庆典在宣扬福音与美化西班牙殖民统治的同时,菲律宾的民间传统习俗、文化历史也融合在天主教的宗教庆典仪式中。菲律宾民族是一个以农业与渔猎为主的民族,庄稼和渔猎的丰收与部族的繁衍是部落的头等大事,菲律宾人认为这一切都掌握在具有超自然的神灵手中,所以向这些神灵祈求风调雨顺以及子孙繁衍是菲律宾民族原始宗教活动的主要内容。天主教在菲律宾的传播过程中,宗教节日庆典活动很好地融合了菲律宾民族的这一种传统习俗中,只不过菲律宾民族信仰的神灵被天主教的圣灵所代替。① 如天主教中的圣灵 San Isidro Labrado,San Miguel,San Vicente, San Pedro 等就转变成为菲律宾农夫和渔民的庇护神灵。此外在菲律宾大约有 20％的天主教会是敬奉圣母玛利亚的,这除了与欧洲拉丁文化中的女神崇拜有关外,也与菲律宾传统文化中的女性崇拜,特别是对母亲的崇拜有密切的联系。在农业社会中,女性在繁衍、抚育后代的过程中所扮演的角色无疑是相当重要的,所以在菲律宾原始宗教信仰里,充满对女性,特别是对母亲的敬仰与崇拜,他们崇拜的女神(anitos),就形似一位怀孕的女性。当代许多著名的菲律宾画家常常以女性的日常生活与劳动为题材,赞美菲律宾妇女的美丽、勤劳以及母爱,这可以说是受到了基督教文化与菲律宾民间传统文化中女神崇拜观念的双重影响。

　　天主教在菲律宾的传播适应了菲律宾的自然环境。西班牙殖民初期,除了在一些大的殖民定居点如马尼拉、宿务等地用石头修建巴洛克式的教堂外,大多数村镇的教堂以及在居民点的礼拜堂都是采用菲律宾当地的原料如原木、棕榈叶等,按照当地建筑模式而修建。② 宗教庆典活动还适应了菲律宾的季节变化。在西班牙,许多

---

　　① 　Jocano. F. Landa, *Folk Christianity*: *A preliminary Study of Conversion and Patterning*,Trinity Research Institute,1981,p. 23.

　　② 　John Leddy Phelan, *The Hispanization of the Philippines*: *Spanish Aims and Filipino Responses*,1565—1700, p. 76.

天主教节日庆典是在五月和八月举行,但在菲律宾,许多重要的节日庆典一般在五月举行,因为五月是菲律宾粮仓中吕宋旱季结束、雨季开始的季节,农夫们已习惯在此时向庇护神灵祷告,祈求来年风调雨顺。在菲律宾的其他地区,由于雨季的不同,宗教庆典活动的时间也有相应的调整,如在南部,一般在 9—10 月间。

作为一个天性好歌舞与娱乐的民族,菲律宾人也发挥了主观能动性,对天主教节日文化施加影响,使菲律宾传统文化在天主教传播过程中并不总是被动地被利用和改造。他们不仅在节日仪式上打破原来的条规,在服装、音乐、舞蹈方面发挥自己的想象,而且还把西班牙天主教的神灵融合在本民族的传统信仰中。最典型的例子是菲律宾人对和平与顺风圣母(Madonna)——西班牙大帆船庇护神的敬奉和改造。

安蒂波洛省(Antipolo)的"和平与顺风圣母节"(Madonna Festival),最初是纪念西班牙大帆船贸易的庇护神——和平与顺风圣母,同时又是西班牙在菲律宾殖民统治的庇护神,所以倍受天主教会的尊崇。在传教士的影响下,菲律宾人也敬奉和平与顺风圣母,但是他们更多地赋予了和平与顺风圣母本民族传统文化的含义。首先,他们用与传教士迥然不同的方式来解释和平与顺风圣母来到安蒂波洛的传说。他们认为和平与顺风圣母是栖息在安蒂波洛繁华盛开的树上的神灵,并赋予树木超自然的力量,后来耶稣会传教士用这些树木来雕塑和平与顺风圣母的圣像,敬奉在安蒂波洛的教堂里。这个解释明显受到了菲律宾民族原始宗教里的植物崇拜信仰的影响。菲律宾地处热带,树木茂盛,其原始宗教里多有植物崇拜,认为树木具有超自然的力量,特别是古老的树木是神和精灵的栖息之地。因此,和平与顺风圣母逐渐被菲律宾人看成本民族的神灵。在 1768 年耶稣会被驱逐后,安蒂波洛的菲律宾传教士仍然细心照顾、供奉和平与顺风圣母圣像,大批信徒仍然前去朝圣。1863 年,菲律宾传教士奉命移交安蒂波洛教区给奥古斯丁重振派,以补偿该会在棉兰佬岛失去的 27 个教区,但这一命令立即遭到菲律宾全国的强烈反对,这说明和平与顺风圣母已经演变成为菲律宾民族文化的象征和集体认同。在 1898 年五月,和平与顺风圣母节举行期间,一些菲律宾民族主义者计划利用这个机会袭击西班牙人的市府卫队,但也遭到安蒂波洛居民的反对,当地社区的一些重要人物也出面劝说革命者改变计划,警告他们在节日期间不能采取暴力,亵渎和平与顺风圣母的神圣,最后革命者也被迫改变计划。①

由此可见,天主教信仰与文化经过适应性地改造,成为一种信仰与文化纽带,把分散在群岛上的不同宗教信仰的民族凝聚在一起,增强了菲律宾民族的凝聚力与认同感。从欧洲殖民文化的象征和巩固西班牙殖民统治的工具到菲律宾民族历史文化的重要组成部分与民族认同的象征,天主教宗教节日庆典在菲律宾的这种文化特征与功能演变表明:宗教文化的传播有自身的规律和特点,天主教对菲律宾传统文化的适应与改造,与传教士所采取的适应性传教方式是天主教在菲律宾迅速并广泛传播的一个重要因素,它有效地促进了西班牙天主教与菲律宾传统宗教与文化的调和,促使天主教的文化特征与功能在菲律宾逐渐发生了某些变化,最终使天主教成为菲律宾人自己的宗教得以广泛传播并保留下来。今天的菲律宾,被誉为太平洋上的"节日国度",全国大大小小的节日庆典活动贯穿全年,其中相当一部分就是是融合了天主教宗教文化和菲律宾传统文化的宗教节日庆典活动。宗教节日庆典也从最初由教会发起、组织逐渐演变成为地方上的全民活动。不论地位高低,贫富贵贱,大家都在一起参加活动来庆祝共同的庇护神。除地方上的教会在宗教节日庆典的组织、筹办工作方面仍然发挥积极作用外,地方政府及地方上的显要在节日庆典活动中也扮演着重要的角色,常常由他们出面来组织活动,或筹集经费、或捐款赞助等。庆典活动不仅成为各地宣扬自己的"名片",同时,筹办资助活动的机构与个人也能扬名显誉,提高自己在社

---

① Reinhard Wendt, Philippine Fiesta and Colonial Culture, in *Philippine Studies*, 1998, (46), p. 12.

区的威望与声誉,这也是今天菲律宾宗教节日庆典能够长盛不衰的一个重要原因。

2. 宗教调和与菲律宾"民俗天主教"的形成

从历史记载和今天民俗调查的资料显示,天主教在菲律宾传播的过程中发生了某些重要的变化,即前西班牙时期菲律宾人的传统宗教观念与习俗、罗马天主教、西班牙以及墨西哥的一些宗教信仰和风俗、祭祀仪式等元素逐渐融合在一起,形成了今天菲律宾广泛盛行的民俗天主教。这种民俗天主教在本质、组织上以及表现形式上均不同于正统的罗马天主教。首先,在其信仰中包含天主教的上帝与圣灵以及传统宗教中的神灵,甚至二者通常是合而为一,难分彼此,都具有超自然的神力,所以他们除了按照天主教的方式祈祷外,常常也用传统的方式来与神灵沟通。[1] 第二,与罗马天主教相比,菲律宾民俗天主教没有系统的理论体系、也没有严密的组织与等级森严的教阶制度,所以,从严格意义上讲,它不是一种信仰,而更像是一种行为方式,一种融合了天主教信仰与本民族传统习俗的生活方式。第三,从表现形式上看,罗马天主教是神圣的,而民俗天主教则是世俗的,正统天主教引导人们超越现实与追求"彼岸",而民俗天主教更多的是关注现实生活中世俗的功利,如趋福避难、农业丰收与子孙繁衍等。所以它很少表现在教堂庄严的弥撒与祈祷之中,而更多地体现在日常生活与生产活动中,特别是热热闹闹、多姿多彩的民间宗教节日之中。菲律宾民俗天主教的形成反映了天主教在传播过程中与异文化的调和,尽管从根本上讲,这种宗教调和有其客观原因,有时甚至是不得已而为之,但总的说来,这也是天主教适应传教路线的又一体现。

传统宗教习俗的根深蒂固与广泛存在、早期传教士实行的重量

---

① 　F. Landa Jocano, Conversion and the Patterning of Christian Experience, in Peter Cowing and William Henry Scott (ed), *Acculturation in the Philippines*, Quezon City:New Day Publishers,1971.

不重质的归化政策以及受洗后后续宗教教育的缺乏是促使罗马天主教与菲律宾传统宗教观念与习俗调和的主要原因。我们知道,在西班牙人到来之前,菲律宾的原始宗教已经发展到从多神教向一神教的过渡阶段,复杂的多神崇拜、习惯性(已经融入生活、生产活动之中)的宗教仪式以及在宗教和其他社会活动中扮演重要角色的祭司(baylan)都表明要彻底摧毁菲律宾人的传统宗教习俗是不可能的。直到今天,这些被看着人神之间媒介的"巴伊兰"(baylan)仍然活跃在菲律宾农村地区,或为人降魔驱邪、或替人占卜问卦。其次,由于传教士缺乏而实行的集体归化政策也是造成菲律宾传统习俗与天主教信仰相互交织的重要原因。传教士的奇缺不仅迫使教会普遍对菲律宾人实行集体归化。正如裴化行所言,"整个 16 世纪内,凡真诚请求洗礼者都可以受洗……望教问答往往简化为宣誓即可。使用这种快捷做法,洗礼可以成批集体进行,几年功夫就可以建立若干庞大的教会。"[1]再加上后续宗教训导的缺乏,天主教的教义很难被土著居民完全理解,而传统的宗教观念与习俗也还占有重要地位。所以,这种大规模的归化政策显然是草率的、重量不重质的。这种不彻底的归化现象,在天主教海外传播初期是普遍存在。如在 16 世纪的拉丁美洲,大规模集体受洗所带来的结果便是"宗教不过成为野蛮社会里的一层薄薄的外衣……他们产生了一种迷信和形式主义的情形。这袭基督教信仰上的外表,使他们亦接受到欧洲文化的表皮。他们丢掉了已熟悉的旧部族道德,但亦未曾抓住新道德。"殖民政府从维护和巩固殖民统治出发,支持教会的这种集体归化政策,因为"他们不花一兵一卒,安抚了许多部落,保卫边疆,且使全区成为西班牙化。"[2]然而"在定居下来的印第安人集团之间,基督教成为被接受的宗教,但并未完全代替印第安人对原始神祇的崇拜,这些神祇占有印

---

① 裴化行:《利玛窦评传》(下册),第 404 页。

② 裴化行著,萧睿华译:《天主教十六世纪在华传教志》,第 505 页。

第安人的心灵源源流长。"①

　　这种情况在西班牙统治下的菲律宾也同样存在。由于大多数传教士集中在中吕宋地区，所以相比较而言，中吕宋泰加洛地区天主教化的程度较深，异教信仰也根除得比较彻底。在 1589 年，一位奥古斯丁传教士就曾乐观地预测不到十年，泰加洛人的万物崇拜信仰将被完全根除。② 但在边远的米沙扬地区，传教士看到，虽然教会禁止菲律宾人的异教信仰以及与之相关的偶像崇拜，但对许多菲律宾人而言，天主教信仰只是表面上的装饰，而其内心仍然保留着传统习俗与迷信。③ 如在 16 世纪末期，受洗的米沙扬人仍继续举行他们的一种欢迎祖灵的仪式 darangin，但是口中的唱词由原来"Apo-Apo"变成"Jesus"。④面对这样的情形，初期的西班牙传教士也不得不做出适当的妥协。如在 17 世纪初，在三描礼示传教的奥古斯丁沉思派传教士也用拉丁文的祈祷词帮助菲律宾人捉拿大树上的魔鬼。⑤ 在 17—18 世纪，一些已经受洗成为天主教徒的菲律宾人在一些行为（如采摘水果、过河）之前仍然请求传统宗教中的神灵 nonos 的庇护。⑥ 类似的习俗在相当长的时间内还存在。如奥狄斯神父（Tomas Ortiz）在 18 世纪出版的书中还有相关记载："菲律宾人普遍相信死者的灵魂会在死亡三天后回家。所以家人们会聚集在死者生前居住的屋子里，为他诵念玫瑰圣母经。他们点燃蜡烛等候亡灵，并在一块地毯上洒上灰，期望亡灵回来时留下脚印。他们还在门口放上

　　① 艾·巴·托马斯：《拉丁美洲史》，商务印书馆 1973 年版，第 279 页。
　　② BRPI，Vol. 7，pp. 189～194.
　　③ Alfred W. McCoy, Baylan: Animist Religion and Philippine Peasant Ideology, Philippine Quarterly of Culture & Society, 1982, (10), p. 155.
　　④ William Henry Scott, Barangay: Sixteenth-Century Philippine Culture and Society, p. 86.
　　⑤ BRPI, Vol. 21, pp. 144～146.
　　⑥ BRPI, Vol. 43, p. 105.

一些水，以备亡灵洗脚用。"①

　　与正统罗马天主教相比，菲律宾民俗天主教更是一种关注世俗功利的生活方式与价值观念。这集中体现在民俗天主教的节日庆典中。菲律宾的民俗天主教节日庆典是欧洲天主教信仰、墨西哥的宗教文化以及菲律宾人传统习俗、传说与历史相融合的集中体现，基本上可以分成如下几类：

　　第一类是纪念耶稣受难与殉道的节日。如黑色纳萨雷内节（Festival of Black Nazarene）与莫里奥内斯节（Morions Festival）等。黑色纳萨雷内节是纪念黑色纳萨雷内（来自墨西哥的圣灵）。每年1月9日，在马尼拉的基阿波（Quiapo）举行。该节日17世纪初从墨西哥传到菲律宾。当宗教仪式结束后，男性信徒们抬着黑色纳萨雷内的圣像在基阿波地区游行，信徒争相触摸圣像，认为会治愈百病。该节日非常隆重。节日期间，每年大约有10—20万的男信徒从全国各地赶到马尼拉，有的虔诚者甚至跣足而行，整个基阿波地区被围得水泄不通。而莫里奥内斯节也有两百多年的历史。每年的复活节期间，在马林杜克岛的（Marinduque）Boac、Monpog与Gasal举行。Moriones，来源于morion一词，意指古代罗马士兵的"高顶头盔"。举办庆典活动期间，参加者装扮成古代的罗马士兵在街上游行，表示忏悔。这个宗教庆典还要重演龙基尼斯（Longinus）被砍头的场景。龙基尼斯是古代罗马军队的一名百人队队长，在耶稣被钉在十字架上时，他用剑刺杀耶稣。根据民间传说，他声称如果耶稣基督的血能使他失明的一只眼睛复明，他将皈依耶稣。最后他因皈依上帝而被罗马人处死。

　　第二类是纪念圣婴（Sto. Nino）的节日。圣婴即小耶稣，早在麦哲伦时代便传入菲律宾的宿务。圣婴崇拜在菲律宾非常盛行，他不仅是天主教中的圣灵，而且在菲律宾民俗宗教信仰中，他还代表雨神、战争保护神与海神，同时菲律宾人还相信他能治愈百病，带来丰

①　*BRPI*, Vol. 43, pp. 105～106.

收。主要有:阿提—阿提汉节(Ati-Atihan Festival)。该节日是每年1月的第3个星期在班乃岛阿克兰省(Aklan)的卡利博市(Kalibo)市举行。阿提是菲律宾的一个少数民族,生活在米沙扬群岛的班乃岛,传说圣婴显灵,帮助他们打败了棉兰佬穆斯林的进攻。所以,该节日是为了纪念圣婴帮助他们击败了穆斯林,同时也纪念他们皈依天主教。参加者全身涂黑装扮成古代的土著民族,穿着戏服,踩着鼓点,伴着歌舞,抬着无数的圣婴像游行。此外,每年1月在宿务举行的西卢罗节(Sinulog Festival)也是纪念圣婴的重要节日。西卢罗是当地一种民族舞的名称,节日期间,人们都要跳这种舞蹈表示庆祝。该节日是为了纪念麦哲伦到达宿务这一重大历史事件,以及第一个菲律宾人胡安娜王后(Juana)接受洗礼,并祈求雨神——圣婴带来降雨。

第三类是纪念圣母玛丽亚(Virgin Mary)以及天主教历史上传说的一些著名女性,如圣海伦娜(San. Helena)等。圣母玛利亚在菲律宾很受爱戴,在菲律宾人看来,她不仅是圣洁与母爱的象征,而且菲律宾人还把传统文化中对母亲的敬仰融合在对圣母的崇拜中,希望她能保佑家族,带来子孙繁衍。这一类节日主要有:

圣克鲁赞节(Flores de Mayo Fiesta)。通常5月在全国各地举行,是为了纪念圣母玛丽亚,同时社区还举办美少女游行,以此纪念找到圣十字架的圣海伦娜。

马尼拉海军节(La Naval de Manila)。每年10月在马尼拉奎松市的圣多明我会举行,纪念玫瑰圣母玛丽亚。这个庆典起源于1646年,相传因玫瑰圣母相助,西班牙人与菲律宾人的海军联盟打败了荷兰人的进攻,因此举行盛大的庆祝活动来纪念这一重大的历史事件。

图鲁姆巴节(Turumba Festival)。每年4—5月在内湖省的帕基尔镇(Pakil)举行,是为纪念受难的圣母玛丽亚所遭受的七重创伤。节日期间,信徒们抬着"哀伤的圣母"像游行,并祈求健康、丰收与子孙繁衍。

佩纳弗兰西亚节(Festival of Penafrancia)。每年9月在南甘马遴的纳加(Naga)市举办,为期 9 天,最后一天庆典达到高潮,载有圣母玛利亚圣像的船队在河中航行,从全国各地赶来的信徒们则追赶着船队,齐声高呼"Viva la Virgin"(圣母万岁),期盼圣母为他们带来健康。

第四类是纪念守护神灵的感恩节,主要是农夫的守护神灵圣伊西德罗(San Isidro Labrador),渔夫的庇护神圣米格尔(San Miguel),圣文森特(San Vicente)与圣帕德罗(San Pedro)以及各巴朗盖的庇护神。菲律宾民族是一个农业与渔猎的民族,因此纪念这些神灵的感恩节在他们的生活中非常重要。主要包括:

水牛节(Carabao Festival)。菲律宾北部的吕宋岛地区是著名的产粮区,被称为菲律宾的"粮仓",该地区的纪念圣伊西德罗的感恩节主要表现为"水牛节"。该节一般是在五月中旬旱季结束,雨季开始时在中吕宋新怡诗夏省(Nueva Ecija)的圣伊西德罗(San Isidro),布拉干省(Bulacan)的普利兰(Pulilan),黎刹省的安戈诺(Angono)举行。而南部地区由于雨季的不同则是在 8、9 或 10 月举行。节日期间,农夫们会将精心装扮的水牛带到镇上的教堂接受神父的祝福,然后赶着牛群游行,最后庆典活动在由牛参加的各种比赛中达到高潮。而奎宋省的卢克班(Lucban)、萨里阿亚(Sariaya)和塔牙巴斯(Tayabas)则以完全不同的形式来庆祝圣伊西德罗节。那里的人们利用农作物以及一种用米做原料制成的薄饼,当地人称为"Kaping"。节日期间,当地人将"Kaping"挂在房屋四周作为装饰,期盼来年获得丰收。在南部达沃市,每年 8 月的第 3 个星期举办的卡达牙万节(Kadayawan),则源于当地 Bagobo 部落庆祝丰收的仪式。卡达牙万意为"万事如意"。这类节日融合了天主教的宗教仪式和菲律宾农业民族的民间传统,在菲律宾各地颇为盛行。节日期间,人们载歌载舞,举行各种活动,祈求健康,丰收和繁衍子孙后代。

此外,每年 5 月 17—19 日在布拉干省奥万多(Obando)举行的生育节也是菲律宾民俗宗教的盛大节日。该节日是为纪念镇上的三位庇护神,为不孕夫妇带来孩子的圣克拉拉(Sta Clara),为未婚男女

找到理想对象的圣帕斯库尔贝伦(Pascual Baylon)以及塞兰宝贞女
(Senora de salambao)。节日期间,许多希望怀孕生子的妇女前往奥
万多跳舞,当地的市镇官员也要前来助兴,非常热闹。这个节日是天
主教文化与菲律宾民间传统相融合的典范。相传,圣帕斯库尔贝伦
原是 16 世纪欧洲的一位牧羊人,喜欢在祈祷的时候跳舞,这一仪式
被菲律宾人融合在五月的祈求来年丰收与子孙繁衍的传统仪式中,
形成了今天菲律宾融合东西方文化的生育节。

第六章

天主教在菲律宾:阻碍与挑战

　　随着天主教的迅速传播,17世纪中期菲律宾的部分地区已经天主教化,特别是吕宋岛的沿海省份以及米沙扬群岛的沿海低地地区。但对整个群岛而言,这种天主教化是有限的、不彻底的。天主教在群岛除了遭遇异文化的"软性"反抗而不得不发生调和与变化外,西班牙的殖民扩张与天主教的传播还遭到了来自异文化的"硬性"反抗。北部的山地民族桀骜不驯地抗拒天主教的传播;南部的穆斯林不仅坚决反抗西班牙人向南部的扩张,而且还经常侵袭和骚扰西班牙人在米沙扬建立的移民点;即使那些已经皈依的菲律宾人,也不满西班牙殖民者的横征暴敛。特别是17世纪上半期由于西荷战争给菲律宾群岛经济带来的空前危机,直接加剧了西班牙殖民政府对菲律宾人的掠夺,引而引发了各种规模的针对西班牙人的农民起义。据统计,西班牙统治时期,菲律宾每年发生平均发生武装反抗5次,其中规模较大的斗争有102次之多。[1] 这些抗争,既有反对殖民侵略的意义,也包含文明冲突乃至经济利益的争夺。特别是西班牙殖民者与南部穆斯林之间长达300多年的摩洛战争,不仅是历史上基督教徒与穆斯林之间信仰冲突的历史延续,而且也是殖民侵略与反侵略的斗争。摩洛战争对菲律宾社会所带来的影响是广泛而深远的,它加深了信仰不同宗教的民族之间的隔阂与敌视,成为当代菲律宾穆斯林民族问题的一个重要历史根源。

---

① 　金应熙:《菲律宾史》,河南大学出版社1990年版,第239页。

第一节 抗拒同化:北部山地民族的反抗

菲律宾北部山地民族是指居住在吕宋岛北部科迪勒雷山区 (Cordillera)的民族。科迪勒雷山南北走向,西起北伊罗戈斯省(Ilo-cos Norte),东至卡加延(Cagayan),北起帕沙楞(Pasaleng),向南地势逐渐下降至班加西兰地区(Pangasinan)延伸入海。菲律宾共和国成立后,在科迪勒雷地区建立了高山省,下辖5个副省,分别是阿巴瑶(Apayao)、卡林加(Kalinga)、波托克(Bontoc)、伊富高(Ifugao)以及本哥特(Benguet)。1966年,阿巴瑶、卡林加、伊富高以及本哥特脱离高山省升格为省,而波托克则成为高山省的首府。

居住在科迪勒雷山区的民族统称为伊戈罗特人(Igorots),由六个族群组成:阿巴瑶族、卡林加族、波托克族、伊富高族、坎卡纳人(Kankanay)以及伊巴洛(Ibaloy)。这些民族在历史上都顽强地抗拒西班牙的天主教化。在西班牙殖民时期,殖民者根据这些民族居住环境的不同,对他们的称谓也有所不同。对居住在科迪勒雷山西侧的民族,靠近伊罗戈斯沿岸的、从事黄金贸易的山地民族被称为伊戈罗特人(Ygolotes),那些居住在深山的称为"高山人"(tinggi 或 tinguianes,马来语,意为"高地"),而那些居住在班加西兰以南的山地民族则被称为"三描礼示"(Zambales),那些住在科迪勒雷山东侧的山地民族,则一般统称为"异教徒"。

研究民族学、人类学的学者认为,这些山地民族的祖先是从亚洲大陆迁移而来的小黑人,他们原来也是居住在沿海平原,后来由于受到来自马来群岛的新移民的排挤,逐渐退居于山上。受自然环境的影响,这些民族以农业和狩猎为生,生产方式落后,社会发展也处在原始社会时期。他们保持祖先崇拜与多神信仰,并且还有猎人头的习俗,所以又称猎头民族。

初期西班牙人对伊戈罗特人的远征主要出于对黄金的贪婪。

1565 年,在黎牙实比占领宿务后不仅,就已经探听到北部伊罗戈斯地区盛产金矿。1571 年,黎加斯比占领马尼拉后,他的孙子萨尔塞多就开始积极筹备北进征服伊罗戈斯。1572 年 5 月,萨尔塞多率领45 名西班牙士兵和一些菲律宾人,沿吕宋岛西岸渡海北上,很快就占领伊罗戈斯的重镇维干(Vigan,今南伊罗戈斯省的首府)。之后,继续向北,然后沿着吕宋岛东海岸南下,顺利返回马尼拉。这次远征不仅证实了菲律宾北部确实存在金矿,更重要的是在北部建立了西班牙的殖民据点,比如维干与佬沃革(Laoag,今北伊罗戈斯省的首府)成为西班牙在吕宋岛北部殖民统治的重要基地。

萨尔塞多去世后(1576 年 3 月去世,年仅 27 岁),马尼拉的殖民当局仍然热衷于北部探宝,从 1576 年至 1590 年,数任马尼拉省总督如桑德(Francisco de Sande)、维拉(Santiago de Vera)以及达斯马雷纳斯父子(Gomez perez Dasmarinas, Luis Perez Dasmarinas)先后派出数支远征队到北部探宝,得到了少量金砂样品。西班牙王室对伊罗戈斯地区的金矿开采也寄予了厚望。1618 年欧洲三十年战争的爆发使西班牙已经衰败的经济陷入更深的困境。[1] 所以在西班牙国王菲利普三世给菲律宾总督法加尔多(Alonso Fajardo)的敕令中,命令他要得到黄金。[2] 为此,法加尔多在 1620、1624 与 1625 年对伊戈罗特人发动了 3 次较大规模的进攻。教会在掠夺伊洛戈斯的黄金问题上犹豫不决。起初,他们担心大规模的开采会在菲律宾重演美洲印第安人的悲剧,所以负责该地区传教工作的、素有"印第安人的保护者"之称的多明我会传教士对在传教过程中获得的金矿线索守口如瓶。但是教会的态度后来发生了转变,认为金矿的大规模开采必将促进伊戈罗特人与外界的联系,有利于福音的传播。所以,新塞哥维亚教区的主教,多明我会神父索里亚(Diego de Soria)后来也积

---

① R. B 沃纳姆:《新编剑桥世界近代史》(第 3 卷),第 21 页。

② William Henry Scott, *The Discovery of the Igorots*, Manila: New Day Publishers, 1977, p. 24.

极地筹备采矿事宜。①

　　但是西班牙人在伊罗戈斯地区并没有获得在美洲那样的收获。即使是 1624 年著名的奎拉特(Quirante)远征也是收获甚微,只带回四千多公斤含金量低的矿砂。究其原因,一是伊罗戈斯地区的黄金并不像西班牙人想象的那样丰富,再加上原始的采掘、冶炼技术,产量很低;其次,西班牙国王强迫菲律宾矿主须将所得金子的五分之一或十分之一上缴,不仅挫伤了菲律宾矿主的积极性,而且也刺激了他们的黄金走私活动。② 此外,北部山区道路崎岖、行军和补给都非常困难,再者民风剽悍,特别是猎人头的习俗尤盛,诸如此类的原因,使西班牙人的黄金梦在 17 世纪初期逐渐淡化,马尼拉殖民当局逐渐把发财梦转移到日益兴盛的大帆船贸易之上。

　　虽然北方黄金的光芒在西班牙殖民者的眼中逐渐暗淡,但伊戈罗特人并没有因此在西班牙人的视线中消失,他们猎人头的习俗在西班牙殖民者和传教士的眼中成为野蛮与残忍的象征。伊戈罗特人久有猎人头的习俗,以此来显示勇气、仇恨、尊崇或者庆贺。③ 早期西班牙传教士多有关于伊戈罗人猎头习俗的记载。如奥古斯丁会神父拉达在 1577 年的报告中就写道,他曾在一个三描礼示人的屋子里看见悬挂了 100 颗人头。④ 西班牙传教士对这种野蛮、残忍的习俗非常憎恶。1598 年,多明我会的比拉维德斯在给教皇的信中说:"他们(猎头族)是最糟糕的民族,非常凶猛、残忍,常常猎取外族的人头来庆贺他们的节日。"⑤

　　此外,山地民族与平原民族因为土地等自然资源之争,久有宿

---

① 　William Henry Scott, *The Discovery of the Igorots*, pp. 21~23.

② 　William Henry Scott, *The Discovery of the Igorots*, p. 13.

③ 　William Henry Scott, *Barangay: Sixteenth-Century Philippine Culture and Society*, pp. 249~251.

④ 　William Henry Scott, *The Discovery of the Igorots*, p. 49.

⑤ 　*BRPI*, Vol. 14, p. 305.

怨。随着平原居民的逐渐天主教化，以及他们时常帮助军队与传教士进攻山地部落，山地民族很容易把对西班牙人的仇恨转移到已经皈依天主教的平原民族身上，所以他们不仅经常骚扰、侵袭平原居民的定居点，或者猎取他们的人头，或掳掠整个村庄的居民为奴或扣为人质，而且还常常袭击连接南北的交通要塞，使马尼拉与吕宋岛北部的交通被完全切断。这些骚扰和破坏不仅影响到西班牙在吕宋北部的殖民统治，而且也影响了传教士在平原地区的福音传播。于是，马尼拉殖民政府和天主教会开始双管齐下，刀剑与十字架一起向伊戈罗特人进攻。

　　早在16世纪80年代，已经有一些多明我会和奥古斯丁会的传教士开始在伊戈罗特人居住的山区传播福音。早期的这些传教士，基本上是单独行动，没有西班牙殖民军队相伴，有的甚至拒绝西班牙士兵跟随保护他们的人身安全。[1] 奥古斯丁会传教士马林（Esteban Marin）就是其中之一。马林神父于1584年就开始在吕宋岛北部的Tagudin传教。在北伊罗戈斯省的Laoag，Batac与Bantay传教之前，他就已经在三描礼示人居住的地区建立了Bolinao与Masinloc教区。后来马林神父在Gapan北部的山地部落传教时，被当地猎头民族残忍地杀害。[2] 马林神父被害后，马尼拉殖民当局曾派军队前去攻打，但大败而归。

　　从1580—1600年，早期西班牙传教士在高山部落中的福音传播进展缓慢，至1600年，奥古斯丁会神父和多明我会神父只在北部的Agoo，Bauang，Balaoan，Tagudin，Candon，Narvacan，Vigan，Bantay，Batac，Laoag，Bacarra以及Dingras等地建立了传教点。虽然传教士能够与山地居民接触，但只有屈指可数的几名传教士能幸运地被山地部落礼待，并获准在山里长期居住。多明我会的卡洛

---

① 　John N. Schumacher, S. J, Syncretism in Philippine Catholicism, in *Philippine Studies*, 1984, (32), pp. 251~272.

② 　William Henry Scott, *The Discovery of the Igorots*, p. 15.

斯(Diego Carlos)神父就是其中一位,他在阿巴瑶人的一个部落里与他们相处了十五年。[1] 多数情况下,传教士的福音传播收效微乎其微,他们不是被杀、就是被驱逐,或者因健康状况而不得不离开,但是也有一些山地部落的居民被传教士的精神所感动而接受了洗礼。传教士对山地部落的皈依政策也是把重点放在部落头人上。如 1605年,在 Manaoag 附近的 Ambayabang 村开金矿的伊戈罗特头人多格拉特(Dogarat)就皈依了天主教。多格拉特是一名金矿主,经常到山下贸易,也常常到山下教区的教堂听神父布道。有一次他大病不愈,多明我会神父托马斯(Fray Tomas Gutierrez)冒着生命危险前去为其施洗,赠予他玫瑰念珠,并取教名为多明哥(Domingo)。他病愈后,开始参加一些教会的活动,但是并没有迁移下山居住,也拒绝交纳赋税以及承认西班牙国王的统治,他还是原来部落的头人。[2] 这种不彻底的皈依说明伊戈罗特人的确相当顽固不化,天主教在山区的传播非常艰难。

山地部落不仅杀害、驱逐传教士,而且还经常骚扰平原地区的教区,掳掠居民。在西班牙殖民时期,由于军事进攻与福音传播对山地部落而言,都难以奏效,所以马尼拉当局开始鼓励已经皈依天主教的菲律宾人武力抵抗山地部落的侵扰,甚至允许他们把战俘当奴隶役使,这种政策更激化了山地部落与平原居民的夙仇。所以,山地部落的侵扰越来越频繁、猛烈。如由于山地部落的侵扰,一些早期历尽艰辛建立起来的教区基本上是人走城空。[3]

山地部落对平原地区居民的侵扰不仅是发泄对平原地区的仇恨,而且也是对西班牙人军事进攻的反抗。西班牙人的军事进攻,按照早期传教士的观点,不仅没有推动福音的传播,反而破坏了历经艰辛而建立起来的传教事业。Isneg 教区的丧失就是很典型的例子。

---

[1]　William Henry Scott, *The Discovery of the Igorots*, pp. 19~20.

[2]　William Henry Scott, *The Discovery of the Igorots*, p. 19.

[3]　William Henry Scott, *The Discovery of the Igorots*, p. 58.

该教区是多明我会 1621 年在阿巴瑶河上游建立的一个传教点。该教区的建立可谓是历尽艰辛。起初由于传教士阻拦下山的山地部落头人回去,他们残忍地将神父加西亚(Alonso Garcia)与帕劳(Onofore Palao)杀害。但是多明我会并没有放弃这个教区。八年后,神父萨莫拉(Geronimo de Zamora)重新与他们建立了联系,并且受到相当的礼遇,该部落头人还请他为 10 个首领的孩子实行洗礼。但是几年后,由于西班牙的一支小分队在该地驻守,双方发生了冲突,结果引起当地人极大的不满,他们杀害了 20 名西班牙驻军,放走了传教士,但这个传教点也不存在了。同样,在阿巴瑶河流域的 Bangued地区,奥古斯丁会建立的 3 个传教点也遭到同样的命运。[①]

1625 年,西班牙对伊戈罗特人的军事征服与福音传播基本趋于停止。到 18 世纪初,所有传教士都撤出了伊戈罗特山区。几代传教士的努力没有取得多大成果,伊戈罗特人没有被天主教化,他们还是保持原来的信仰与生活方式。多明哥(Domingo Mutta)神父总结了数条归化伊戈罗特人的失败原因,他认为伊戈罗特人高度集中、且与外界基本隔绝的群居生活是其成功抗拒西班牙天主教同化的最重要的原因。[②] 此外,一些有利的客观条件,如地势险要,交通不畅等因素也有助于伊戈罗特人有效地抵挡西班牙人的军事进攻,从而保障了山地部落的独立。

第二节　反殖民统治与信仰回归:农民起义的诉求

吕宋岛与米沙扬群岛的农民起义也是威胁西班牙在菲律宾的殖民统治与阻碍天主教传播的一个重要因素。17 世纪上半期,由于西荷战争给菲律宾群岛经济带来的严重危机,直接加剧了西班牙殖民

---

① 　William Henry Scott, *The Discovery of the Igorots*, pp. 51~52.

② 　William Henry Scott, *The Discovery of the Igorots*, pp. 67~68.

政府对菲律宾人的掠夺,从而引发了各种规模的农民起义,形成 1621—1661 年的农民起义高潮。这些农民起义,不仅把斗争矛头指向西班牙殖民政府,同时也把怒火投向天主教会。起义军焚烧教堂,驱逐传教士,并高呼要恢复他们传统的宗教信仰。这些起义,在一定程度上打击了西班牙人的殖民统治,阻碍了天主教的扩张,体现了菲律宾人民反殖民压迫的斗争精神,其中掺杂的反教会斗争与要求信仰回归的呼声,也体现了菲律宾人文化本土主义思想的张扬。

一、17 世纪菲律宾农民起义的原因

1. 初期殖民政府的经济剥削制度

从根本上讲,残酷的经济剥削是引发西班牙殖民统治前期菲律宾农民起义的主要因素。西班牙殖民政府对菲律宾人的经济剥削除了前文所述的委托监护制度外,还体现在强迫劳役制度与强迫收购制度方面。

强迫劳役制度是模仿西班牙在墨西哥的分捐制度(repartimien-to)而建立的,在西荷战争之前就已经在菲律宾实行。它规定:除大督及其长子外,每个"巴朗盖"的所有居民每年都有义务承担政府的劳役,有钱的可以花钱雇人替代。[①] 西荷战争开始后,对菲律宾人劳役的征发大大增加,大多数人被强迫去做伐木工、造船工、桨手与舵工。17 世纪菲律宾的主要造船厂集中在甲米地、阿巴伊的巴卡塔(Bagatao)、班乃岛的卡伊哥安(Caigoan)与奥顿(Oton)、甘马遴的达鲁巴斯(Dalupaes)以及马雷杜克(Marinduque)、宿务与马斯巴特(Masbate)等地。1621—1655 年间,西班牙控制地区的纳税人口减少了 105688 人,其中超过三分之一是成年男子,他们多数是被马尼拉殖民当局征发的劳役。[②] 按照规定,每年的服役期不超过 40 天,

---

① *BRPI*,Vol. 19,pp. 71～72.

② John Leddy Phelan, *The Hispanization of the Philippines:Spanish Aims and Filipino Responses*,1565—1700,p. 101.

但在多数伐木场,许多菲律宾人服役长达 8 个月。[1] 长期超强度的劳役,夺去了许多人的生命。正如 1619 年,一位西班牙官员在给西班牙国王的信中写到:"造船给当地人带来的是毁灭与死亡"。[2] 这些工人很少领到工资,即使是象征性的报酬也没有,他们所能得到的只是每月价值四比索的粮食。而这些又被殖民政府摊派到菲律宾人身上,更加重了人民的负担,因此各地都怨声载道。

为了平息菲律宾人的怒火,1609 年,菲利普三世曾对劳役制度做出了一些规定,比如私人和非军事目的不能使用菲律宾人做劳役;有华人或日本移民可以征用时,可以免除菲律宾人的劳役;不能征发菲律宾人到很远的地方服劳役;应规定他们每天工作的时间,并保证工资按时发放;征发劳役应避开农忙时节等。[3] 但是菲利普三世的敕令并没有有效改善这些菲律宾劳工的悲惨处境,1621 年,一位名叫科罗莱尔(Herando de los Rios Coronel)的西班牙传教士在给西班牙国王的信中写到:"内湖省(Laguna de Bay)的深山老林中,有 6000 菲律宾人已经在那里伐木三个月了,他们每个月除了四十里埃尔的报酬外,没有其他任何补贴,而且不得不自己寻找食物。许多人累死在山上,一些人因绝望而上吊,一些人逃到山上……这些都是因建造战船而引起。"[4]科罗莱尔的言论代表了一部分西班牙传教士的立场,即从宗教的人道主义出发,保护菲律宾人免受过度的虐待。但传教士的呼声并不能改变马尼拉殖民当局的政策。因为无论是在亚洲、还是在欧洲,荷兰不仅在政治经济上、而且在宗教上都是西班牙

---

① O. D. Corpuz, *An Economic History of the Philippines*, Quezon City: University of the Philippines Press, 1997, p. 35.

② O. D. Corpuz, *An Economic History of the Philippines*, p. 35.

③ John N. Schumacher, S. J, *Reading in Philippine Church History*, Quezon City: Loyala School of Theology, Ateneo De Manila University, 1979, pp. 96~97.

④ John N. Schumacher, S. J, *Reading in Philippine Church History*, pp. 97~98.

的劲敌，如果马尼拉被荷兰人攻陷，西班牙不仅会丧失在亚洲的基地，而且菲律宾在宗教信仰上也有可能完全改变，那么，西班牙殖民政府和天主教会使菲律宾西班牙化与天主教化的企图将会完全落空，所以，必须动员一切力量来打破荷兰人对菲律宾的包围与进攻。在这一点上，天主教会与殖民政府完全是一致的。正如主教塞雷诺(Miguel Garcia Serrano)在给西班牙国王的信中所说："菲律宾人现在所遭受的苦难也正在摧毁西班牙人，这一切都源于荷兰人的进攻……现在所有一切都不能避免，战船将继续建造……直到打败他们(荷兰人)"。至于改善菲律宾人的处境，"我们能做的是遵照陛下的训示，派有良心的官员来发放他们的工资，而不加以任何克扣。"[①]

　　另一项战时强加在菲律宾人身上的、更严重的经济剥削是强迫收购制度(vandala)。"vandala"一词在泰加洛语中意为"购买"。这种强迫收购制度实际上委托监护制度中收购制度(Compras)的延伸。在委托监护制度中有如此规定：委托监护主除向其属民收税外，还可以每年向其属民收购定量的物品。这种规定常常导致委托监护主故意要属民交纳稀有珍贵之物品，又压低估价，然后再转手倒卖，获取暴利。[②] 西荷战争期间，马尼拉殖民当局将战略物资的定额分配给每个省，再由省级行政长官逐级向下分配，由"巴朗盖"大督按照政府规定的价格向菲律宾人收购。强迫收购制度是一项残酷的、非法的经济剥削制度。名义上是收购，但由于战争的影响，负债累累的马尼拉殖民当局根本无力偿还这些款项，所以，强迫收购制度实际上成为变相的、非法的贡税制度，极大地加重了菲律宾人的负担。至1619年为止，仅负债一项，马尼拉当局欠下的债务，就高达100万比索。[③] 其中大多数是强迫收购菲律宾人的商品所欠的款项。在各省

---

　　①　John N. Schumacher, S. J, *Reading in Philippine Church History*, p. 98.

　　②　O. D. Corpuz, *An Economic History of the Philippines*, p. 33.

　　③　*BRPI*, Vol. 18, p. 309.

中,邦板牙省是遭受经济剥削最严重的地区。该省比邻马尼拉,不仅土地肥沃,盛产稻米,而且森林茂密,优质的木材极适合建造战船与商船。所以,马尼拉不断要求邦板牙供应大量的战备物资。仅1610—1616年间,马尼拉当局欠邦板牙省的债务就达6万比索,至1660年,欠债高达20万比索。[①] 此外,中吕宋的其他地区也遭受同样的经济剥削。在当时以仅能维持生存的自然经济为主的状况下,这种强迫贡税制度无疑极大地增加了菲律宾人民的痛苦,许多人被迫逃离家园。

2.教会对菲律宾人的经济剥削

西班牙殖民时期,菲律宾人除遭受委托监护主与殖民政府的经济剥削外,同时也要承受来自教会的经济剥削。教会对菲律宾人的经济剥削主要体现在教会庄园经济对菲律宾农民的剥削上。

西班牙殖民时期,教会在菲律宾社会、政治以及经济生活中地位显赫,他们不仅参与政治、垄断教育,而且更重要的是,他们占有菲律宾农村的大量土地,特别是在土地肥沃的中吕宋地区,据1903年塔夫托委员会(Taft commission)的统计,在19世纪末期,仅在泰加洛地区,教会占有耕地总面积达403713公顷,占泰加洛地区耕地面积的48%。[②] 可见,教会大量占有耕地,以及在此基础上形成的教会庄园经济成为西班牙殖民统治后期垄断菲律宾农村经济的一种主要模式。

菲律宾教会庄园起源于西班牙王室的"分地"制度,即把土地奖赏给参加远征的有功之士。西班牙占领马尼拉后,16世纪末17世纪初期,马尼拉周围方圆100公里内的无人耕种土地被分给120名

---

① John Leddy Phelan, *The Hispanization of the Philippines: Spanish Aims and Filipino Responses*, 1565—1700, p. 100.

② Fred R. Von Der Mehden, *Religion and Modernization in Southeast Asia*, New York: Syracuse University Press,, 1986, p. 157.

西班牙人。[①] 但许多人由于无心或无能力经营农牧业,把土地纷纷转卖或抵押,至 1612 年,这些土地集中到 34 户西班牙人手里。其中教会成为最大的赢家,占有了马尼拉周围的许多耕地,并建立起大的农庄。

教会是通过各种方式来占有土地的,如土地抵押、买卖、慈善捐赠,甚至巧取豪夺等非法手段。首先,在西班牙殖民时期,教会通过借贷——抵押制度(sanlangbili)来占有土地。教会所掌握的"慈善"机关(Obras Pias)将筹集的"善款"和基金作为周转资金贷给从事大帆船贸易的商人,[②]并要求债务人用土地做抵押,然后通过土地拍卖来占有土地。这是教会占有土地的一种主要手段。第二种方式是土地买卖。凭借着手中的大量资金,各教团通过这种方式购买了马尼拉及其附近的许多土地。第三种方式是依靠信徒的慈善捐赠。许多虔诚的信徒为了表示对上帝的坚定信仰,临终前都表示要把财产捐赠给教会。信徒的捐赠成为教会土地的重要来源,以至于每每有人去世,神父都拼命在其临终前急匆匆赶到,为其施行涂油礼,并劝说其将所有财产捐赠给教会,以免遭地狱之苦,而获得灵魂的永生。[③]

此外,对菲律宾人土地的巧取豪夺也是教会土地的重要来源。按照西班牙法律,禁止西班牙人侵占已经被菲律宾人耕种的土地。

---

① Dennis Morrow Roth, Church Lands in the Agrarian History of the Tagalog Region, in Alfred W. Mcloy, ED. C. de. Jesus, *Philippine Social History: Global Trade and Local Transformations*, p. 134.

② 如 1594 年建立的"同情兄弟会"(The First Brotherhood of Mercy),将其大量捐款借贷给大帆船贸易商人,1734—1766 年间,就高达 3319787 比索,利率高达 50%。见金应熙:《菲律宾史》,第 145 页。

③ Rene R. Escalante, *The American Friar Lands Policy: Its Framers, Context, and Beneficiaries*, 1898—1916, De la Salle University Press Inc, 2002, p. 22.

为此,1596 年,菲利普二世还专门颁布了敕令。[①] 但这并没有阻止西班牙人的行为,特别是在土地肥沃、人口稠密的中吕宋地区。教会在这方面劣迹斑斑。如位于甲米地的奥古斯丁沉思派的伊木斯庄园(Imus)就是通过巧取豪夺的手段建立起来的。伊木斯庄园的土地最初并不是教会财产,而是菲律宾人的耕地。最初,有一对名叫奥古斯丁的西班牙夫妇居住在伊木斯,他们喜欢骑马,所以饲养了许多马匹,管理着一大片牧场,并专门修建了水坝灌溉牧场。有一年,伊木斯地区大旱,农民们请求奥古斯丁夫妇放水济旱,并愿意交纳一定的灌溉费用。这种习惯一直延续下来。奥古斯丁夫妇临终前,把水坝捐赠给当地教会,教会继续管理水坝并向农民收取灌溉费用。但随着时间的推移,教会后来不再以灌溉名义收取费用,而是把它妄说成是当地农民租赁教会土地的地租,声称拥有伊木斯土地的所有权,最终用欺诈的手段强占了菲律宾农民的土地,建立了伊木斯庄园。[②]

　　教会对菲律宾人的经济剥削不仅体现在土地的占有方面,而且还体现在教会庄园内的劳动力雇佣制度方面。在教会庄园经济结构中,存在着这样四种劳动关系。首先是定额承租人伊奎里罗斯(inquilinos),他们比一般雇工的地位优越,这些人是村镇里的名流,原来也有土地,后来因各种原因失去了土地。他们出面租赁教会的土地,但并不亲自耕种,而是把土地分租给下面的菲律宾农民。这些人即嫉恨西班牙雇主,又羡慕他们的奢侈生活。所以往往更严厉地榨取下面的菲律宾雇工来满足自己的私欲。在庄园经济的劳动力结构中,还有一种家庭储备劳役(casa de reserva)。这种劳动力制度与前文所提到的强迫劳役制度有关。一些不堪强迫劳役重负的菲律宾人

　　① Dennis Morrow Roth, Church Lands in the Agrarian History of the Tagalog Region, in Alfred W. Mcloy, ED. C. de. Jesus, *Philippine Social History: Global Trade and Local Transformations*, p. 134.

　　② Rene R. Escalante, *The American Friar Lands Policy: Its Framers, Context, and Beneficiaries*, 1898—1916, p. 20.

可以申请为私人服役,或者每天付费 1.5 里亚尔以免除劳役。雇佣这些人的雇主要代替他们交纳赋税和罚金。教会成为这些家庭储备劳役的主要雇主。第三种是无薪雇工。地主允许他们租耕庄园内的小块土地,不必交纳地租,但必须每周为主人无偿劳动一天。最后一种是零时工。在农忙季节,教会常雇佣村镇里的居民为其劳动,通常以实物来作为报酬。① 对菲律宾农民和佃农的剥削是教会经济收入的主要来源之一。因此,在 19 世纪末期,教会的大土地所有制度、欺占财产、不公平的劳役制度、偷税以及教会滥用权力、勾结西班牙殖民官员获取垄断利益等丑恶行径成为菲律宾民族主义者批判教会的主要罪名,成为 19 世纪末期菲律宾反教(会)风暴兴起的根源。②

除教会庄园经济外,教会还以各种宗教名义对菲律宾人进行经济剥削。如每个教区要为教区神父提供桨手与脚夫,供他们无偿役使;菲律宾人也要参加建筑教堂的义务劳动以及充当教会的杂役;支付各种超标的圣礼费用;为各种宗教庆典活动提供义务劳动与物品等。一些神职人员还违背甘守独身、清贫生活的誓言,不仅私自纳蓄妻妾,而且热衷于经商谋利,放高利贷、积极参与大帆船贸易,无怪乎总督达斯马里纳斯(Gomez Perez Dasmarinas)评述道:"从主教到最低微的僧侣,他们都是精明的商人,并不亚于最世俗、最熟练的商人。"③

值得指出的是,在 17 世纪中期,教会对菲律宾人的经济剥削与虐待遭到一些有良知的西班牙殖民官员的遣责。马尼拉高等法院的法官艾斯比洛萨(Salvador Gomez de Espinosa)就是其中一位勇敢

---

① Rene R. Escalante, *The American Friar Lands Policy: Its Framers, Context, and Beneficiaries*, 1898—1916, p. 33.

② Fred R. Von Der Mehden, *Religion and Modernization in Southeast Asia*, p. 157.

③ Willam L. Schurz, *Manila Galleon*, New York: E. P. Dutton&Co Inc., 1939, p. 166.

地站出来揭露教会的虚伪、贪婪与残忍的西班牙殖民官员。艾斯比洛萨毕业于西班牙著名的萨拉曼卡大学,并获得法律博士学位。1650 年,他被任命为马尼拉高等法院的法官,于 1653 年 7 月来到马尼拉任职。艾斯比洛萨为人公正、嫉恶如仇,当时的菲律宾总督曾向西班牙国王写信称赞他是"殖民地的好法官,总督的好助手"。[①] 由于不忍教会与一些殖民官员对菲律宾人不公正的经济剥削与压迫,艾斯比洛萨于 1657 年在马尼拉出版了《布道演讲》(*Discurso Parenetico*)一书。他宣称出版该书的目的是要遵照西班牙的殖民地法律与王室敕令,保护菲律宾人免遭不公正的待遇,改善他们的处境。全书共分为七章,主要讨论与抨击了当时西班牙殖民政府与教会的强迫劳役制度。[②] 艾斯比洛萨在文中大胆揭露了传教士,特别是奥古斯丁会传教士的贪婪与残忍。如他入木三分地刻画了神父借为信徒举行葬礼之机强占人财产的丑态,以及教会私设公堂,严刑拷打菲律宾人的残暴行为。这本书在菲律宾与西班牙引起了褒贬不一的反应,有人赞扬他的公正与勇敢,也有人攻击他对教会的"诋毁",坚决要求收回并销毁该书。最终,教会出于政治因素(担心该书所述事实将予新教反对天主教的口实),以及维护天主教在亚洲福音事业的考虑,销毁了所有缴获的作品。[③] 但西班牙高等法院,最终以其公正、仁慈与勇敢,在其去世六年后,即 1664 年,对艾斯比洛萨作出盖棺定论的评价,称赞他具有"无与伦比的仁慈与同情心","无论从那方面

　　① J. S. Cummins,Nocholas P. Cushner,Labor in the Colonial Philippines,in J. S. Cummins,*Jesuit and Friar in the Spanish Expansion to the East*,London:Variorum Reprints,1986,p. 126.

　　② J. S. Cummins, Nocholas P. Cushner,Labor in the Colonial Philippines,in J. S. Cummins ,*Jesuit and Friar in the Spanish Expansion to the East*,p. 129.

　　③ John Leddy Phelan, *The Hispanization of the Philippines:Spanish Aims and Filipino Responses*,1565—1700,p. 38.

看,都是国王最忠诚的仆人"。①

但艾斯比洛萨的仁慈与公正并不能改变作为维持西班牙殖民帝国根本的殖民统治制度。沉重的贡税以及强迫劳役制度犹如座座大山压在菲律宾人民头上。哪里有压迫,哪里就有反抗。17世纪上半期,菲律宾各地纷纷揭竿而起,斩木为兵,把怒火投向西班牙殖民当局与传教团,掀起了一系列以回归传统信仰与反殖民压迫为旗帜的斗争,在1621—1660年间,形成了菲律宾历史上第一次反殖民统治的起义高潮。

二、反殖民压迫与信仰回归

早期菲律宾人民对西班牙殖民统治的反抗具有强烈的本土主义特点。虽然强征赋税和强迫劳役是早期起义的根本原因,但是,由于早期菲律宾人民意识水平的低下以及西班牙殖民主义的神权政治本质,菲律宾人民对他们受到物质上剥夺和肉体上压迫的抗议采取了一种原始而怪异的形式,即恢复他们原始的宗教信仰。由于传教士经常向上帝乞求使人敬畏的神力,被压迫的菲律宾人自然也通过本民族传统的神灵同西班牙人的上帝相对立以表示他们的反抗。起义的领导者,通常是前西班牙时期传统宗教的土著祭司,要求人民回归传统的信仰,恢复传统宗教的祭祀仪式。他们声称如果菲律宾人恢复传统的宗教信仰,他们的神将会免除他们的贡税和强迫劳动,给予他们丰富的食物和保护他们免受西班牙人武器的伤害。17世纪一系列的反西班牙殖民统治的起义都带有这种强烈的本土主义特征。如1621年,保和岛民众在巫师汤布洛特(Tamblot)的领导下起义。汤布洛特声称只要起义者盖设庙宇、祭祀传统宗教的神灵,他们以后便不需向殖民当局和修道院缴纳贡税。他还宣称,起义者在神灵庇

---

① J. S. Cummins, Nocholas P. Cushner, Labor in the Colonial Philippines, in J. S. Cummins, *Jesuit and Friar in the Spanish Expansion to the East*, p. 147.

护下无须畏惧西班牙军队的"讨伐",因为西班牙士兵的子弹将打不响或者反而伤害自己;如果菲律宾人在起义中战死,则神灵将使其复生。有2000多人参加了这次起义。起义者焚烧村庄和教堂,销毁了一切能找到的念珠和十字架,用枪刺破了圣母玛利亚的肖像。在保和岛起义的影响下,莱特岛的班考也于1622年发动起义。班考原是利马萨瓦岛的首领,对西班牙人一向友好并已信仰天主教。后来因为西班牙人背信弃义,班考宣布恢复原始宗教,领导了六个村庄起义。类似的还有1663年班乃岛的泰帕尔(Tapar)起义。泰帕尔原是巫师,他声称:如果人民放弃天主教并攻击西班牙人,他们的神灵就会以各种方式帮助他们。泰帕尔号召人民起来反对天主教,但他同时也深受天主教信仰的影响。如他在起义中采用了天主教的一些称号和组织。他自称天父,是万能的神,还任命了一个耶稣基督、一个圣灵和一个圣母玛利亚;他还任命了教皇和主教。[①] 这些起义把矛头指向天主教会,要求恢复原始宗教,显示了菲律宾人文化本土主义思想的张扬。但另一方面,起义在反对天主教的同时,又采取了天主教的教义和仪式,这说明天主教已深深侵蚀了菲律宾人民的意识。在后来的起义中,(如1744年的达俄辉起义和1841年的克鲁斯起义),天主教的意识越来越浓厚,而本土主义的色彩则越来越淡化,一方面显示了菲律宾人民反殖民斗争意识的提高,他们逐渐认识到以原始宗教来反抗天主教的本能反应并不能摧毁殖民主义结构本身;另一方面表明了天主教在已经天主教化的菲律宾民族的心理上占有绝对的支配地位。

　　除了诉求信仰回归外,17世纪的菲律宾人民起义也带有强烈的反殖民统治的色彩。1660年邦板牙、班加西兰以及伊罗戈斯三地人民的起义便是反抗西班牙殖民统治的一次高潮。如前所述,邦板牙长期以来是殖民当局所需粮食和兵员的来源。殖民政府在镇压菲律

---

　　①　雷纳托·康斯坦丁诺:《主体和意识》,《中国东南亚研究会通讯》,1990,(2-3),第36~37页。

宾各地起义中,曾多次出动西班牙军官训练的邦板牙士兵。17世纪上半期因西荷战争而加剧的贡税与强迫劳役更加深了邦板牙人民的痛苦。1660年,1000多名劳役逾期的农民推选曾任村长的曼尼亚古(Maniago)为首在巴科洛尔起义,许多邦板牙地方首领也参加了起义。起义者要求驱逐西班牙人,然后选举国王统治菲律宾,或采取共和国的形式。① 这次起义最后因西班牙人对起义领导人的利诱而被瓦解。同样,班加西兰和伊罗戈斯的人民也久苦于殖民当局的沉重剥削和劳役。1660年12月,班加西兰的马朗率众起兵,杀死西班牙省督,自称为王。1661年1月,伊罗戈斯的阿尔马赞也起兵反对西班牙人,自称为伊罗戈斯王。但这两次起义也很快被西班牙军队平定。与前期带有强烈本土主义色彩的起义相比,1660—1661年邦板牙三地的起义在反西班牙殖民统治的意识上有较大进步。其一,这三次起义的领导者都自称为本部族的王,意图取代西班牙人成为当地的统治者。其二,在起义中,他们淡化了本土主义的色彩,没有打出回归原始宗教的旗帜,斗争矛头不仅指向天主教会,而且也指向西班牙殖民剥削和压迫制度。但这些早期的农民起义带有很强的部族色彩,起义领导人各自称王,各自为政,甚至一个部族帮助西班牙军队攻击另一部族,导致每次起义都极易被西班牙军队成功镇压。这说明菲律宾人的民族意识还没有觉醒,他们的自我认同还只局限在泰加洛人、邦板牙人、班加西兰人、伊罗戈斯人等部族范围之内,各个部族还没有整合起来,统一的"菲律宾人"的意识与认同还没有形成。直到19世纪"教区菲化运动"的兴起,"菲律宾人"意识与统一的民族认同才开始逐渐萌芽。

---

① 　金应熙:《菲律宾史》,第244页。

第三节　文明冲突抑或殖民扩张:摩洛战争

天主教在菲律宾扩张遭遇到的最大障碍是来自南部穆斯林的反抗与侵袭。在西班牙侵入菲律宾前,伊斯兰教在菲律宾南部苏禄群岛与棉兰佬岛的传播以及伊斯兰苏丹国家已在该地区初步建立。在此要考察和分析的是西班牙殖民者与菲律宾南部穆斯林之间长达300多年的冲突和战争——摩洛战争的根源与性质。关于摩洛战争的性质,西班牙殖民者和一些非穆斯林历史学家认为摩洛战争是天主教徒阻止和抗击穆斯林的"海盗"掳掠和侵袭行为、传播基督福音的正义战争,而穆斯林则把它看作穆斯林世界反抗基督教十字军侵略的宗教战争。[①] 从表面上看,摩洛战争是伊斯兰教与基督教之间中世纪以来矛盾斗争的历史延续,它不仅体现了两种宗教文明在东南亚地区的碰撞与冲突,而且战争还体现了不同信仰集团在东南亚地区的利益争夺。从整个战争的性质来看,摩洛战争是西班牙在亚洲殖民扩张政策的必然产物,是对东南亚南部群岛推行全面扩张政策的殖民战争。对东南亚地区的穆斯林而言,它是穆斯林民族顽强抵抗欧洲政治经济、宗教文化的全面扩张、捍卫领土完整与信仰自由的正义行为。虽然,穆斯林对菲律宾中、北部天主教居民点的侵袭包含盲目报复的因素,特别是在战争中,他们焚烧、洗劫天主教徒移民定居点、掳掠普通天主教徒,给米沙扬群岛的社会经济带来了极大的破坏,但这并不能从根本上改变战争的性质,正如菲律宾著名的伊斯兰教研究专家马祖尔(Cesar Adib Majul)所指出的那样:"摩洛战争是穆斯林对(西班牙)殖民主义、帝国主义与天主教扩张做出的反

---

① Peter Gordon Gowing, *Muslim Filipinos*: *Heritage and Horizon*, Quezon: New Day Publisher, 1979, p. 32.

应。"①

一、西班牙在菲律宾南部的殖民扩张

　　马克思主义认为,"战争是政治的继续"。所以,要正确地评判一场战争,必须研究引起战争的政治。从当时西班牙在东南亚的殖民扩张战略来看,这场战争是西班牙殖民扩张政策的必然产物,占领菲律宾南部群岛,对西班牙在东方的全面扩张有重要战略意义。

　　首先,菲律宾南部群岛是西班牙向南扩张的必经之路。菲律宾南部的地理位置十分重要。一方面,棉兰佬和苏禄群岛像一道天然屏障,横亘在盛产香料的摩鹿加群岛的北边,是菲律宾中、北部岛屿南下摩鹿加群岛的必经之道。另一方面,菲律宾南部又是香料、海产和中国货物的集散地之一,与摩鹿加群岛、渤泥和中国均有频繁的贸易往来,是当时中国商船贸易航线"东洋针路"的必经之途。西班牙殖民者对菲律宾南部地区与摩鹿加群岛早有窥伺之心。麦哲伦、洛阿萨、维拉洛沃斯以及黎牙实比率领的早期殖民探险队都曾经对棉兰佬进行过侵略活动。1529 年,西、葡《萨拉戈萨条约》把菲律宾群岛划在葡萄牙的殖民势力范围内,葡萄牙还买下摩鹿加群岛。但是西班牙并没有放弃在远东建立一个立足点的殖民扩张战略计划,继续拓殖菲律宾群岛,并伺机染指摩鹿加群岛。1578 年,西班牙殖民者在菲律宾中、北部的统治稍有稳定,便向苏禄群岛派出了远征队。1580 年,西班牙国王趁葡萄牙国王塞巴斯蒂安病故之机,接管了葡萄牙的王位,西、葡两国实施了合并,西班牙急于侵入原在葡萄牙国王名下的摩鹿加群岛。而横亘在中间的菲律宾南部群岛成为阻碍西班牙殖民势力向南发展的屏障,必须占领它,使南部的穆斯林国家在政治上成为西班牙殖民政府的附庸,才能保证西班牙人能自由地在菲律宾南部与摩鹿加群岛出入。此外,17 世纪初,荷兰东印度公司在远东的扩张加快,其咄咄逼人的气势与野心,进一步促使西班牙人

①　Cesar Adib Majul, *Muslim in the Philippines*, xi。

认识到征服菲律宾南部群岛的重要性。正如西班牙殖民官员莫加所言:"对棉兰佬的安抚是征服摩鹿加与其他地区的必要前提"。① 这是西班牙对菲律宾南部群岛发动远征的原因之一。

其次,与穆斯林争夺菲律宾南部海域的贸易控制权是促使西班牙挑起摩洛战争的另一个重要原因。在西班牙侵入马尼拉前,中国与苏禄、渤泥与摩鹿加群岛之间早已存在十分繁盛的贸易。并且一些穆斯林商人还频繁往来于菲律宾中、北部岛屿,不仅经商牟利,而且还向当地人传播伊斯兰教信仰。西班牙人对穆斯林控制该地区的海上贸易十分嫉恨。1565 年,一位西班牙殖民官员就写信给西班牙国王,向他报告了菲律宾南部以及来自渤泥的穆斯林商人往来于菲律宾各海域间,并且向当地人传播伊斯兰教的情况。他请求西班牙国王允许他们打劫穆斯林的商船,掳掠穆斯林商人为奴,以阻止他们到菲律宾北部进行一切活动。② 不仅如此,西班牙还希望通过战争手段,捣毁苏禄与渤泥的商业枢纽,以遏制摩鹿加群岛的香料输出,削弱葡萄牙人的商业优势,同时迫使到菲律宾南部贸易的中国商船改道到马尼拉,以维持刚刚建立起来的马尼拉殖民基地的存在。③ 此外,占领菲律宾南部还意味着能够给马尼拉殖民当局带来直接的经济利益。西班牙对菲律宾中、北部的拓殖并没有实现其"黄金梦"和"香料梦",所以他们总想在靠近摩鹿加群岛的附近岛屿发现"黄金之岛"与"香料之岛",这些发财梦推动了西班牙殖民者对菲律宾南部群岛的远征。

推动天主教向南扩张也是西班牙发动摩洛战争的一个重要因素。历史上,十字军东征给伊斯兰世界创造了一个挥之不去的历史记忆,一个欧洲长期进攻的记忆,那么,来自北非的穆斯林对伊比利亚半岛的长期占领同样也给西班牙人创造了一个难以忘怀的历史记

①　*BRPI*, Vol. 9, p. 265.
②　*BRPI*, Vol. 2, p. 187.
③　金应熙:《菲律宾史》,第 114 页。

忆,一个穆斯林长期进攻的记忆。"对欧洲其他民族来说,伊斯兰教是一个遥远的威胁,但对伊比利亚人而言,则是一个传统的甚至眼前的敌人"。[①] 可以说,西班牙人带着仇恨穆斯林民族的历史记忆来到菲律宾。在西班牙人看来,菲律宾南部的穆斯林,不仅是他们政治与商业上的敌人与竞争对手,而且也是宗教上的敌人,使他们改宗天主教是西班牙殖民扩张的重要目标,因此,西班牙殖民者在马尼拉站稳脚跟后,就于 1594 年把菲律宾南部群岛划为耶稣会所管辖的教区。

　　基于以上的动机,西班牙在殖民初期就制定对菲律宾南部地区的侵略政策。1578 年,马尼拉总督桑德(Francisco de Sande)给远征棉兰佬与苏禄的指挥官菲格罗亚(Esteban Rodriguez de Figueroa)下达了四项指示:政治上,迫使穆斯林向西班牙称臣纳贡;商业上,限制穆斯林商人,推动西班牙人对南部贸易的控制,开发南部地区的自然资源;军事上,遏制穆斯林对西班牙商船以及吕宋与米沙扬天主教徒定居点的侵袭;宗教文化上,推动穆斯林地区的西班牙化与天主教化。[②] 这成为西班牙殖民政府对菲律宾南部穆斯林的基本政策。

二、初期摩洛战争的性质与特点

1.初期摩洛战争的四个阶段与特点

　　可以说,摩洛战争贯穿了西班牙殖民菲律宾群岛的整个时期。在 300 多年的战争中的前 100 年,即 1565—1663 年是双方斗争的初期。双方采用各种手段,互相攻击对方的军事要塞、商业船队与定居点,而且战争并不局限在西班牙人与菲律宾南部穆斯林之间,同时,渤泥、德那地等东南亚其他地区的穆斯林,甚至西班牙在东南亚地区的竞争对手荷兰人,也卷入了这场战争。这一时期西班牙人与穆斯林之间的冲突斗争大致可以分为以下几个阶段:

---

①　斯塔夫阿里诺斯:《全球通史:1500 年以后的世界》,第 124 页。

②　*BRPI*,Vol. 4,pp. 174~181.

第一阶段：1565—1578 年

这一阶段是西班牙人与东南亚穆斯林矛盾斗争的开始，双方开始在菲律宾中、北部海域相遇厮杀。其特点主要是以西班牙人的军事进攻为主，目的是一方面是遏制渤泥穆斯林向菲律宾群岛中、北部扩张，另一方面企图以武力震慑渤泥，使其不再敢协助棉兰佬和苏禄反抗西班牙人。

1565 年，黎牙实比的舰队首次在保和岛附近的海域与渤泥商队相遇，并捕获一艘渤泥商船，杀死 20 名渤泥穆斯林。[①] 1569 年，9 艘西班牙的船队再次与 20 艘渤泥与苏禄船队在米沙扬海域相遇，结果西班牙人向他们发动了进攻，捕获了其中 4 艘商船。[②] 1570 年，西班牙人摧毁了渤泥穆斯林在民都洛的据点，1571 年占领了马尼拉。马尼拉的占领对西班牙人而言是一个巨大的胜利，此举不仅摧毁了渤泥在菲律宾北部的势力，阻止了伊斯兰教势力的进一步扩张，而且还为西班牙人在菲律宾北部找到了一个永久的基地。尽管在对渤泥的军事行动中取得一系列的胜利，但是西班牙人对渤泥还是心存恐惧。1578 年，西班牙总督桑德写信给渤泥苏丹。桑德在信中指责渤泥苏丹煽动棉兰佬穆斯林反对西班牙统治，支持穆斯林海盗打劫西班牙人和菲律宾人的商船；并警告他们不要再派遣宣教士到菲律宾群岛传播伊斯兰教以及向西班牙管辖范围内的菲律宾人征收赋税。[③] 桑德此举意在不战而和，但渤泥苏丹并没有妥协。1578 年，西班牙殖民者利用渤泥王室王位继承之争，率领西班牙军队侵入渤泥。1581 年，又对渤泥发动了第二次远征，虽然西班牙的两次远征都获得胜

---

① 　*BRPI*, Vol. 2, pp. 206~207.

② 　Cesar Adib Majul, *Muslim in the Philippines*, p. 110.

③ 　*BRPI*, Vol. 4, pp. 152~154.

利,但最终还是没有能使渤泥臣服。[①]

第二阶段：1578—1596 年

这一阶段,西班牙人重点进攻棉兰佬岛与苏禄,在军事上对两地发起大规模的进攻,企图在南部建立殖民据点作为进攻渤泥和摩鹿加群岛的基地,同时阻止来自渤泥与德那地的伊斯兰教势力。穆斯林方面,棉兰佬和苏禄的穆斯林群众在穆斯林大督与苏丹的领导下,英勇抗击西班牙人的进攻,并且德那地等地的穆斯林也加入了抗击西班牙殖民侵略的战争。

1578 年 4 月,西班牙远征队在进攻渤泥后,于同年 6 月向苏禄首府和乐岛(Jolo)发起进攻。在菲律宾南部群岛中,苏禄是伊斯兰教最早传播的地方,所以当地伊斯兰教的势力发展很快,不仅覆盖了整个苏禄群岛,而且还扩张渗透到附近的塔威塔威(Tawi-Tawi)、巴西兰(Basilan)以及棉兰佬的三宝颜(Zamboanga)与甲米地(Cavite)。[②] 苏禄与渤泥之间存在非常密切的联系。如果能使苏禄苏丹归顺西班牙,或者在和乐岛建立一个永久的殖民据点,那将对西班牙的南向扩张战略是非常有利的。但此次对和乐的进攻并没有达到目的,苏禄苏丹伊洛(Rajah Ilo)是渤泥苏丹赛义夫·阿尔·拉贾(Seif ul-Rijal)的姻亲,他率领数百随从及时逃到渤泥,西班牙在和乐大肆烧杀抢掠后撤走。

除苏禄外,西班牙人在南部的另一个重要目标是棉兰佬的马巾达瑙。同苏禄一样,马巾达瑙也是菲律宾南部一个重要的伊斯兰教

---

① 1578 年渤泥王子 Pangiran Sri Lela 与其兄 Seif ur-Rijal 在王位继承上发生争斗,Pangiran Sri Lela 前往马尼拉向西班牙人请求帮助,并答应事成之后向西班牙人称臣纳贡。1578 年 4 月 20 日,西班牙人占领渤泥首府,Seif ur-Rijal 出逃,总督桑德宣布渤泥为西班牙的附庸。但不久 Seif ur-Rijal 返回,重新夺回王位,拒绝承认西班牙人的统治,1581 年,西班牙又对渤泥发动远征,但收获不大。后来,倾向于西班牙的 Pangiran Sri Lela 也被谋杀。西班牙征服渤泥的计划最终落空。

② *BRPI*, Vol. 4, p. 218.

国家。1579年3月,西班牙人曾远征马巾达瑙,企图与该地的大督迪曼萨凯(Dimansankay)建立联系,并迫使他臣服。1588年,马尼拉的"汤多事件"不仅再一次使西班牙人清楚地认识到渤泥苏丹与马尼拉的联系仍在继续,而且促使西班牙人意识到必须剿抚菲律宾南部的穆斯林苏丹,在南部建立殖民据点以阻止来自渤泥、德那地等地的穆斯林势力继续扩张。1596年4月1日,菲格罗亚率领214名西班牙士兵,1500名菲律宾天主教徒,乘坐50艘战舰,向棉兰佬岛的马巾达瑙发起了大规模的军事进攻。西班牙人在坦帕坎建立了一处要塞。布阿颜(Buayan)的大督拉贾·西龙甘(Rajal Sirungan)计划联络其他的大督驱逐坦帕坎的西班牙人,并派大督布伊萨(Buisan)前往德那地请求支援。德那地苏丹派其叔叔卡齐·巴巴(Kachil Baba)率领800穆斯林勇士前来支援。许多德那地的勇士,包括卡齐·巴巴在这场战斗中英勇牺牲。西班牙远征队的队长菲格罗亚也被穆斯林大督刺死,西班牙人在棉兰佬建立的两座要塞坦帕坎和拉卡尔德拉也被迫放弃。[①]

西班牙殖民者对菲律宾南部穆斯林地区的一系列军事进攻,使摩鹿加群岛的穆斯林首领们认识到他们正遭受前所未有的威胁,只有全力反击,才能保障领土完整与伊斯兰教信仰。1599年棉兰佬远征后,菲律宾南部穆斯林开始主动出击,与西班牙在米沙扬群岛海域展开了较量。摩洛战争进入第三阶段。

第三阶段:1599—1635年

这一阶段长达35年,战争过程极其复杂。斗争不仅在西班牙人与穆斯林之间展开,双方时战时和;穆斯林各大督之间为争夺地盘与利益,也经常发生摩擦;而且荷兰人也开始卷入了战争,时而联合穆斯林对抗西班牙人,时而离间穆斯林大督之间的关系,从中渔利。此外,在这一阶段,菲律宾南部穆斯林开始以"圣战"名义对西班牙人进行报复。他们主要在米沙扬群岛地区与西班牙人展开争夺,不仅捣

---

①　Cesar Adib Majul,*Muslim in the Philippines*,pp. 113~115.

毁天主教的教堂,还对西班牙人建立的天主教徒移民定居点大肆洗劫,焚烧村庄、掳掠普通的天主教徒为奴。在西班牙人方面,他们不仅极力抵抗穆斯林对米沙扬地区的侵袭,而且还不时杀入南部,摧毁穆斯林的后方。

1599 至 1609 年是这阶段战事的初期。1599 年 7 月,马巾达瑙的大督萨利与布阿颜的大督西龙甘率领 3000 穆斯林武士对班乃岛、内格罗斯岛与宿务岛上的西班牙移民定居点发动了一系列的袭击,并俘虏了 800 名米沙扬居民。1600 年,萨利再次袭击了班乃岛的伊洛伊洛,又掳掠了 800 名该地居民。1602 年,在大督布伊萨、拉贾穆达、拉贾西龙甘的率领下,来自德那地、桑格尔(Sangil)、塔哥兰达(Tagolanda)、马巾达瑙与巴西兰的 145 艘战舰向米沙扬群岛发动了更大的进攻。穆斯林兵分两路,一路进攻民都洛与吕宋岛南部,一路进攻卡拉棉岛(Calamianes),掳掠了大量人口,其中包括一些天主教传教士。面对穆斯林对米沙扬地区的频繁侵袭,西班牙人也开始予以还击。1602 年,西班派出一支远征队攻打和乐。1603 年与 1606 年,西班牙人与荷兰人争夺德那地等岛屿,曾两次经过苏禄群岛,对苏禄群岛进行了骚扰与炮击。1606 年,西班牙在摩鹿加群岛击败荷兰人,并俘虏了德那地苏丹。这次军事胜利迫使普兰吉河流域的几个主要大督请求与西班牙和谈,并于 1609 年签订了和平协议。[①] 此后的 20 多年间,马巾达瑙的穆斯林大督由于忙于争夺苏丹权力,[②] 减少了对西班牙人据点的侵袭,而苏禄则在 1616、1627、1629 年对西班牙人发起了几次大规模地进攻。[③] 同样,西班牙人在 1628 与 1630

---

① Cesar Adib Majul,*Muslim in the Philippines*,pp. 119～121.

② 这一时期,棉兰佬穆斯林大督之间的权力之争主要集中在布阿颜大督与马巾达瑙大督之间。双方本是亲戚,在马巾达瑙势力壮大之前,布阿颜大督控制着普兰吉河地区。后来由于西班牙人与荷兰人的介入,双方矛盾加深,于1619 年发生战争。后来在西班牙人的援助下,马巾达瑙大督获得胜利,控制了普兰吉河口一带。

③ *BRPI*,Vol. 22,pp. 203～211.

年又两次进犯和乐。① 经过著名的马巾达瑙苏丹库达拉特(Qudar-at)长期、周密的策划,1634 年,马巾达瑙苏丹与苏禄苏丹消除前嫌,率领 1500 名穆斯林武士对达皮坦、保和与莱特的西班牙移民定居点发起大规模地进攻。经过多年的拉锯战,西班牙殖民者并没有在南部取得实质性的进展。为推动进一步的军事行动与传教活动,耶稣会传教士建议西班牙殖民当局在三宝颜修筑石堡,以保护传教和移民定居点。三宝颜地处棉兰佬岛西南部三宝颜半岛的顶端,与巴西兰岛隔海相望,是棉兰佬岛与苏禄联系的交通要道,战略位置十分重要。1635 年 4 月,耶稣会传教士贝拉亲自设计和指挥修建了这处要塞,并取名为"皮拉儿堡"。该要塞的建立,对下一阶段西班牙在棉兰佬和苏禄的殖民活动具有重要意义。

第四阶段:1635—1663 年

这一阶段,西班牙殖民者的目标很明确,第一,以军事行动为主,击败并俘虏库达拉特,扶植亲西班牙的穆斯林大督为马巾达瑙地区的首领;第二,攻陷苏禄苏丹在山上的堡垒(Cotta),在和乐建立殖民据点;第三,进攻渤泥,特别是要击败渤泥的卡姆哥人(Camucones),报复他们对天主教徒定居点和商船的经常性海盗掠夺活动。② 1637年,在马尼拉总督科库艾拉(Sebastian Hurtado de Corcuera)的指挥下,西班牙军队攻陷了马巾达瑙的首府拉米坦(Lamitan),1638 年又占领了苏禄首府和乐。为发泄对穆斯林顽强抵抗的仇恨,西班牙人对穆斯林地区进行了疯狂的报复,他们不仅焚烧房屋、洗劫村庄、捣毁种植园与果园,而且还把穆斯林俘虏置于市场上公开拍卖。如在苏禄俘虏的 192 名穆斯林被公开拍卖,西班牙人从中获利 20815 比

---

①　BRPI,Vol. 23,pp. 87～88.

②　卡姆哥人(Camucones),是居住渤泥北部的一个非穆斯林民族,天性好战,善航海,常以海上掠夺为生。当时,经常袭击西班牙人在米沙扬的定居点和商船。

索。① 1639年,西班牙人对拉瑙湖一带的穆斯林发动了大规模军事进攻,遭到库达拉特领导的马拉瑙族大督与人民的顽强抵抗,几乎全军覆没。除了军事进攻外,传教点也在棉兰佬北部地区开始逐步建立起来。早在1637年,拉瑙湖地区就被许诺给耶稣会。后来,奥古斯丁重整会在拉瑙湖的 Bayug 地区(今天的伊利甘地区)建立了一个传教点,向当地非穆斯林居民传教。传教士们不仅传播基督教义,而且还指导当地人如何修建要塞和使用火器,以对抗附近马拉瑙穆斯林的侵袭。② 天主教在南部穆斯林地区的传播虽然没有它在菲律宾中、北部地区传播那么广泛和深入,但传教士也发挥了很大的作用,他们不仅传播天主教信仰,并且还常常充当军事顾问,指挥当地人与穆斯林作战,同时还充当西班牙殖民政府的外交使节,代表马尼拉当局与穆斯林苏丹举行"和谈"。如这一时期的耶稣会传教士洛佩兹(Alejandro Lopez)就在西班牙与穆斯林苏丹的谈判中发挥了重要作用。

由于荷兰人的武装干涉以及对穆斯林长期侵袭米沙扬群岛的无奈与恐惧,西班牙人被迫与穆斯林苏丹议和,并分别于1645、1646年与马巾达瑙和苏禄苏丹签订和约。在与马巾达瑙苏丹库达拉特的和约中,西班牙人承认了他在棉兰佬岛的地位,把从三宝颜沿南部海岸直到达沃的地区,内陆拉瑙湖附近的马拉瑙地区,以及普拉吉河上游地区都划给他管辖。但在1656年,三宝颜的西班牙守军侵入了马巾达瑙的疆界,并由洛佩兹给库达拉特苏丹送去一封由总督科库艾拉亲笔写的带有侮辱性质的信,该信措辞强硬,充满火药味,信中称库达拉特"背信弃义,违背和约,要求他弥补过错,允许天主教会在其疆界内修建教堂,传播福音。"并威胁说,"如果这些要求得不到满足,将血洗其

---

① *BRPI*,Vol. 29,p. 135.
② *BRPI*,Vol. 21,pp. 231~236.

地。"①尽管洛佩兹凭借与苏丹多年的私人关系,②极力缓和该信的火药味,但年逾古稀的苏丹库达拉特仍然情绪激昂,控制不住心中的愤怒。联想到洛佩兹的行为与耶稣会势力在棉兰佬的扩张,他质问洛佩兹到底是外交使节还是传教士,警告他不要再提皈依天主教的事宜,否则将其处死。但洛佩兹坚定地回答传教是他的根本使命,他宁愿被处死,为上帝殉道,成为烈士。③ 洛佩兹的言行极大地刺激了库达拉特苏丹,他完全明白了传教士在迫不及待地利用他们对苏丹的政治影响来说服穆斯林改宗。1656 年,他一一写信给苏禄苏丹、德那地苏丹、渤泥苏丹以及马卡萨尔(Makassar)苏丹,号召他们武装起来,对西班牙人发动"圣战",保卫伊斯兰教信仰与制度。④ 随即,南部穆斯林在马巾达瑙苏丹的指挥下,又向菲律宾中、北部地区发动袭击,同时三宝颜的西班牙守军处境也变得非常艰难。1662 年,郑成功收复了被荷兰殖民者占领的台湾岛,并计划进攻吕宋。西班牙大为震惊,只好放弃孤军守卫的三宝颜石堡,撤军回保马尼拉,集中力量防备郑成功。三宝颜的弃守,标志着初期西班牙人与菲律宾南部穆斯林的战争结束,南部穆斯林在这场战争中取得了初步胜利。

2. 摩洛战争的性质与影响

从根本上讲,摩洛战争是西班牙对东南亚南部群岛推行全面扩张政策的殖民战争,因此,对西班牙殖民者而言,它是非正义的殖民侵略战争;而对东南亚穆斯林民族而言,它是穆斯林民族顽强抵抗欧洲政治、经济、宗教文化的全面扩张、捍卫领土完整与信仰自由的正义之战。问题在于如何看待和理解南部穆斯林在战争中对菲律宾天

---

① Cesar Adib Majul, *Muslim in the Philippines*, p. 159.

② 此时,洛佩兹在南部穆斯林地区活动已接近 20 年,主要是充当马尼拉殖民政府的说客,说服穆斯林大督皈依天主教。他与菲律宾南部的多位穆斯林苏丹保持着较密切的关系,对他们有一定的影响力。

③ Cesar Adib Majul, *Muslim in the Philippines*, p. 159.

④ Cesar Adib Majul, *Muslim in the Philippines*, p. 161.

主教徒定居点频繁发动的报复性袭击,特别是战争中穆斯林大量掳掠米沙扬居民的行为。这些行为在打击西班牙殖民扩张的同时,也给米沙扬地区的社会生产力带来极大的破坏,这种破坏不只体现在对物质方面,更严重的是,穆斯林对所有天主教徒的仇视与盲目报复,成为加深菲律宾信仰不同的民族之间的隔阂和敌视的历史根源。

穆斯林在这场战争中的主要问题是大量掳掠人口为奴。特别是在战争初期的第三阶段里,菲律宾南部穆斯林经常对西班牙人在米沙扬地区的移民定居点实施了报复性袭击,大量掳掠该地区的天主教徒。在 17 世纪 30 年代,马尼拉主教在给西班牙国王的信件中就谈到在过去 30 年里,耶稣会所辖的米沙扬教区至少有 20000 名信徒被穆斯林掳掠。[1] 从 1622 至 1659 年,耶稣会所辖的萨马尔、莱特、保和与宿务地区人口也减少了 22331。[2] 其主要原因就是穆斯林的掳掠以及西荷战争的影响。西班牙殖民者借此把穆斯林武装诬蔑为"海盗",把穆斯林武装向菲律宾中、北部的侵袭诬蔑为"海盗战争"。一些研究菲律宾历史的学者也认为穆斯林有"海上掳掠的传统"。[3]历史上,一些东南亚航海民族(包括菲律宾穆斯林)是否有"海上掳掠的传统",笔者在此不便赘言,一是该问题与本书无密切的关联,二是因为本书的要点是如何看待菲律宾穆斯林在战争状态下,而非和平状态下的人口掳掠。首先,在当时的状况下,穆斯林袭击米沙扬等地是对西班牙殖民侵略的一种反击。他们的主要目标是摧毁西班牙殖民者的据点,削弱西班牙殖民者的军事力量。在菲岛的西班牙士兵有限,马尼拉殖民政府大量征用菲律宾人来攻打南部,特别是邦板牙地区与米沙扬地区,成为殖民军队的主要来源。因而,"掳掠人口"在

---

[1]　Cesar Adib Majul, *Muslim in the Philippines*, p. 134.

[2]　John Leddy Phelan, *The Hispanization of the Philippines: Spanish Aims and Filipino Responses*, 1565—1700, p. 191.

[3]　Najeeb Nitry Saleeby, *The History of Sulu*, Manila, 1908, pp. 168~169.

当时只是战争中打击敌人的一种战争手段,虽然不值得肯定,但不足以影响战争的性质。第二,穆斯林大量掳掠人口,是当时南部苏丹国家社会经济发展的需要。如前所述,菲律宾南部商业地位十分重要,早在 12—13 世纪,就是阿拉伯商人来华贸易的主要航道之一。16—17 世纪,由于中国东南沿海海外贸易的发展,以及欧洲殖民势力的到来,进一步刺激了苏禄商业、贸业的发展。激发了穆斯林社会的阶级分化。发展海外贸业与商业都需要大量的劳动力,而按照伊斯兰教法,穆斯林不能役使穆斯林为奴(债务奴隶除外),所以,能够补充劳动力的方法只有"掳掠人口为奴"。其次,由于荷兰人对东印度群岛的开发急需大量廉价劳动力,这进一步刺激了南部穆斯林对米沙扬地区的人口掳掠。据西班牙方面的记载,穆斯林武装平均每年掳掠信奉天主教的居民 500 人以上。[①] 这些战俘,一部分被送到巴达维亚以及摩鹿加群岛的班达等地的奴隶市场出售,或作为穆斯林苏丹结交荷兰人的礼物,[②]大多数则作为奴隶为穆斯林大督和商人服务。所以,综上所述,穆斯林武装在反抗西班牙殖民侵略战争中的"掳掠人口",是适应当时穆斯林社会经济发展和大督阶层利益的行为,同时也是穆斯林民族反抗西班牙殖民侵略的一种战争手段,不能片面地将其定义为"海盗行为",将穆斯林民族的反侵略斗争看作是"海盗战争"。值得指出的是,穆斯林对天主教徒的大量掳掠的确在一定程度上有效地了阻止了西班牙殖民者对南部的殖民侵略,但是在战争中,菲律宾穆斯林这种不分目标、盲目报复的斗争策略与极端手段的确也给菲律宾社会带来消极的影响,一方面,它加深菲律宾信仰不同的民族之间的隔阂和敌视,另一方面,它极容易被伊斯兰极端分子以发动"圣战"的名义滥用,这已经被威胁当今东南亚地区以至整个国际社会的穆斯林极端分子的恐怖行为所证实。

---

① *BRPI*, Vol. 51, p. 26.

② Cesar Adib Majul, *Muslim in the Philippines*, p. 125.

第七章

天主教本土化:
教会菲律宾化进程

天主教在菲律宾发生区域性变化的另一重要表现是菲律宾传教士的成长与发展。菲律宾传教士的成长与发展,一方面是天主教传播与教会本地化的需要,另一方面也是西班牙传教团与马尼拉主教、教权与王权斗争的产物,菲律宾传教士成为马尼拉主教用来削弱西班牙教团势力的工具。随着菲律宾传教士人数的发展壮大以及他们与西班牙传教团矛盾的日益加深,爆发了带有民族主义色彩的菲律宾传教士争取教区管理权的"教区菲化"运动。"教区菲化"运动对唤醒菲律宾人民的民族意识与推动菲律宾民族主义发展发挥了积极影响,在近代菲律宾历史上占有重要地位。随着菲律宾民族资产阶级的产生与壮大,菲律宾近代民族资产阶级与西班牙天主教团的矛盾也日益尖锐,反对西班牙教团的专制主义成为近代菲律宾民族主义运动的重要内容。

第一节　菲律宾传教士的成长与发展

一、菲律宾传教士的发展:停滞时期(1565—1700)

推动传教士的本土化,是近代天主教东传运动的主要内容之一。罗马教廷很早就认识到在亚洲培养土著传教士的重要性。1518 年,罗马教皇利奥十世(Leo X)在一道敕令中就写到:"应该考虑东印度的土著与黑人具备在他们的国家服侍上帝的能力。"所以在葡萄牙的殖民地印度,早在沙勿略到达果阿之前,一所专门培养印度人牧师的神学院就已经在果阿建立起来,一些来自马拉巴尔的传教士还被授予圣职。因此,印度在特兰托会议召开之前,已经为本地传教士的成长提供了一个很好的空间。① 在传信部成立后不久,罗马教皇就指示它注意培养亚洲本土传教士,特别是培养高级神职人员。因此,传教士本地化在亚洲的其他地区也进展顺利。1626 年,已有日本传教士被授予高级圣职。1690 年,中国天主教神父罗文藻也被教皇亚历山大八世任命为南京教区的第一任主教。但在西班牙的海外殖民地,包括菲律宾群岛,天主教虽然广泛传播,但传教士本土化的进程却远远落后于亚洲的其他国家。在菲律宾,直到 18 世纪才开始把培养菲律宾传教士纳入议事日程:1702 年,西班牙国王菲利普五世终于下令在马尼拉建立一所专门培养菲律宾传传教士的神学院,1708年,有菲律宾传教士被授予圣职,1720 年,授予菲律宾传教士圣职成为一项制度被确立下来。② 作为近代亚洲天主教传播中心的菲律宾,传教士本土化的进程却远远落后于亚洲其他国家,造成这种状况的原因非常复杂,与当时的宗教、文化与政治环境密不可分。总的说来,王室"保教权"制度、"欧洲中心论"思想以及传教士本土化所蕴涵的政治风险成为西班牙殖民者阻止菲律宾传教士发展的三个主要因素。

　　首先,"保教权"制度限制了菲律宾传教士的发展空间。从根本

---

　　① Brou, "L'encyclique sur les missions," Etudes, CLXII(1920),转引自 Horacio de la Costa, S. J, "The Development of the Native Clergy in the Philippines," in Gerald H. Anderson, *Studies in Philippine Church History*, pp. 75～76.

　　② John N. Schumacher, S. J, *Reading in Philippine Church History*, pp. 197～198.

上看,菲律宾传教士的发展从一开始就遭遇到制度障碍。"保教权"作为一种宗教垄断制度,它从制度上保障了西班牙王室与传教团在海外殖民地的宗教垄断权。1557 年、1561 年,西班牙国王菲利普二世颁布敕令,禁止将划分给各教团的海外殖民地教区转让给当地的在俗传教士,在俗传教士只能在未被瓜分的地区建立教区。1594 年菲利普二世下令将菲律宾土地划分给四大教团管理,在俗传教士基本没有剩余的地区建立教区,他们只能充当各教团教区神父的助手。因此,菲律宾传教士从一开始就已沦为西班牙教团的附庸。

　　由于受"保教权"的影响,西班牙海外殖民地土著传教士的发展一直受到王室与各教团的压制。教会拒绝将宗教权力转让一部分给土著传教士。1555 年,墨西哥教会宣布各教团不能授予印第安人、混血儿圣职,1585 年,墨西哥教会又重申了这项禁令。1591 年,利马教会也宣布土著不能接受任何圣职。这些宗教政策也扩展到菲律宾。1641 年,菲律宾总督科库拉(Corcuera)在为 San Felipe de Austria 神学院建立所拟订的规章制度中,竟然规定:学院的学生必须血统纯正,不能有摩尔人或犹太人的血统,不能有黑人与孟加拉人的血统,也不能有菲律宾人的血统。[①] 但在早期的菲律宾,由于西班牙传教士的匮乏,实际上需要大量的本地传教士。因为按照特兰托会议的规定,各教团的传教士在建立教区后,应将教区交给在俗传教士管理,他们应前往其他地区传教,建立新的教区。但是将教区转交给在俗传教士却遭到西班牙国王及其在殖民地的代理人的反对。在 16 世纪甚至 17 世纪早期,西班牙的海外殖民政策里都没有培养土著传教士的计划。

　　其次,"欧洲中心论"思想成为阻止菲律宾传教士本土化发展的一大因素。几百年来,在殖民者关于受殖民族的汗牛充栋的各种文

---

　　①　Horacio de la Costa, S. J, "The Development of the Native Clergy in the Philippines," in Gerald H. Anderson, *Studies in Philippine Church History*, pp. 71~75.

献描述中,殖民者塑造的受殖者形象无不与"懒惰成性"、"刁蛮"、"顽劣"与"暴虐"等相连,"从利比里亚到马格里布,再到老挝,几乎没有一个殖民者不说受殖者懒惰。"[①]因此,孕育这些性格的环境与文化也不可避免地受到殖民者的谴责与鞭挞。天主教在海外殖民地的传播过程中,对殖民地社会与文化发展的"低级"与"落后"表现出极大的不满与担忧,认为培养土著传教士必须考虑社会文化环境,不能操之过急。经过特兰托会议和宗教改革后的天主教,在纪律上更强调禁欲苦行与独身贞洁。特别是独身贞洁被认为是传教士必须遵守的基本原则。如西班牙传教士认为,无论是在美洲、菲律宾还是亚洲其他国家,缺乏禁欲苦行与独身贞洁的社会环境与习俗。要建立一个符合标准的基督教社会,不是依靠简单的受洗仪式就可以一蹴而就的,必须经过几代人的努力才可以达到,而土著传教士的培养,更需要较长的时间。如果对这一点缺乏认识,必将给福音传播事业带来灾难。[②]欧洲天主教会这种文化上的忧虑有其合理之处。文明的积淀与道德的孕育是一个漫长的过程,要想在一个与欧洲基督教社会完全相异的环境下建立一个以天主教信仰与文化为核心的社会,并非一朝一夕之功,如在培养土著传教士问题上操之过急,很可能会出现欲速则不达的结果。在这个问题上,西班牙教会在墨西哥有过前车之鉴。1536年,方济各会曾在墨西哥建立了一所神学院,专门培养当地首领的儿子,希望他们将来能成为神职人员,但事与愿违,这些来自异教家庭的孩子在很多方面还不能彻底断绝与异教信仰和习俗的联系。这次尝试以失败而告终。之后,西班牙教会认为,要立即培养当地土著传教士的想法和计划是不成熟的。所以,1585年,墨西哥教会召开了一次宗教会议,反对培养印第安人传教士,反对授予

---

①　魏米:《殖民者与受殖者》,载许宝强、罗永生(编)《解殖与民族主义》,第33页。

②　John N. Schumacher, S. J, *Reading in Philippine Church History*, pp. 193～194.

他们圣职。[1]

同样,在菲律宾,传教士本地化也充分考虑了社会文化因素,但西班牙教团在这个问题上的思虑却超出了一般意义的文化范围,反而折射出他们骨子里对"劣等"民族根深蒂固的种族歧视。针对培养菲律宾传教士问题,1680年马尼拉大主教菲利普·帕尔多(Felipe Pardo)在给马德里的报告中写道:"菲律宾人没有接受神学与道德培养的天赋,他们罪恶的传统与习惯以及与身俱来的思想,使我们必须像对待孩子一样训练他们,即使他们已经长大成人。在菲律宾出生长大的西班牙人的孩子也不适合担任神父,因为他们被菲律宾保姆带大,缺乏教育与培养。菲律宾的气候也造就了他们懒散、柔弱与轻浮的性格。"[2]殖民者塑造了受殖者的"愚笨"与"孱弱",自然使后者成为前者"教化"与"保护"的对象,在这样的语境下,两者如何能平等地站在一起领受圣职呢!

最后,政治上的担忧也是西班牙殖民政府阻止菲律宾传教士本土化的一个重要原因。西班牙殖民者认为菲律宾传教士在政治上不容易被同化,怀疑他们对西班牙的忠诚并预见到他们对西班牙殖民统治的潜在威胁。从历史来看,在殖民地社会,能成为传教士的人一般是当地社会的精英,他们能更深切地感受到被剥夺特权与利益的痛苦,所以这些人往往比普通人更早觉醒,更具有反抗殖民统治的精神,最后成为反抗殖民压迫的领导人。土著传教士在19世纪初期拉丁美洲独立运动中的表现与作用便印证了这一点。因此,菲律宾传教士也同样被西班牙殖民者视为潜在的敌人,19世纪一位名叫艾斯科苏拉(Patriocio de la Escosura)的西班牙政治观察家就写到:"不容置疑,在群岛的每一个城镇,只要有菲律宾律师与传教士存在,他

[1] John N. Schumacher, S. J, *Reading in Philippine Church History*, p. 184.

[2] *BRPI*, Vol. 14, pp. 182~183.

们必定会发动叛乱或带来其他麻烦!"①

　　但作为一种外来宗教,天主教如想在东方扎根,就必须培养当地传教士。而且,由于西班牙传教士的奇缺,已经严重影响到天主教在菲律宾群岛的传播。所以,西班牙传教士不得不利用一些受过初级神学教育的菲律宾人充当助手。这些人主要来自于西班牙建立的各级教会学校。这些学校建立的目的并不在于培养菲律宾传教士,而是为了向菲律宾人传播天主教信仰,因为利用当地人传播福音,更能赢得当地居民的信任与接受。然而菲律宾人只能充当西班牙传教士的助手,代替他们探访病患、诵念玫瑰经等,而不能执行重要的圣礼仪式。② 并且,各传教团都不愿吸纳菲律宾传教士为传教团的神职人员,而世俗传教士的教区又少得可怜,所以,至 17 世纪中后期,菲律宾传教士的发展还基本处在一个停滞阶段。

二、菲律宾传教士的发展:转折时期(1700—1750)

　　一次偶然的"巴鲁事件"推动了菲律宾传教士本土化的发展。1672 年,罗马教廷传信部的巴鲁主教(Msgr. Francois Pallu)奉命到暹罗、中国与越南视察。由于途中遭遇风暴,被迫停留马尼拉,被当时的马尼拉总督里昂(Don Manuel de Leon)软禁,并阻止他前往中国视察。里昂认为中国南部在西班牙的"保教权"范围之内,没有西班牙王室或其代理人的同意,罗马教廷的代表不能到中国视察。数月后,巴鲁被迫登上马尼拉至阿卡普尔科的大帆船,从墨西哥返回马德里。巴鲁在马尼拉的遭遇使他深刻地认识到菲律宾天主教会发展在宗教与政治上存在的严重问题。一是土著传教士的缺乏,严重影

----

　　① Horacio de la Costa, S. J, "The Development of the Native Clergy in the Philippines," in Gerald H. Anderson, *Studies in Philippine Church History*, p. 100.

　　② John Leddy Phelan, *The Hispanization of the Philippines: Spanish Aims and Filipino Responses*, 1565—1700, p. 82.

响到天主教的传播；二是土著在俗传教士的匮乏，使得传教事务完全依靠西班牙教团，导致教团权力膨胀，政治上存在严重隐患。各教团专横跋扈，蔑视罗马教廷与西班牙王室的权威。[1] 甚至以"放弃所有教区"来要挟与对抗王室的管理与罗马教廷的权威。西班牙王室对此竟一筹莫展，因为如果各教团放弃教区，在菲律宾几乎没有合格的在俗传教士能接管各教团的教区！[2]

　　西班牙管理海外殖民地的印度委员会也意识到这个问题的严重性。1677 年，西班牙国王颁布了一道敕令，要求各教团加快培养菲律宾传教士的步伐。这一敕令在马尼拉教团内部引起了不同的反响。在授予菲律宾人圣职问题上，教会存在两种截然不同的观点。一派是以奥古斯丁会神父加斯帕尔（Gaspar de San Agustin）为代表的反对派，一派是以耶稣会神父迪尔卡多（Delgado）为代表的赞成派。加斯帕尔顽固地认为菲律宾人天性懒惰、贪婪与虚荣，领受圣职的动机不纯洁，完全是为了改变生活景况，享受作为神职人员的种种优越地位。他声称："他们（菲律宾人）只配交纳赋税，而不配领取圣职俸禄；他们只配去伐木，而不配享受佣人的服务；他们只配做大帆船的船工，而不配坐船"，[3] 并预言"如果授予菲律宾人圣职，依靠他

　　① 在菲律宾历史上，教权往往凌驾于王权之上，当总督与天主教会发生权力冲突时，总督毫无例外地是失败者。如 1668 年，总督萨尔西多被宗教裁判所逮捕，1678 年，总督璜·德·瓦尔卡斯被马尼拉大主教菲利普·帕尔多驱逐，1719 年，总督布斯塔门特被修道士殴打致死。参见 F. C. Laubach, *The People of the Philippines*, New York, 1925, pp. 85~87.

　　② Horacio de la Costa, S. J, "The Development of the Native Clergy in the Philippines," in Gerald H. Anderson, *Studies in Philippine Church History*, pp. 80~81.

　　③ John Leddy Phelan, *The Hispanization of the Philippines : Spanish Aims and Filipino Responses*, 1565—1700, p. 85.

们在菲岛传播福音,将会带来不可挽回的后果!"[1]加斯帕尔的言论折射出大多数西班牙传教士对菲律宾人的偏见与歧视。在他们看来,天主教所宣扬的"神爱世人,众生平等"的教义显然不适合殖民地社会,"白种人至上"的观念仍然高高凌驾在"在上帝面前人人平等"的观念之上,这实际上是"欧洲中心论"的又一次折射,它不仅体现了近代欧洲殖民主义顽固不化的种族歧视思想,而且凸显了欧洲殖民主义在海外殖民地推行蒙昧主义,以维持其殖民统治的本质。

但也有少数开明的西班牙传教士认为,菲律宾人经过系统的神学教育和培训后可以被授予圣职。如西班牙耶稣会传教士迪尔卡多(Juan Delgado)就宣称:"人的品行道德主要由环境决定,菲律宾人并非天生堕落,经过正确的教育后,他们可以被授予圣职。教会应对他们仔细甄别与考察,他们会赢得教徒的尊重与敬仰。"[2]

培养菲律宾传教士的计划也得到马尼拉殖民地一些政府官员的支持,其中一位是殖民政府的财政官员维加(Diega de Viga),他在给西班牙国王的报告中强调了培养菲律宾传教士的必要性和紧迫性,并指出此举可以大大减少王室在传教方面的开支。[3] 1702 年,西班牙国王菲利普五世终于下令在马尼拉建立一所专门培养菲律宾传教士的神学院,首次只允许招收 8 名菲律宾人。同时在罗马教皇的使节托隆(Charels-Thomas Maillard de Tournon)的倡议下,马尼拉建立了圣克莱门特神学院(San Clement)。这是一所地区性的神学院,面向东亚与东南亚各国招生,可容纳 72 名学生。但由于托隆忘记将此事事先向西班牙国王菲利普五世禀报,严重违背了"保教权"的规

---

① Horacio de la Costa, S. J. "The Development of the Native Clergy in the Philippines," in Gerald H. Anderson, *Studies in Philippine Church History*, p. 87.

② John Leddy Phelan, *The Hispanization of the Philippines : Spanish Aims and Filipino Responses*, 1565—1700, p. 86.

③ John N. Schumacher, S. J, *Reading in Philippine Church History*, pp. 196~197.

定。所以西班牙国王菲利普五世非常生气,下令立即遣散所有外国学员,拆毁圣克莱门特神学院,另觅新址建立只招收 8 名菲律宾学员的圣菲利普神学院(San Felipe)。但马尼拉总督并没有遵照命令建立这样一所只要求容纳 8 人的神学院。因此,为菲律宾人建立专门神学院的计划还是纸上谈兵。但在马尼拉,在 18 世纪初期,已至少有四所神学院开始培养菲律宾传教士。直到 1772 年,在耶稣会被驱逐后,马尼拉主教桑乔(Sancho de Santa Justa y Rufina)将耶稣会的 San Ignacio 大学改造为 San Carlos 神学院,开始大量培养菲律宾人,菲律宾传教士的发展才进入一个新阶段。菲律宾传教士的人数自 18 世纪中期开始逐渐增长,他们占有的教区逐渐增多。1750 年,在菲律宾的 569 个教区中,菲律宾传教士占有 142 个教区。[1] 1760 年,仅在马尼拉教区,就有 32 名菲律宾传教士,13 名华菲混血传教士以及 6 名西菲混血传教士。并且,实践证明,这些菲律宾传教士并非如多数西班牙传教士所说的那样"天生不能做传教士",耶稣会传教士迪尔卡多称赞道:"他们中的一些人以其天生的才能与美德,赢得了泰加洛人与米沙扬人的尊敬与爱戴。"[2]

三、菲律宾传教士的快速发展(1750—1850)

自 18 世纪下半期开始,菲律宾传教士开始迅速增长。1809 年,在菲律宾的西班牙传教士仅 300 人,而菲律宾传教士有 1000 人。至 19 世纪 40 年代,西班牙传教士增加到 500 人,而菲律宾传教士却达到 2000 人左右。[3] 推动菲律宾传教士的迅速增长的主要原因是 18

---

① Horacio de la Costa, S. J, "The Development of the Native Clergy in the Philippines," in Gerald H. Anderson, *Studies in Philippine Church History*, pp. 85~86.

② John N. Schumacher, S. J, *Reading in Philippine Church History*, pp. 198~199.

③ Nicolas Zafra, *Philippine History through Selected Sources*, Quezon City, 1967, p. 224.

世纪西班牙帝王权力的加强,其表现之一就是大规模驱逐西班牙海外殖民地的耶稣会,在菲律宾驱逐耶稣会的直接结果就是为菲律宾传教士的发展带来了巨大的空间。帝王权力加强的第二个表现是,在菲律宾代表王权的主教通过支持菲律宾传教士的发展来抗衡西班牙传教团的专权与垄断。

首先,驱逐耶稣会传教士为菲律宾传教士的发展带来了巨大的空间。18世纪欧洲政治发生了巨大变化。波旁王朝统治西班牙与其他几个欧洲国家后,大力加强君主专制。表现在宗教方面,就是加强王室对海外传教团的管理,将各传教团置于王室的绝对控制之下。改革的目标首先是削弱在欧洲势力极强的耶稣会。因为耶稣会在欧洲不受王室的管辖,只服从罗马教皇的管辖。而且在西班牙的海外殖民地,耶稣会更是一个"超国家"的传教团,在菲律宾,许多耶稣会传教士不是西班牙人,对西班牙加强帝王教权的命令不加理睬,拒绝听从西班牙王室的命令。所以1767年,西班牙国王卡洛斯三世接受了首相弗洛里达布朗卡的建议,下令驱逐在西班牙海外殖民地的所有耶稣会传教士。1768年,马尼拉殖民当局接到驱逐耶稣会的命令后,立即逮捕了菲律宾的所有耶稣会传教士,并把他们遣送回意大利。驱逐耶稣会加强了西班牙国王与马尼拉大主教的权力,但却给菲律宾的教区带来很大的影响。因为经过近200年的耕耘,至1755年,耶稣会在菲律宾已建立教区130个,主要分布在米沙扬群岛与棉兰佬岛,管理超过20万的教区居民。[①]耶稣会被驱逐后,只得由菲律宾传教士来填补这个真空。由于当时经过正规神学训练、合格的菲律宾传教士不多,所以马尼拉大主教不得不四处招募菲律宾人担任传教士。以至于当时马尼拉流传这样一个笑话,说找不到菲律宾

---

①　John N. Schumacher, S. J, *Reading in Philippine Church History*, p. 201.

人担任桨手,因为他们全被主教大人授予了圣职。①

第二,代表王权的主教希望通过支持菲律宾传教士的发展,制约西班牙传教团的专权与垄断。在西班牙教会到来初期,菲律宾只设有一个马尼拉主教区。1591年,菲利普二世下令把马尼拉主教区改为一个以马尼拉为驻地的大主教区和三个附属主教区,这些教区本身是宗教机构,又有相当的行政权力。教会在菲律宾的基层组织是传教区,除了由少数在俗传教士建立的传教区外,主要教区是由五个教团建立与管理。按照特兰托会议规定,西班牙王室对这些教区享有"保教权",马尼拉主教对每个教区有巡视权。但是,在菲律宾,这些教团基本上只服从本教团教长的命令,在教职任免上都有相当的自主权力,甚至坚决反对马尼拉大主教的教区巡视权而多次与大主教斗争。西班牙殖民统治时期,马尼拉大主教与各教团的"教区巡视权"之争长达200多年,成为菲律宾教会历史上最热闹的一幕。

由于教团专权垄断,甚至公然否定大主教的权威,拒绝大主教对其所辖教区的巡视与监督。所以,从16世纪末期到18世纪中期,历任大主教在此问题上都颇感头疼。直到1767年,"帝王教权论"的拥趸、马德里高等法院的法官桑乔继任马尼拉大主教后,才在解决教团专权问题上有所突破。首先,他克服重重困难,把堂区制度引进菲律宾,使修道院的教区逐步转变为堂区。主教通过对堂区的管理,逐渐使所有的神职人员均受制于其权柄之下。其次,就是敦促西班牙传教团承认大主教的巡视权,否则就剥夺他们的教区,将其转让给急需教区的菲律宾在俗传教士管理。由此可见,菲律宾传教士,成为主教抗衡教团专权与垄断,加强帝王教权的工具。虽然,从表面上看,主教与各教团之间的"教区巡视权"之争促进了菲律宾传教士的发展,特别是在数量上,菲律宾传教士有很大的增加。但从质量上看,菲律宾传教士却是这场斗争的受害者。由于桑乔主教如此草率地大量任

---

① John Leddy Phelan, *The Hispanization of the Philippines*: *Spanish Aims and Filipino Responses*,1565—1700,p. 87.

用未加培训的菲律宾传教士,其带来的消极影响很快就显露出来,各地关于菲律宾传教士的丑闻很快就传到了马尼拉:酗酒、偷窃、挪用教会资产、沉迷于世俗的娱乐等等,[①]这一切不仅"证实"了西班牙教团关于"菲律宾人天生不能做传教士"的偏见,而且桑乔任职以前菲律宾传教士的成绩也被抹杀了。1774 年,西班牙国王曾下令将菲律宾的教区逐渐世俗化,把教区转交给菲律宾传教士,[②]桑乔本人也积极推动这一进程。但后来桑乔也感到自己此举过于鲁莽。1776 年,在他去世前不久,写信给西班牙国王。他在信中说:"经过长期的痛苦思考,终觉把菲岛的教会事务完全交给菲律宾传教士管理,甚为不妥",[③]再加上西班牙教团的反对,西班牙国王终于 1776 年 12 月 11日下令停止菲律宾的教区世俗化。

尽管如此,菲律宾传教士还是在继续发展。由于主教"教区巡视权"的引入和帝王教权的加强,来自西班牙的传教士急剧减少。再加上法国革命和拿破仑战争的影响,西班牙与菲律宾的交通联系曾一度中断,并且许多修道院也毁于战火。所以,从 18 世纪末期至 19 世纪初期,从西班牙到菲律宾的传教士减少到屈指可数的地步。根据奥古斯丁沉思派的历史记载,从 1796 年至 1804 年,只有 25 名该会传教士前往菲律宾。从 1815 年至 1822 年,只有 12 名该会传教士被派到菲律宾。其他传教团的情况也与此相差无几。[④] 此外,由于菲律宾人口的增加,许多教区都迫切需要传教士,而西班牙传教团又无

---

① John N. Schumacher, S. J, *Reading in Philippine Church History*, pp. 204~205.

② 根据特兰托会议的规定,教团传教士主要从事传教活动,新建教区必须移交给世俗传教士管理。但由于教团传教士在菲律宾拥有广泛特权,缺乏在俗传教士等原因,18 世纪中期前,菲律宾教区世俗化并不普遍。

③ John N. Schumacher, S. J, *Reading in Philippine Church History*, p. 205.

④ John N. Schumacher, S. J, *Reading in Philippine Church History*, p. 208.

法派出传教士，所以菲律宾传教士的增加也是形势使然，即使是缺乏训练的传教士，也被派往急需传教士的偏僻教区。

第二节　"教区菲化"运动及其意义

作为马尼拉主教抗衡西班牙教团的工具，可以说，菲律宾传教士从一产生就站在了西班牙教团的对立面，自然遭到西班牙教团的压制。然而对菲律宾传教士宗教上的压制不仅遭到菲律宾传教士的反抗，而且也引发菲律宾社会的全面动乱。因为传教士在菲律宾社会结构中的地位显赫，对菲律宾人而言，做传教士不仅是一项荣誉，而且是摆脱经济困境的一条最好途径。许多家庭最热切的希望就是能有一个儿子成为传教士。[①]而西班牙教团对菲律宾传教士的歧视与压制必然使众多的希望化成泡影，从而促使普遍的针对西班牙教团、要求宗教平等的抗议、甚至起义爆发。

1840—1842年的阿波利纳里奥(Apolinario)起义可以说是菲律宾人要求宗教平等愿望受挫后的第一次抗议，同时也是菲律宾人民民族意识觉醒的一次重要体现。阿波利纳里奥(Apolinario de la Cruz)出生于一个富裕的农民家庭，受过初级宗教教育的他希望成为一名神父。但是教会对菲律宾传教士的歧视政策使他的理想破灭，他只得进入一家名叫San Juan de Dios Hospital的宗教慈善机构成为一名在俗修士。1832，他成立了一个取名为"科弗拉迪亚·德·圣何塞"(Cofradia de San Jose)的教会。该教会在成立之初只是一个普通的教会，主要在社区从事慈善活动。这是第一个具有鲜明菲律宾民族特色的天主教会，它排斥西班牙人和混血儿参加该教会，提出"在神面前人人平等，纯洁天主教"等口号。短短数年，该教会的影响

---

①　雷纳托·康斯坦丁诺：《主体和意识》，载《中国东南亚研究会通讯》，1990，(2-3)，第40页。

扩展到塔亚巴斯(Tayabas),内湖(Laguna)与八打雁省(Batangas)等地,甚至一些村社的首领也加入到教会。[①] "科弗拉迪亚·德·圣何塞"教会的发展引起了西班牙殖民当局的恐慌,于是被殖民当局下令取缔。终于在 1841 年,阿波利纳里奥领导信徒,爆发了武装起义。阿波利纳里奥被信徒们拥立为"泰加洛人的基督"(A Tagalog Christ)。[②] 这次起义虽然在本质上还是一次农民起义,但它又超出了农民起义的诉求范围,折射出菲律宾传教士与西班牙教会之间不可调和的矛盾,因此起义得到知识分子与当地菲律宾传教士的同情与支持。这次起义在唤醒菲律宾人民的民族意识觉醒上具有深远的意义,起义领导人要求宗教平等的思想深刻影响了后来的农民起义、军队兵变与"教区菲化"运动。

如果说阿波利纳里奥起义只是菲律宾人要求宗教平等的一个序曲,那么"教区菲化"运动则是菲律宾人要求宗教平等运动的一次高潮。随着菲律宾传教士的不断增长,菲律宾传教士与西班牙教团之间的矛盾也凸显出来。19 世纪 40 年代,在菲律宾的西班牙传教士只有 500 人,而菲律宾传教士却多达 2000 人。虽然菲律宾传教士在数量上占绝对优势,但由于西班牙教团的特殊地位,菲律宾大部分教区,都掌握在西班牙教团传教士手里。菲律宾传教士数量与他们所拥有的教区数量不成比例。1870 年时,菲律宾共有 792 个教区,其中只有 181 个归菲律宾传教士管辖,而且这些教区多数为穷乡僻壤,是西班牙传教士不愿去的地方,其余较大与较富有的 611 个教区则掌握在西班牙传教士手里。[③] 那些没有教区的菲律宾传教士,受雇于西班牙传教团,在教区从事繁重的工作。虽然菲律宾传教士都是

---

① Reynaldo Cleme. a Ileto, *Pasyon and Revolution: Popular Movements in the Philippines*, 1840—1910, Quezon City, Ateneo de Manila University Press, 1979, p. 39,41.

② Reynaldo Cleme. a Ileto, *Pasyon and Revolution*, pp. 63~72.

③ G. F. Zaid, *Philippine Ppolitical and Cultural History*, Vol. 2, p. 48.

菲律宾人中受到较多教育的人，但他们却同样遭到西班牙传教士的歧视、侮辱与压迫。西班牙传教士辱骂菲律宾传教士是"猴子的后裔"、"智力上的矮子"，甚至还把他们当作奴隶来对待，任意拷打，甚至杀害。[①] 这种反映在宗教上的民族歧视与压迫，自然激起菲律宾传教士起来反抗西班牙传教团，维护自身的权益，因此，从 19 世纪初期开始，菲律宾传教士展开了争取教区管理权力的"教区菲化"运动。

"教区菲化"运动实际上是教区世俗化的延续。1776 年，西班牙国王收回教区世俗化的敕令后，迫于菲律宾传教的需要，1812 年，西班牙国会又通过了菲律宾教区世俗化的决议，这在很大程度上有利于菲律宾教区世俗化的发展。但是从 1810 至 1824 年，拉丁美洲西属殖民地爆发了大规模的反抗西班牙殖民统治的独立运动，并纷纷脱离西班牙殖民统治的桎梏，获得独立。其中一些土著传教士也参加了革命，并发挥了重要作用，如在墨西哥的独立运动中，当地土著传教士伊达尔哥（Hidalgo）与莫雷洛斯（Morelos）就担任了独立运动的领导人。土著传教士在拉丁美洲独立运动中的态度与表现引起了西班牙殖民者的极端恐惧与高度警惕。拉丁美洲独立后，为防止菲律宾步其后尘，1826 年，西班牙国王颁布敕令，停止教区世俗化，并将许多已世俗化的教区又交给传教团管理。

这次停止教区世俗化的意义非同以往。1776 年停止教区世俗化，主要是从菲律宾传教士的素质和神学修养与天主教福音传播的利弊方面上考虑，但这次西班牙殖民政府却把教区世俗化与菲律宾传教士对西班牙的忠诚联系在一起。在西班牙人看来，教区世俗化与菲律宾传教士的迅速发展成为威胁西班牙在菲律宾殖民统治的潜在危险。正如 1827 年，一位名叫贝那德兹（Manuel Bernaldez Pizarro）的西班牙高级殖民官员在备忘录中提到，"他们（菲律宾传教士）将会是西班牙的敌人，他们将挑起叛乱，他们在政治上表现极坏，完

---

① 周南京：《西班牙天主教会在菲律宾殖民统治中的作用》，《世界历史》，1982，(2)。

全忽视了作为神职人员的义务、道德……",并建议菲律宾总督"采取温和而谨慎的措施,把菲律宾在俗传教士的教区转交给欧洲传教士。"[1]

西班牙传教团也对政府停止菲律宾教区世俗化的政策做出积极的回应。1815年,欧洲拿破仑战争结束后,许多在战火中被毁的天主教修道院又开始重建。随后,各传教团又开始增派传教士前往菲律宾。同时,在菲律宾,要求重新派遣耶稣会的呼声也日益高涨。自耶稣会被驱逐后,耶稣会在菲律宾米沙扬与棉兰佬教区的教务管理日渐松弛,一是因为菲律宾传教士在教区管理上确实存在问题,二是因为南部穆斯林对教区的频繁侵扰。1831年,宿务主教戈默兹到米沙扬群岛的各教区视察,对米沙扬地区的教务凋敝大为震惊,他立即写信给西班牙国王,请求他派遣耶稣会或其他传教团,重新接管米沙扬与棉兰佬的教务。

1859年,耶稣会获准重返菲律宾。但他们的到来直接加剧了传教团与菲律宾传教士之间的矛盾。1861年,西班牙殖民政府命令马尼拉大主教将菲律宾传教士管辖的甲米地教区交给奥古斯丁沉思派,以补偿沉思派归还给耶稣会在棉兰佬的27个教区。甲米地教区对菲律宾传教士的意义重大,因为它隶属于马尼拉大主教区,且地理上非常靠近马尼拉,这对急需培训和接受教育的菲律宾传教士而言,十分重要。甲米地教区被剥夺,表明西班牙殖民政府从政治安全考虑,决心消除菲律宾传教士的影响,正如马尼拉主教马尔迪尼兹(Meliton Martinez)所言,"最重要的是要在政治上消除菲律宾传教士的影响,防止他们独立,最终使他们完全沦为传教团传教士的助手"。[2] 后来菲律宾传教士又丧失在布拉干、巴丹、三描礼示、邦板牙

---

[1]　John N. Schumacher, S. J, *Reading in Philippine Church History*, p. 214.

[2]　John N. Schumacher, S. J, *Reading in Philippine Church History*, p. 218.

等富饶地区的许多教区。在这种情况下，人数日众的菲律宾传教士，深感民族歧视与压迫，民族意识逐渐高涨，争取教区菲化的运动趋向高潮。

"教区菲化"运动的主要代表人物是佩莱斯神父（Pedro Pelaez）、布尔戈斯神父（Jose Apolonio Burgos）、戈麦斯神父（Mariano Gomez）以及萨莫拉神父（Jacinto Zamora）。他们可以说是菲律宾历史上第一代具有民族意识的知识分子。佩莱斯神父是一名西菲混血儿，在圣托马斯大学获得神学博士学位，并担任该大学的业余讲师。由于他品学超凡，在1861—1862年间，担任马尼拉教区代理主教一职。任职期间，带头抗议1861年敕令，反对将甲米地教区归还给西班牙传教团。但他不幸在1863年的马尼拉大地震中遇难。他的学生布尔戈斯神父立即继承老师未竟的事业，成为"教区菲化"运动的领袖。1864年6月，布尔戈斯神父用西班牙文发表了著名的《告高尚的西班牙人民书》一文，文中反驳马德里对佩莱斯神父"分离"罪名的指控，痛斥当时流行的"白种人优越论"，并强调他们所做的一切只是为了捍卫菲律宾人的正当权益。这种主张菲律宾传教士与西班牙传教士的平等权利，反对民族压迫与"白种人优越论"的思想，体现了菲律宾人民民族意识的觉醒。

布尔戈斯神父不仅是"教区菲化"运动的领袖，而且还是当时提倡自由主义思想的菲律宾改革运动的领导人。1868年，圣托马斯大学的青年学生成立了一个秘密组织——"自由青年学生"，布尔戈斯神父在这个组织的创建与活动中都发挥了重要作用。[1]"教区菲化"运动的高涨与菲律宾传教士自由、平等意识的觉醒，使西班牙殖民者预感到革命风暴即将来临。1870年，马尼拉主教上书西班牙摄政者，指出在教区世俗化问题上引起了菲律宾传教士的严重不满，有导

---

[1] 金应熙，《菲律宾民族独立运动史》，第51页。

致革命的危险。① 所以,1872 年,西班牙殖民政府借镇压甲米地兵变之机,逮捕了包括布尔戈斯、戈麦斯与萨莫拉在内的一大批进步知识分子,并指控他们三人为甲米地起义的幕后策划者,于 1872 年 2 月 17 日将他们处以绞刑。布尔戈斯等三位神父的无辜遭戮,更加激发了菲律宾人民日益高涨的民族意识与自由精神,进一步推动了菲律宾人民民族主义的发展。"1872 年烈士之血"成为菲律宾民族主义的种子。正如后来菲律宾伟大的民族英雄何塞·黎萨尔(Jose Rizal)所言,"如果没有何塞·布尔戈斯,就没有何塞·黎萨尔。没有 1872 年,黎萨尔就会是一名耶稣会会员,而且会写出完全相反的东西,而不是《不许犯我》"。②

第三节　近代反教会运动的高涨

布尔戈斯等人的牺牲对唤醒菲律宾人民的民族意识发挥了巨大作用。之后,菲律宾先后爆发了以知识分子为主的民族资产阶级的改良运动——"宣传运动",以及民族资产阶级领导的、以广大中、下层民众为主的、反对西班牙殖民统治与争取民族独立的 1896 年菲律宾革命,并于 1899 年 1 月 23 日正式成立了亚洲历史上的第一个民主共和国——菲律宾第一共和国。菲律宾第一共和国的历史虽然短暂,但它却将菲律宾近代民族主义的发展推向高潮,并宣告了亚洲的觉醒,在菲律宾历史以及亚洲历史上,都具有里程碑式的重要意义。考察菲律宾近代民族主义的发展,可以看到,无论是菲律宾传教士争取教区管理权的"教区菲化"运动,还是资产阶级改良派要求"自由、

---

① D. G. Hall, *A History of South-East Asia*, London: Macmillan & Co. Ltd,1968,p. 714.

② 凌彰:《黎萨尔的生平与创作》,载周南京《黎萨尔与中国》,(香港)南岛出版社 2001 年版,第 115 页。

平等"的"宣传运动",无论普通民众参加的"卡蒂普南",还是资产阶级建立的"菲律宾第一共和国",都把反对西班牙天主教会的专制主义作为运动的主要内容。可以说,反对西班牙天主教会成为菲律宾近代民族主义的一面旗帜。19世纪末期菲律宾反教会浪潮的高涨,一方面是天主教会腐朽、衰败的必然产物,另一方面也是菲律宾民族主义兴起、欧洲自由主义兴起与反教思潮高涨的共同反映,是西班牙殖民政府以天主教会为统治基础的必然结局。

一、19世纪菲律宾天主教会的衰败

美国的传教史学家赖德烈把18世纪末期法国资产阶级革命看作是基督教继15世纪欧洲宗教改革后的又一次"新的灾难",因为法国革命不仅震撼了法国,而且波及了整个西欧。广大人民群众对宗教日益采取怀疑冷漠态度,掀起反教浪潮,严重削弱了基督教在欧洲的地位与影响。[①] 西班牙的天主教会也未"幸免于难"。受法国资产阶级革命自由主义思想的影响,在19世纪,反对君主专制和封建教团的西班牙自由资产阶级与知识分子几度掌权,他们关闭修道院,没收教会财产,西班牙国内的天主教会势力被严重削弱,这不可避免地对菲律宾教会的发展带来影响。此外,随着19世纪初期西属美洲殖民地的纷纷独立,西班牙海外帝国顷刻间分崩离析。原来主要通过墨西哥为纽带的西班牙与菲律宾之间的联系也日益松弛,而天主教会作为维系西班牙在菲律宾殖民统治的主要机构,其意义对西班牙更显重要。即使是西班牙的自由派政府,也认识到菲律宾教会此时对西班牙维持海外殖民地的意义,在打击西班牙国内封建教团势力的同时,也支持菲律宾教会的发展。如1836—1837年自由派执政期间,在下令关闭修道院的同时,也保留了一些专门为菲律宾培养传教士的神学院。要求振兴菲律宾教会,成为19世纪中后期西班牙海外殖民政策的一个重点。正如1842年,一位名叫马士(Sinibaldo de

---

① 杨真:《基督教史纲》(上册),第415～416页。

Mas)的西班牙殖民官员在视察菲律宾后,给马德里的报告中写道:"……菲律宾教会日渐衰败,如果得不到振兴,殖民地将不会存在,务必采取积极措施,审查菲律宾教会内部阻碍教会复兴的因素,努力恢复教会对信徒的影响力……"①1852 年,耶稣会获准回到菲律宾建立教区,就是西班牙殖民政府重振菲律宾教会的重要体现。

但是,从 18 世纪 70 年代至 19 世纪中期,菲律宾教会已经历了长达 70～80 年的松弛,积重难返。其一,由于合格的神职人员缺乏,造成教区管理日渐涣散,教区居民的宗教教育明显不足,必然导致菲律宾人传统与迷信的恢复。尤其是在 19 世纪中后期,菲律宾米沙扬的萨马尔与班乃岛等地,爆发了多次以传统宗教信仰为旗帜的大规模起义。这种比较广泛的文化回归表明天主教信仰在菲律宾一些地区、特别是文化断裂地区的影响遭到严重削弱。其二,由于教会在殖民地的特殊角色,既是维护殖民统治的工具,同时又制约殖民地官员对菲律宾人的过度剥削,常常引起殖民官员们的不满,甚至中伤与诽谤。由于传教士是西班牙殖民统治的主要代表,受剥削与迫害的菲律宾人也往往把对西班牙人的怨恨投向常常与他们接触的传教士。所以教团常常成为各种矛盾的焦点。此外,在整个 19 世纪,菲律宾教会游离在罗马教皇的管辖之外(除耶稣会外),这无疑为菲律宾教会的发展带来不利影响。1804 年,西班牙国王诱逼罗马教皇撤消了对西班牙国内所有修道会的管辖权,随着 1836—1837 年西班牙自由派政府对教团势力的进一步打压,菲律宾教会基本上处于孤立无助的状况。1872 年,菲律宾多明我会曾企图与罗马取得联系,但遭到西班牙政府的阻拦,奥古斯丁会 1894 年的努力也同样遭到否定。缺乏罗马教廷的监督显然不利于各传教团严守操行,洁身自好,导致部分成员纪律松弛,生活腐化。19 世纪中后期,各教团也意识到教会内部的腐化问题,教会在殖民地的声誉一落千丈。

---

① John N. Schumacher, S. J, *Reading in Philippine Church History*, p. 231.

二、近代反教会思潮的兴起

1880—1895 年的"宣传运动"是菲律宾民族资产阶级开始登上政治舞台的重要标志。19 世纪，菲律宾西班牙教会身处政治经济危机的多重旋涡之中，其中菲律宾民族资产阶级的兴起以及他们反抗西班牙教会政治压迫与经济剥削的斗争成为 19 世纪菲律宾反教浪潮的重要内容。"宣传运动"突破以前"教区菲化"运动狭隘的宗教平等要求，从近代资产阶级的自由平等理论出发，提出了菲律宾人享有平等地位和在言论、出版、结社等方面争取自由的政治要求。同时，反对西班牙天主教会专制统治，如要求"教区菲化"、"限制传教士的权利"也被列为运动的主要宗旨。"宣传运动"包含的这种反教会思想是菲律宾新兴的民族资产阶级与西班牙天主教会矛盾冲突的必然结果。

"伊卢斯特拉多"（Ilustrado）作为近代菲律宾民族资产阶级的代表阶层，领导了 19 世纪末期菲律宾的反教会运动。伊卢斯特拉多是指受过西方高等教育的菲律宾青年。19 世纪中期，资产阶级自由主义的革命派在西班牙国内掌权后，迫于国内外形势的变化，他们在一定程度上改变了西班牙海外殖民地政策，逐渐放开殖民地的管理，在殖民地实行带有自由主义色彩的政治经济改革，如要把言论、出版自由推广到菲律宾，倡导殖民地居民与宗主国居民权利平等。在教育方面，资产阶级自由派为菲律宾殖民地制订了新的教育政策，除了建立起一个初级的教育系统外，1863 年的教育法令还向许多菲律宾人打开了高等学校的大门。一些菲律宾人开始能够学习法律与医药专业。一些富裕家庭还把儿子送到欧洲留学。这些受过西方高等教育的年轻菲律宾人被称为"伊卢斯特拉多"。"宣传运动"涌现出来的思想文化方面的代表人物，[①]几乎都是受过西方高等教育的知识分子，

①　包括何塞·黎萨尔、佩德罗·帕特尔诺、格雷戈里奥·桑西亚诺、马·赫·德尔皮拉尔、洛佩斯·哈埃纳、马里亚诺·庞塞、托马斯·亚雷霍拉等。

他们回国后积极传播西班牙以及现代欧洲资产阶级的自由平等思想,成为西班牙神权统治在菲律宾的掘墓人。

"伊卢斯特拉多"阶层与西班牙教会在经济利益上的矛盾是 19 世纪中后期菲律宾民族资产阶级反对西班牙教会的重要根源之一。教会庄园经济制度被认为是近代菲律宾革命爆发的主要导火线。[①]菲律宾近代民族主义者对教会庄园制度的抨击主要表现在以下方面:第一,教会庄园占用了中吕宋大量的肥沃耕地,教会的庄园主要集中在土地肥沃的泰加洛产粮区。第二,教会庄园的生产效率低,阻碍了菲律宾农业的发展。随着 19 世纪菲律宾民族资产阶级的产生与发展,教会庄园经济显然阻碍了民族资本主义的进一步发展,他们越来越不满教会在土地占有上的优越地位,开始挑战教会庄园土地制度。19 世纪末期,著名的黎萨尔家族(Jose Rizal)与多明我会关于卡兰巴庄园的纠纷在一定程度上就反映了菲律宾民族资产阶级的中、上阶层与教会在土地问题上的矛盾与斗争。

黎萨尔家族世居内湖省的卡兰巴镇,是多明我会卡兰巴庄园的长期承租户之一,习惯上称他们为"伊奎里罗斯"(Inquilinos)。"伊奎里罗斯"再把土地转租给中、小户农民,他们被称为"卡萨玛"(kasama)。这种土地分租、转租方式在当时非常普遍。起初,教会禁止这种分租、转租,但由于这种形式非常适合菲律宾以血缘关系为纽带的社会结构,同时也不会影响教会的地租收益,所以成为一种传统,在菲律宾农村延续下来。并且长期以来形成了这样一个传统,即这种承租权与转租权也可以世代相传。但时间一长,由于各种原因,诸如事前丈量不清,责任不明,或承租人发生变更等,一些教会庄园的产权逐渐变得模糊不清,直接导致了教会与"伊奎里罗斯"阶层发生土地纠纷。特别是 19 世纪末期,"伊奎里罗斯"阶层的势力越来越

---

① Rene R. Escalante, *The American Friar Lands Policy: Its Frames, Context, and Beneficiaries* 1898—1916, De la Dalle University Press, Inc. 2002,p. 49.

强，开始直接挑战教会的土地所有权，并拒交地租。1890 年，黎萨尔家族在土地产权问题上与多明我会发生了纠纷，并带领卡兰巴镇的佃户拒交地租。结果总督魏莱尔（Weyler）竟动用军队驱赶拒交地租的佃户，焚烧房屋，黎萨尔家族也因此遭到迫害。[①]

卡兰巴庄园纠纷反映了菲律宾民族资产阶级的中、上阶层与西班牙教会之间的矛盾与冲突。同时，他们的反教倾向进一步推动了"卡萨玛"把对自身经济地位的不满归于教会的剥削。虽然，教会庄园经济制度是"卡萨玛"遭受剥削的根本原因，但实际上，在教会庄园经济中，教会与"卡萨玛"之间的直接对立并不多见，因为"卡萨玛"是由"伊奎里罗斯"阶层管理，向他们租地，并根据双方的契约来交纳地租。从经济角度来看，"伊奎里罗斯"阶层实际上是教会庄园经济制度的受益者，甚至有时实际收益超过教会。[②] 但他们与中小佃户一样，仍然处在被西班牙殖民者压迫的地位。"他们同普通菲律宾人一样，在西班牙人面前仍然有一种自卑感，不满西班牙人无意识地为他们设定的优越地位，他们认为他们有为自己、为国家决策和为人民说话的权利"，"意识到西班牙人的限制和传教士的权力，以及他们社会地位低下的所有烦恼"。[③] 所以，"伊奎里罗斯"阶层常常利用他们在菲律宾社会关系中的特殊地位，在缓和或激化教会与"卡萨玛"之间的关系方面发挥着很微妙的作用，根据自身的利益需求推动了 19 世纪末期广泛的反抗教会庄园土地制度的斗争，

除挑战教会土地所有权外，挑战教会的政治权力与文化专制也成为菲律宾民族资产阶级反对西班牙教会专制的重要内容。19 世

---

①　参见 John N. Schumacher, S. J, *Reading in Philippine Church History*, pp. 260~261.

②　John N. Schumacher, S. J, *Reading in Philippine Church History*, p. 260.

③　雷纳托·康斯坦丁诺：《主体与意识》，《中国东南亚研究会通讯》，1990，(4)，第 35 页。

纪末期，"伊奎里罗斯"阶层不仅开始挑战教会的土地所有权，而且也开始挑战教会在村镇一级的政治权力。如"宣传运动"的领导人德尔皮拉尔就曾在其故乡马洛洛斯组织群众反对教会对村镇事务的干涉，并取得成功。[①] 此外，菲律宾民族资产阶级还利用本土的文化资源，从文化方面反抗教会的优越地位。一方面，他们积极挖掘菲律宾历史和文化的优秀传统，宣扬在西班牙人入侵之前，菲律宾就有了相当发达的物质文明与精神文明，驳斥"西班牙传教士为菲律宾带来文明"的说法，菲律宾国父何塞·黎萨尔在这方面做了大量工作。除了创作小说《不许犯我》(*Noli Me Tangere*)、《起义者》(*El Filibuster-ismo*)外，黎萨尔还积极从事关于菲律宾历史文化的研究。他注释了莫加的《菲律宾群岛志》，作为研究菲律宾历史的基础；1889 年，他在巴黎成立了"国际菲律宾学协会"，以推动对菲律宾历史与语言的研究；后又发表了《百年后的菲律宾》和《论菲律宾人的懒惰》等著作，驳斥欧洲殖民者关于菲律宾人懒惰的谬论，并预言西班牙殖民统治的瓦解。另一方面，他们散发大量的秘密出版物，用各种文学形式来揭露教会的反动、腐朽与伪善，如德尔皮拉尔就在其《修道士在菲律宾的专权》一文中控诉教会的专制与腐朽，这对削弱西班牙传教士在菲律宾社会的影响、唤醒广大菲律宾人民群众的民族意识、激发菲律宾人的民族自豪感，都起了积极的推动作用。

　　值得指出的是，菲律宾"宣传运动"的反教会思想与西班牙国内的政治斗争有密切的关联，并且得到西班牙国内反封建僧侣制度的政治力量——自由资产阶级与共和党的支持。因为菲律宾资产阶级改良派的要求与该党在殖民地改革问题上的政治主张基本吻合。因而，他们的报刊也成为菲律宾"宣传运动"的论坛，积极地促进了"宣传运动"的开展。尤其是西班牙国内主张限制教会权力的"共济会"(Masonry)在菲律宾的蓬勃发展也极大地推动了菲律宾反教运动的

---

① 　John N. Schumacher, S. J, *Reading in Philippine Church History*, p. 261.

发展。"共济会"在西班牙是一个合法组织，它的思想渊源于法国启蒙思想家的社会与哲学思想。在对待殖民地问题上，主张实行殖民地管理自由化，实行资产阶级民主改革，消除种族歧视和限制教会权势。1891 年，"共济会"开始在菲律宾建立，至 1896 年，菲律宾的"共济会"支部已达 200 个左右。① 但"共济会"在菲律宾却被殖民政府宣布为非法组织，而且菲律宾天主教会也十分不满西班牙国内自由派的政治主张，所以，他们不仅对"宣传运动"的呼吁、忠告置若罔闻，并掀起一股反"宣传运动"的狂潮。

19 世纪末期爆发的菲律宾革命将反教会运动推向了高潮。在独立战争期间，菲律宾人民冲击天主教会，一部分西班牙传教士被革命者杀死，②大部分自动逃离或被驱逐出菲律宾。菲律宾传教士的数目也从 1896 年的 1124 人减少到 1903 年的 246 人。③ 可以说，菲律宾革命摧毁了西班牙殖民统治的基础——西班牙天主教团。革命、战争给菲律宾天主教会带来巨大的冲击，西班牙教团的瓦解使菲律宾天主教会顷刻间陷入瘫痪状况。从 1898 年至 1900 年，几乎所有的主教辖区都没有主教，许多菲律宾传教士被美军以"私通游击队"的嫌疑扣押待审，被释放的传教士也不能离开马尼拉。1898 年，菲律宾共有 967 个教区，但菲律宾传教士不到 675 人。④ 神学院也被关闭，教堂、修道院被军队占用。这种混乱、无序的状况持续了数年，直到 1902 年，罗马教皇利奥十三(Leo XIII)任命奎迪(Jean Bap-

---

① 金应熙：《菲律宾民族独立运动史》，第 63 页。

② 在对待西班牙传教士问题上，革命军发生了分歧，以波尼法秀为首的"卡蒂普南"派主张对西班牙传教士采取武力镇压手段，而以阿奎纳多为首的"甲米地派"则主张采取温和的手段。在这个问题上的分歧是导致革命阵营后来发生分裂和波尼法秀势力衰落的一个重要原因。

③ 冯雷：《菲律宾天主教会与马科斯政权的关系》，载段立生主编《东南亚宗教论集》，泰国曼谷大通出版社 2002 年版，第 180 页。

④ John N. Schumacher, S. J, *Reading in Philippine Church History*, p. 292.

tise Guidi)担任马尼拉大主教后,菲律宾教会才开始逐渐恢复正常。
1906年,美国最高法院批准归还革命前属于菲律宾天主教会的全部
财产,一些来自美国与欧洲的神职人员也应邀来到菲律宾,取代那些
彻底破产的西班牙教团。同时,菲律宾传教士的平等地位也得到罗
马教皇的承认。1906年,罗马教皇任命菲律宾神父巴尔林(Monsi-
gnor Jorge Barlin)担任新卡塞雷斯教区的主教,他是菲律宾教会史
上第一任菲律宾人主教,这是继"教区菲化"运动后,天主教会本土化
的一个重要成果。从此开始,菲律宾天主教会的组织与管理层逐渐
"菲化",菲律宾传教士成为菲律宾天主教会的主体,罗马天主教在菲
律宾本土化的进程基本完成。

第四节　菲律宾独立教会的诞生

菲律宾革命摧毁了西班牙天主教会在菲律宾的政治基础。随着
西班牙殖民统治在菲律宾的瓦解,殖民时期天主教会政教合一的功
能与使命已走到尽头。在历史与社会的转折关头,菲律宾革命政府
在确立天主教的地位与处理宗教与国家的关系等重要问题上做出了
明确的抉择。

首先,天主教作为菲律宾民族的主要宗教被继续保留下来。300
多年的殖民统治已使天主教教义深深渗透到菲律宾人的思想观念与
日常生活之中,成为菲律宾民族文化不可分离的组成部分,因此,菲
律宾革命的实质只是"反西班牙天主教会",而不是,也不可能是"反
天主教"。与其他东南亚国家不同,菲律宾近代民族主义的产生与发
展,更多地受到了西方文化的影响,其中,天主教的"上帝面前人人平
等"观念也成为菲律宾近代民族主义的重要思想来源之一,天主教信
仰在菲律宾近代民族资产阶级代表人物的思想上留下深刻的烙印。
在对待天主教会问题上,他们表现出矛盾的心态。一方面,他们痛恨
西班牙传教团对菲律宾的欺凌与压迫,另一方面,又深受西班牙宗教

文化的影响,在思想感情上倾向于西班牙,从心灵深处景仰西班牙的政治制度与宗教文化,甚至只要求成为西班牙的一个省,争取宪法赋予的平等与自由,而不是菲律宾民族的真正独立。这种矛盾的心理可以从"宣传运动"的领导人黎萨尔的作品中看到。他在小说《不许犯我》中揭露和抨击了天主教修道会的黑暗神权统治,表现出强烈的反教会专制主义的思想。但是黎萨尔又是一名耶稣会士,深受天主教文化的影响,笃信上帝,宣扬仁爱,反对暴力,主张社会改良。如他在其小说《起义者》一书的结尾里,安排了用暴力反抗殖民统治的爱国者席蒙临死前向神父的忏悔,通过神父之口,宣扬宗教的仁爱说教,反对用暴力去推翻西班牙的殖民统治。

此外,对天主教信仰的拥护也体现在"卡蒂普南"的思想与菲律宾革命的纲领性文件中。如"卡蒂普南"的创始人安德列斯·波尼法秀(Andres Bonifacio)就模仿基督教的"十戒"起草了菲律宾革命的纲领性文件——《卡蒂普南十戒》。其中第一条就是"全心全意爱上帝"。[①] 菲律宾革命的重要思想家和领导人、曾任阿奎纳多的顾问、菲律宾第一共和国政府总理兼外交部长的阿波利纳里奥·马比尼(Apolinario Mabini)起草的《真正的十戒》(Verdadero Decalogo)中也包含"上帝是一切真理、一切正义和一切活力的源泉","以你的良心认为最正当和最相称的方式崇拜你的上帝","赞美上帝"等词句。[②] 这些出现在革命纲领中的对上帝的信仰与赞美,一方面体现了菲律宾民族独立运动领导人的宗教信仰,另一方面表明,他们深刻地认识到,经过西班牙300多年的殖民统治,天主教信仰也成为西班牙殖民者与菲律宾人民的共同信仰,很难在反对西班牙的殖民统治中消除这种已经内化为菲律宾民族文化传统的宗教,同时,天主教已成为菲律宾民族资产阶级发动和组织群众参加革命的有效工具。所

---

① 《卡蒂普南的学说》,载周南京、梁英明编《近代亚洲史料选辑》(下册),商务印书馆1985年版,第14页。

② 周南京、梁英明编《近代亚洲史料选辑》(下册),第50~51页。

以,菲律宾革命是以反对西班牙统治者和西班牙教团的形式出现,而并不是针对天主教本身和"神圣的上帝"。正如一些流亡国外的菲律宾民族主义者宣称的"我们希望基督教——这个现代文明的基础,成为宗教组织的象征和牢固的基础,但不是强加的"。[①]

其次,政教分离原则的确立,对现代菲律宾政治发展有重要的指导意义。独立后的菲律宾政府,面临的另一个重要问题是如何处理教会与国家的关系,是实行政教合一,还是实行政教分离。在是否将天主教确立为国教问题上,国会内部均存在严重分歧。1898 年 9 月,国会议员在马洛洛斯集会召开制宪会议。以马比尼为代表的一些国会议员主张实行政教分离;但有国会议员提出将天主教确立为国教,这一提议得到许多国会议员的支持。如国会议员戈麦斯就提出,"假使国家要接受宗教,那一定是菲律宾人民目前信仰的罗马天主教,罗马天主教是最完善的宗教,而且是菲律宾人民与生俱来的宗教。"[②]菲律宾天主教会也反对政教分离的提案。教会的代表人物、在菲律宾社会享有很高威望的菲律宾神父塞维拉(Father Mariano Sevilla)出版了《菲律宾天主教报》,竭力捍卫教会的权力,并攻击马比尼起草的《真正的十诫》违背了基督精神。[③] 最终,以天主教为国教的提案以一票之差遭到否决,"宗教自由、宗教平等、政教分离"被写入《马洛洛斯宪法》,这些原则虽然遭到一些议员的反对而暂缓执行,但这三条原则的确立,对现代菲律宾的政治发展具有重大意义。

第三,菲律宾革命进一步推动了菲律宾宗教民族主义的发展,菲律宾独立教会(Iglesia Filipina Independent)的建立将菲律宾宗教民

---

①　Fred R. Von Der Mehden, *Religion and Modernization in Southeast Asia*, p. 156.

②　格雷戈里奥·赛迪:《菲律宾革命》,广东人民出版社 1979 年版,第 321 页。

③　John N. Schumacher, S. J, *Reading in Philippine Church History*, pp. 278～279.

族主义推向了高潮。

　　1899 年,美军占领马尼拉,而马尼拉大主教西班牙人罗萨拉达 (Nozaleda)公然站在美国一边,与菲律宾革命政府为敌。在菲律宾革命政府的鼓动与支持下,以阿格利帕神父为首的一些菲律宾传教士领导成立了菲律宾独立教会。阿格利帕神父是伊洛卡洛人,曾担任菲律宾革命军的牧师,他非常支持菲律宾革命,曾经到伊洛卡洛地区帮助菲律宾革命军募集军饷,在北吕宋地区的影响很大。1899 年菲律宾第一共和国成立后,阿格利帕成为菲律宾第一共和国政府的国会议员,并被总统阿奎纳多任命为伊洛卡洛的代理主教。但这一任命遭到马尼拉大主教罗萨拉达的反对,并宣布开除阿格利帕神父的教职。该事件震动了菲律宾革命政府,马比尼随即发表声明,主张尽快成立菲律宾民族教会,超越西班牙主教的管辖,直接与罗马教廷联系。

　　1899 年 10 月 23 日,在马比尼的支持下,阿格利帕在塔尔拉克 (Tarlac)的帕尼基(Paniqui)召开宗教会议,通过了菲律宾天主教会临时章程,宣布继续效忠罗马教皇,要求罗马教皇撤消西班牙人罗萨拉达的主教位置,任命菲律宾传教士为菲律宾天主教会主教。菲律宾教会还派代表亲自向罗马教皇陈情。菲律宾著名革命家与作家雷伊斯(Isabelo de los Reyes)在给罗马教廷的备忘录中,恳请罗马教廷授予菲律宾传教士的主教职位,"那不仅是菲律宾传教士的光荣,而且是整个菲律宾民族的光荣,这种宗教的尊严应该给予菲律宾传教士!"[①]但罗马教廷对菲律宾传教士的呼声置若罔闻,不仅拒绝了菲律宾传教士的正当请求,反而认为菲律宾传教士分离教会,危害罗马教廷的权威。美西战争结束后,美国驻菲律宾总督塔夫脱采取妥协政策,就处理西班牙天主教会的事宜与罗马教廷达成协议,答应由美国出面购买教会的地产,并允许西班牙主教与传教士继续留在菲

---

　　① Richard L. Deats, *Nationalism and Christianity in the Philippines*, Dallas:Southern Methodist University Press,1967,p. 68.

律宾。这无疑是对菲律宾传教士的沉重打击,1902 年 10 月 26 日,
阿格利帕在马尼拉的托多宣布菲律宾独立教会正式成立,1903 年 1
月,阿格利帕被菲律宾传教士推选为菲律宾独立教会的大主教。

　　菲律宾独立教会的成立是长期以来菲律宾人民渴望摆脱民族压
迫、争取宗教自由与民族独立的结果许多宗教学者也深刻认识到民
族主义是推动菲律宾独立教会产生的根源,"独立教会的诞生源于菲
律宾民族对自由的渴望,是菲律宾民族数百年来在政治与宗教上都
遭到西班牙殖民主义有意压制的自我意识觉醒的表达。"[1]"菲律宾
独立教会并不是反对天主教会,而是反对天主教会在殖民地所维持
的不公正的社会、政治秩序,它的首先目标是反对教阶制度中存在的
民族歧视。菲律宾民众加入独立教会的目的并不是要扫除天主教的
教义、弥撒与其他圣礼仪式,而是因为独立教会表达了他们的民族情
感:他们渴望建立菲律宾人自己的教会,一个由菲律宾主教与传教士
管理,摆脱了外国统治的独立教会!"[2]1927 年,阿格利帕进一步将民
族主义、独立与反抗罗马教会的专制统治作为他所领导的菲律宾独
立教会运动的宣传口号。这种带有强烈民族主义的宗教思想在菲律
宾革命这个特殊的历史时期极易膨胀与蔓延。因此,菲律宾独立教
会在成立初期就得到许多人的拥护。1903 年估计有 150—200 万加

---

　　① 　Richard L. Deats, *Nationalism and Christianity in the Philippines*, p.
71.

　　② 　Achútegui Pedro S. de, Bernad Miguel A, *Religious Revolution in the
Philippines: The life and Church of Gregorio Aglipay*:1860—1960, Vol. 1,
Manila:Ateneo de Manila. 1960,p. 235.

入了独立教会，占当时菲律宾总人口的1/4。[①]

　　菲律宾独立教会高举"菲律宾主义"的旗帜，否认罗马教皇的权威与罗马教会的教阶制度，除保留菲律宾人民业已熟悉的天主教术语、一神教与某些天主教教义外，它在仪式上基本继承了在菲律宾广泛流行的民间天主教的仪式，并且将教会与菲律宾的历史文化紧密地结合在一起，创建了具有民族特色的神学思想。如将古代菲律宾人信奉的自然之神巴塔拉（Bathala）尊奉为菲律宾民族的唯一至高神，并将民族主义升华为宗教，尊奉菲律宾民族英雄黎萨尔与甲米地三烈士为菲律宾独立教会的圣徒。1922年阿格利帕甚至宣称"黎萨尔对于菲律宾而言，不仅仅是圣徒，他是菲律宾人民在殖民时代就一直盼望出现的真正的救世主——弥赛亚（Messiah）。"[②]

　　由此可见，"菲律宾独立教会"运动不仅是"教会菲化"运动的继续，它具有更加深刻的政治与神学意义。一方面，从政治上看，"菲律宾独立教会"运动是菲律宾民族独立运动在宗教上的反映；另一方面，从神学意义上看，它是菲律宾天主教内部的一次"宗教改革"，是菲律宾本土教会挑战罗马教廷在菲律宾的等级制度与教皇专制的一次实践，它表达了一部分菲律宾传传教士与菲律宾人民要求独立自主地解读殖民地人民获得"救赎"的途径与意义，以及菲律宾基督徒所应承担的"历史使命"的呼声。

　　但从政教分离的视角而言，菲律宾独立教会的诞生，是政治干涉

---

　　①　1903年是菲律宾独立教会发展历史上的高峰时期，此后，随着菲律宾革命的结束，菲律宾民族主义逐渐式微，但菲律宾独立教会仍然继续高举民族主义的旗帜，忽视了神学思想的完善与教会组织系统的发展，逐渐衰落。根据菲律宾1918年、1939年、1948年以及1960年的人口统计，菲律宾独立教会的教徒占菲律宾总人口的比例逐年下降，分别占13.7%，9.8%，7.6%以及5.2%。参见 Achútegui Pedro S. de, Bernad Miguel A, The Aglipayan Churches and the Census of 1960, in *Philippines Studies*, 1964, Vol. 12, pp. 446～459.

　　②　Frank C. Laubach, *The people of the Philippines*, New York：George H. Doran Co. ,1925, p. 156.

宗教的一次典型体现，它以"分裂教会"之实遭到了大多数菲律宾传教士的谴责。绝大多数菲律宾传教士在军事上支持菲律宾革命政府，但是在宗教上却坚持政教分离，认为国家不能干预宗教事务，坚持承认罗马教皇是唯一教宗，反对宗教分裂。正如革命期间，一位先接受阿格利帕神父领导，后又反对政府干涉宗教事务的神父阿尔巴洛所言："我首先是神圣罗马教会的一名神父，其次才属于一个政治派别。我应该做的是保持信仰的纯洁和教阶制度的完整，为祖国牺牲是正义和神圣的职责，但为耶稣基督的信仰而献身则更加伟大和神圣……宗教不能与政治联合，一个神父只有置身于政治争斗之外，才是一个真正的神父，而一个政治领袖不倾向于任何宗教，才是一个真正的政治领袖。恺撒的物当归恺撒，上帝的物当归上帝。"[①]

"恺撒的物当归恺撒，上帝的物当归上帝"，对 2000 年前耶稣关于"基督教二元政治观"思想的肯定，表达了菲律宾革命期间菲律宾天主教会在面对世俗义务与精神义务选择时的另一种态度。它与《马洛洛斯宪法》确立的"政教分离"原则一样，明确地在此岸与彼岸、世俗与神圣、国家与教会之间做出了区分。政府与教会对这种政治原则的认同与遵从，为现代菲律宾的政治发展奠定了基础。

---

① 　John N. Schumacher, S. J, *Reading in Philippine Church History*, p. 283.

结　语

一

　　从辅助欧洲殖民扩张与维护殖民统治的精神工具,到成为菲律宾民族宗教文化的重要构成,近代天主教在菲律宾发生的这种变化令人深思。考察西班牙殖民时期天主教在菲律宾历史,我们看到,天主教之所以能够在菲律宾的广泛传播,除了有殖民政府这个强大的后盾外,文化本身的性质、文化传播过程中的特点、方式以及文化传入地的社会政治状况是决定文化成功传播的重要因素。

　　从近代天主教的东扩运动来看,有两种力量推动了天主教的海外传播。一是来自天主教本身,由天主教的性质所决定的内在力量。二是推动近代欧洲海外扩张的殖民主义与帝国主义思想,也成为推动天主教海外扩张的意识形态。天主教作为一神教,其唯我独尊的上帝观和与生俱来的强烈的普世主义精神成为其海外传播的内在动力。而近代欧洲政治、经济、宗教、社会思想的巨变以及来自外部的挑战,对天主教的海外传播无疑有巨大的推动力。由于欧洲宗教与政治的特殊关系,在欧洲的海外扩张进程中,天主教自觉或不自觉地与欧洲殖民主义联系在一起。一方面,身处当时欧洲社会巨变的浪潮中,天主教不可能、也不会置身于社会变化的大潮外,它同欧洲的世俗君主分享着同时代的殖民主义、帝国主义等意识形态。另一方面,天主教也自觉地、积极地顺应、参与乃至推动欧洲社会变化的浪潮,并为世俗的殖民扩张披上神圣的"外衣"。这种时代背景,决定了近代天主教东扩运动的两重性:殖民扩张与文化传播。

　　作为辅助殖民扩张的工具,教会在伴随欧洲扩张的同时,也不同程度地恪守信仰精神,对殖民地人民实行精神征服。这在菲律宾表现得尤为明显。可以说,正是由于教会对西班牙殖民权力的争辩与对土著民族自然权利的捍卫,才促使殖民政府修正了海外殖民政策,实现了对菲律宾的"和平征服"。之后,教会又充分发挥了宗教的社会控制功能与组织功能,一方面,向菲律宾人宣扬天主教的伦理道德、价值观念与圣礼制度,在思想和行为上控制人民;另一方面,通过基层教区的广泛建立,将分散的菲律宾民众集中在教会的管辖之下,巩固了西班牙殖民统治的基础。可以说,正是教区的广泛建立,才有"在菲律宾,每有一个传教士,国王就有一个将军和一支军队"的说法。

　　从文化传播理论方面看,一方面,天主教能在菲律宾广泛传播,其主要原因在于天主教遵循了文化适应与宗教调和的路线以及一系列与之相一致的方法。利用菲律宾民族语言编写教理问答,传教布道;适应菲律宾的社会结构并以此为基础加以适当改造,建立天主教社会的教亲制度;将天主教教义与菲律宾传统宗教与民间文化融合在一起,允许天主教与菲律宾传统宗教习俗相互调和,最终促使天主教在菲律宾发生了区域性的变化,导致菲律宾民间天主教的产生。天主教在菲律宾的适应、调和与变化,反映了宗教文化传播所遵循的普遍原则与天主教在菲律宾广泛传播的非政治因素。另一方面,外来宗教文化的成功传播还取决于文化传入地的社会状况,即社会政治组织与宗教文化的发展形态。不同发展形态的社会政治组织与宗教文化对外来侵略具有不同的社会防御能力。天主教在菲律宾南北两地的不同结局就正好说明这一问题。处于原始社会发展末期的菲律宾中、北部"巴朗盖社会",社会发展水平低、以血缘关系为纽带、没有形成国家、盛行万物有灵的原始宗教,自然无法抵抗有强大王权、教权支持、带有强烈普世主义精神的天主教的入侵。而南部的穆斯林社会,建立了伊斯兰苏丹国家的雏形,伊斯兰教作为一种坚固的文化纽带,在外来势力入侵时,发挥着超常的凝聚力,把具有共同信仰的不同民族牢固地团结在一起,形成强大的社会防御能力,有效地抗击了西班牙殖民势力的入侵与天主教的传播。

天主教在菲律宾的区域性变化不仅是指天主教与菲律宾传统宗教与民间文化相调和与融合,传教士本土化与菲律宾传教士的成长是天主教在菲律宾发生区域性变化的更重要的表现。传教士本土化是天主教东扩运动的重要内容之一。由于西班牙教团专权,菲律宾传教士本土化的进程却落后于亚洲其他国家。17世纪中后期,由于西班牙王权与教会教权主义的斗争,菲律宾传教士才逐渐成长起来。正如资本主义孕育了自身的掘墓人——无产阶级那样,殖民压迫必然孕育反抗殖民压迫的民族意识与民族主义的产生。菲律宾传教士的成长同时预示着西班牙殖民统治瓦解的开端。因为他们对西班牙教团的种族歧视与压迫政策日益不满,继而爆发了要求种族平等权利与教区管理权的"教区菲化"运动。"教区菲化"运动是菲律宾民族意识觉醒的重要体现,成为菲律宾民族主义运动的先驱。

作为西班牙殖民统治支柱的天主教会,不仅在宗教上享有特权,而且在其他方面也成为菲律宾社会的毒瘤。他们干预政治,实行专制统治;垄断教育,反对自由主义;占有大量耕地,阻碍民族资本主义的发展。19世纪末期,教会成为西班牙殖民统治压迫、剥削菲律宾人的主要代表,在反殖民主义的浪潮中必然会成为菲律宾民族主义反抗的主要目标。菲律宾近代民族资产阶级发起的"宣传运动"以及后来的"卡蒂普南"领导的菲律宾革命都把"反对天主教会"作为运动的一个主要内容。由于300多年的殖民统治已使天主教深深渗透到菲律宾人的思想与行为中,成为菲律宾民族文化的不可分离的一部分,所以,菲律宾革命的实质只能是"反西班牙天主教会",而不是也不可能是"反天主教"。而且,天主教的一些思想也成为菲律宾近代民族主义产生的一个重要思想来源。所以,菲律宾革命推翻的只是以西班牙教团为基础的殖民统治,而天主教作为广大菲律宾人民的信仰而被保留下来。菲律宾革命对菲律宾天主教的影响是巨大的,它不仅摧毁了西班牙传教团的势力,更重要的是通过宪法确立了"宗教自由"、"宗教平等"与"政教分离"的原则,这对菲律宾的政治发展有积极而深远的意义。

二

作为西班牙300多年殖民统治的遗产,天主教信仰和天主教会在今天的菲律宾社会仍然具有巨大的影响力。总的说来,菲律宾社会以天主教为核心,形成了独特的价值观,并以这种价值观将他们的物质文化、经济、教育、政治、伦理、艺术、社会制度与社会组织等统一起来。在一个多元文化的今天,不宜对一个民族的宗教信仰、价值观念与生活方式做过多的褒贬评价,但从历史角度来看,天主教传入菲律宾时,带有深刻的殖民主义的烙印,所以它的广泛传播不仅导致了菲律宾本土文化的萎缩与民族意识的倒退,而且天主教的某些教义,如知足顺从、听天由命以及过多的人力与物力被投放在宗教活动里,无疑对社会经济的发展带来消极的影响,成为菲律宾社会发展滞后的一个重要因素。

作为西班牙殖民统治的遗产,天主教会在当代菲律宾社会生活中的地位与影响力是更值得关注的问题。由于天主教在菲律宾的历史地位,虽然经过菲律宾革命的扫荡、教会分裂以及其他新教教派的分化,天主教仍然是菲律宾民众的主要精神支柱,天主教会仍然是菲律宾社会一个有强大势力与非常影响力的社会组织。虽然教会承认"政教分离"原则,但由于殖民地时期长期政教不分传统的影响,它不可能与菲律宾世俗的社会政治活动脱离关系。考察20世纪菲律宾社会政治的发展历史,我们可以看到,菲律宾天主教会一直保持比较强烈的政治倾向,基本上站在政府立场,对一些社会政治现象作出积极反应。如在20世纪30年代,面对菲律宾共产主义、社会主义思潮的涌动,菲律宾天主教会就建立起一些就带有鲜明的反共产主义、反社会主义倾向的市民组织(诸如天主教妇女同盟),积极开展反共运动。① 1945 年建立的天主教福利组织(Catholic Welfare Organization,1945—1967),也是一个极端保守与反共的教会组织,主张用社会改良的方式来抵消日益高潮的菲律宾共产党的影响。1962 年梵蒂冈第二届大公会议之后,菲律宾天主教会参与世俗的社会经济改革活动达到一个高潮,针对菲律宾广大农村的贫困与落后问题,菲律宾天主教主教会议(Catholic Bishops' Conference of the Philippines,缩写为 CBCP)号召传教士们积极"入世",解决农村地区的贫困问题,并利用教会特有的优势,成立了"全国社会活动秘书处"(NASSA)与众多的农民组织,指导并组织神职人员与天主教徒参与各种社会与经济发展项目。②

当代菲律宾教会参与社会政治活动的突出表现莫过于 1986 年教会发动、组织和领导了推翻马科斯独裁统治的"人民力量"革命。在这场反独裁、争民主的革命中,教会发挥了巨大作用:"辛主教、菲律宾天主教主教会议以及教会的真理电台在号召人民保护兵变部队和促成阿基诺夫人上台中发挥了重要的作用……他们的缺席将使推翻马科斯成为毫无可能的幻想。"③"辛主教在结束一个政权和国家的政治领导中所扮演了比 17 世纪以来任何天主教教士更加积极和更有影响的角色。"④这些高度评价对菲律宾天主教会而言并不为过,"人民力量"革命的确是菲律宾天主教会数百年来干预政治的最

---

①　Fabros, *The Church and Its Social Involvement in the Philippines*,1930—1972,Quezon City: Ateneo de Manila University Press,pp. 18~20.

②　G. Sidey Silliman, Lela Garner Nobel, *Organizing for Democracy: NGO, Civil Society, and the Philippine State*,Honolilu: University of Hawail'l Press,1998,pp. 283~285.

③　Jose Maria Sison, *The Philippine Revolution, The Leader's View*,Taylor&Francis New York Inc,1989,p. 121.

④　塞缪尔·亨廷顿:《第三波——二十世纪的民主浪潮》,上海三联书店 1998 年版,第 86 页。

突出的体现，这种不流血的斗争方式导致了马科斯独裁统治的瓦解，推动了菲律宾民主政治的重建，对菲律宾社会发展有积极意义。

但是当代菲律宾天主教会对国家社会、政治的干预并不都像1986年的"人民力量"革命那样对社会发展具有积极的推动作用。相反，天主教会对某些世俗事务的干预却对国家社会经济的发展产生了消极的阻碍作用。最典型的例子就是天主教会在"计划生育"政策上与政府的分歧，并极力反对政府通过降低人口出生率来推动菲律宾经济发展、提高菲律宾人民生活水平的政策。从马科斯时代到现在，天主教会在该问题上一直与政府展开辩论，坚决反对堕胎，而且还发动国际宗教、人权等组织，对菲律宾政府施加压力。迫于教会的压力，菲律宾历届政府都不得不在该问题做出让步。如今，菲律宾的人口增长率在亚洲国家中名列前茅，达到2.3%（20世纪90年代初），人口增长过快在菲律宾已经成为一个严重的社会经济问题。

综上所述，我们看到，由于历史、文化与政治等因素，天主教会仍然是当代菲律宾社会中具有强大影响力的一个社会组织。教会虽然不是政党，但它在菲律宾社会政治生活中的地位与作用丝毫不逊于政党，教会在动员、组织与控制民众方面有不可忽视的优势，这正是菲律宾天主教会强大影响力的根本所在，并且，这种影响力将会长期存在下去。

参考文献

一、中文论著：

1.（美）斯塔夫阿里诺斯：《全球通史：1500 年以后的世界》，上海社会科学院出版社，1999。

2.（美）克里斯托弗·道森：《宗教与西方文化的兴起》，成都：四川人民出版社，1989。

3. 恩格斯：《鲍威尔和早期基督教》，《马克思恩格斯全集》第 19 卷，北京：人民出版社，1963。

4.（苏）伊·尼·亚布洛柯夫：《宗教社会学》，成都：四川人民出版社，1989。

5.（美）丹尼尔·J·布尔斯廷：《发现者》，上海：上海译文出版社，1997。

6.（法）伯希和：《蒙古与教廷》，北京：中华书局，1994。

7.（日）滨下武志：《近代中国的国际契机：朝贡贸易体系与近代亚洲经济圈》，北京：中国社会科学出版社，1997。

8.（英）R·B·沃纳姆：《新编剑桥世界近代史》第 3 卷，北京：中国社会科学出版社，1999。

9.（英）G·R·波特：《新编剑桥世界近代史》第 1 卷，北京：中国社会科学出版社，1999。

10. 方豪：《中国天主教史人物传》，北京：中华书局，1988。

11.（英）莱斯利·贝瑟尔：《剑桥拉丁美洲史》第 1 卷，北京：经济管理出版社，1995。

12. 姜守明：《从民族国家走向帝国之路》，南京：南京师范大学出版社，2000。

13. 颜一：《亚里士多德文选·政治学卷》，北京：中国人民大学出版社,1999。

　　14.严中平:《老殖民主义史话》,北京:北京出版社,1984。

　　15.(意)柯毅霖:《晚明基督论》,成都:四川人民出版社,1999。

　　16.梁志明:《殖民主义史:东南亚卷》,北京:北京大学出版社,1999。

　　17.(澳)梅·加·李克莱弗斯著:《印度尼西亚史》,北京:商务印书馆,1993。

　　18.(泰)姆·哥·马尼奇·琼赛:《泰国与柬埔寨史》,福州:福建人民出版社,1976。

　　19.(美)约翰·F·卡迪:《东南亚历史发展》(下册),上海:上海译文出版社,1979。

　　20.杨真:《基督教史纲》(上册),北京:三联书店,1979。

　　21.金应熙:《菲律宾史》,郑州:河南大学出版社,1990。

　　22.刘芝田:《菲律宾民族的渊源》,香港:东南亚研究所,1970。

　　23.恩格斯:《恩格斯致康·施米特》,《马克思恩格斯选集》(第4卷),北京:人民出版社,1972。

　　24.张玉安:《东方神话传说:东南亚古代神话》,北京:北京大学出版社,1999。

　　25.(英)詹姆斯·弗雷泽:《金枝:巫术与宗教之研究》,北京:中国民间文艺出版社,1987。

　　26.(法)雅克·阿尔诺:《对殖民主义的审判》,北京:世界知识出版社,1962。

　　27.(法)裴化行:《利玛窦神父传》(下卷),北京:商务印书馆,1995。

　　28.陈荆和:《16世纪之菲律宾华侨》,香港:新亚研究所东南亚研究室,1963。

　　29.陈守国:《华人混血儿和菲律宾民族的形成》,马尼拉:菲律宾华裔青年联合会,1989。

　　30.陈台民:《中菲关系与菲律宾华侨》,香港:朝阳出版社,1985。

31. 陈台民:《中菲关系与菲律宾华侨》,马尼拉:以同出版社,1961。

32. 沈定平:《明清之际中西文化交流史》,北京:商务印书馆,2001。

33. (法)裴化行(H. Bernard)著、萧睿华译:《天主教十六世纪在华传教志》,北京:商务印书馆,1936。

34. (西)巴托洛梅·德拉斯·卡萨斯:《西印度毁灭述略》,北京:商务印书馆,1988年。

35. (法)裴化行:《明代闭关政策与西班牙天主教传教士》,《中外关系史译丛》,1984年第4辑,上海:上海译文出版社,1988。

36. (意)利玛窦:《中国札记》(上册),北京:中华书局,1983。

37. (法)裴化行:《利玛窦评传》(下册),北京:商务印书馆,1993。

38. 罗渔译:《利玛窦书信集》(下册),台北:台湾光启出版社,辅仁大学出版社,1986。

39. (美)艾·巴·托马斯:《拉丁美洲史》,北京:商务印书馆,1973。

40. 冯雷:《菲律宾天主教会与马科斯政权的关系》,段立生主编《东南亚宗教论集》,泰国曼谷大通出版社,2002。

41. 金应熙:《菲律宾民族独立运动史》,郑州:河南人民出版社,1989。

42. 凌彰:《黎萨尔的生平与创作》,周南京主编《黎萨尔与中国》,香港:南岛出版社,2001。

43. 周南京、梁英明:《近代亚洲史料选辑》(下册),北京:商务印书馆,1985。

44. (菲)格雷戈里奥·赛迪:《菲律宾革命》,广州:广东人民出版社,1979。

45. (美)塞缪尔·亨廷顿:《第三波——二十世纪的民主浪潮》,上海:三联书店,1998。

46. 魏米:《殖民者与受殖者》,许宝强、罗永生主编《解殖与民族主义》,北京:中央编译出版社,2004 年。

二、学术论文:

1.王立新:《"文化侵略"与"文化帝国主义":美国传教士在华活动两种评价范式辨析》,(北京)《历史研究》2002,(3),98-109。

2.张德明:《论 16 世纪葡萄牙在亚太地区扩张活动的性质》,(北京)《世界历史》,2003 年,(4),67-74。

3.陈海珠:《基督的哲学:伊拉斯谟的宗教思想述评》,(北京)《世界历史》,1999,,(6),76-84。

4.裴培、李在芹:《新大陆发现的宗教因素》,(北京)《世界历史》,1990,(2),91-100。

5.汪新生:《法国传教士在越南殖民扩张中的作用》,(郑州)《中国东南亚研究通讯》,1984,(4),1-17。

6.(越)世兴:《天主教在越南》,(厦门)《南洋问题资料译丛》,1962,(3),118-128。

7.林仁川:《十七世纪基督文化在台湾的传播》,(厦门)《台湾研究集刊》,1994,(1),76-83。

8.(日)菊地靖:《菲律宾的双系制巴朗盖社会》,(北京)《民族译丛》,1987,(2),35-41。

9.富育光:《论萨满教的天穹观》,(北京)《世界宗教研究》,1987,(4),129-138。

10.廖大珂:《论伊斯兰教在占婆的传播》,(厦门)《南洋问题研究》,1990,(3),88-97。

11.廖大珂:《1511 年前伊斯兰教在印度尼西亚的传播》,(厦门)《南洋问题研究》,1995,(3),17-25。

12.王亚平,《16 世纪西班牙美洲殖民地天主教传教活动的政治作用》,(北京)《世界历史》,1992,(5),154-162。

13.韩琦:《论拉丁美洲殖民制度的遗产》,(北京)《历史研究》,2000,(6),127-141。

14.（菲）雷纳托·康斯坦丁诺:《主体和意识》,（郑州）《中国东南亚研究会通讯》,.1990,(2-3),31-42,1990,(4),35-42。

15.周南京:《西班牙天主教会在菲律宾殖民统治中的作用》,（北京）《世界历史》,1982,(2),56-63。

16.何平:《西班牙入侵前菲律宾的巴朗盖社会》,（昆明）《东南亚》,1996,(1),46-52。

三、外文文献:

1. Achútegui Pedro S. de, Bernad Miguel A, *Religious Revolution in the Philippines: The life and Church of Gregorio Aglipay*:1860—1960, Vol. 1, Manila: Ateneo de Manila, 1960。

2. Albert Chan, S. J, *Anote on the shih-lu of Juan Cobo*, Philippine Studies, 1989, (87), 第 479~487 页。

3. Alfonso Felix, Jr, *The Chinese in the Philippines*, 1570—1770, Manila, 1966。

4. Alfonso Felix, Jr, *The Chinese in the Philippine*, 1770—1898, Manila, 1966。

5. Alfred W. McCoy, Baylan: *Animist Religion and Philippine Peasant Ideology*, *Philippine Quarterly of Culture & Society*, 1982, (10): 第 141~194 页。

6. Alip, *Political and Culture History of the Philippine*, Vol. 1, Manila, 1954。

7. Antonio de Morga, *The Philippine Islands, Moluccas, Siam, Cambodia, Japan, and China at the close of the Sixteenth Century*, translation by Henry Stanley, London, 1868。

8. Anthony Reid, *Southeast Asia in the Early Modern Era: Trade, Power and Belief*, Ithaca, Cornell University Press, 1993。

9. Antonio-Ma Rosales, O. F. M, *A Study of a 16th Century Tagalog Manuscript of the Ten Commandments: Its Signifi-*

cance and Implication, Quezon City: University of the Philippines Press, 1984。

10. Arthur Judson Brown, *The New Era in the Philippines*, New York, 1903。

11. Cesar Adib Majul, *Muslim in the Philippines*, Quezon City: University of the Philippines Press, 1973。

12. C. R. Boxer, *The Portuguese Seaborne Empire*: 1415—1825, New York, 1969。

13. De la Costa Horacio, *The Jesuits in the Philippines*, 1581—1768, Cambridge: Harvard University Press, 1965。

14. Dennis Morrow Roth, *Church Lands in the Agrarian History of the Tagalog Region*, Alfred W. Mcloy, ED. C. de. Jesus, *Philippine Social History: Global Trade and Local Transformations*, Quezon: Ateneo de Manila University, 1982。

15. Dolmacio Martin, *A Century of Education in the Philippines*, 1860—1960, Manila, 1890。

16. Donald F. Lach, *Asia in the Making of Europe: The Century of Discovery*, Volume 1, Book 1, The University of Chicago Press, 1965。

17. D. G. Hall, *A History of South-East Asia*, London: Macmillan & Co. Ltd, 1968。

18. E. H. Blair, J. A. Robertson, *The Philippine Islands*, 1493—1898, Cleveland, 1903。

19. Fabros, *The Church and Its Social Involvement in the Philippines*, 1930—1972, Quezon City: Ateneo de Manila University Press, 1988。

20. F. C. Laubach, *The People of the Philippines*, New York, George H. Doran Co. 1925。

21. F. Landa Jocano, *Conversion and the Patterning of Chris-*

tian Experience, Peter Cowing , William Henry Scott(ed), Acculturation in Philippines, Quezon City: New Day Publishers, 1971。

22. F. Landa Jocano, *Philippine Prehistory: An Anthropological Overview of the Beginning of Filipino Society and Culture*, Quezon City, 1975。

23. F. Landa Jocano: *Folk Christianity: A preliminary Study of Conversion and Patterning*, Trinity Research Institute, 1981。

24. Foeman, *Islands of the Philippines*, London: Sampson Low, Marston&Co, Ltd, 1899。

25. Fred R. Von Der Mehden, *Religion and Modernization in Southeast Asia*, Syracuse University Press, 1986 年。

26. Gayo. Aragón, *The Controversy over Justification of Spanish Rule in the Philippines*, 载 Gerald H. Anderson (ed), *Studies in Philippine Church History*, Ithaca and London: Cornell University Press, 1969。

27. G. F. Zaid, *Philippine Political and Cultural History*, Manila: Philippine Education Company, 1957。

28. G. R. Tibbetts, *Early Muslim Trader in South-East Asia*, JMBRAS, Vol30, Part 1, No. 177, 1957。

29. G. Sidey Silliman, Lela Garner Nobel, *Organizing for Democracy: NGO, Civil Society, and the Philippine State*, Honolilu: University of Hawaii'I Press, 1998。

30. *History of Education in the Philippines: Spanish Period*, 1865—1898, University of Sanyo Tomas, 1953。

31. John Leddy Phelan, *The Hispanization of the Philippines: Spanish Aims and Filipino Responses*, 1565—1700, Madison: The University of Wisconsin Press, 1959。

32. John Leddy Phelan, *Philippine Linguistics and Spanish Missionaries*, 1565—1700, 载 *Mid-American: A History Review*,

Vol. 37, No. 3, July, 1955, 第 153～177 页。

33. John Leddy Phelan, *Some Ideological Aspects of the Conquest of the Philippines*, 出版时间、地点不详, 现藏于菲律宾大学图书馆。

34. J. R. Hutauruk, *The Dutch Expansion and the Church in South East Asia*, M. D. David (ed), *Western Colonialism in Asia and Christianity*, Himalaya Publishing House, 1988。

35. John Schumacher, S. J, *The Manila Synodal Tradition: A brief History*, *Philippine Studies* 1979, (27)。

36. John N. Schumacher, S. J, *Reading in Philippine Church History*, Quezon City: Loyala School of Theology, Ateneo De Manila University, 1979。

37. John N. Schumacher, S. J, *Syncretism in Philippine Catholicism*, *Philippine Studies*, 1984, (32), 第 251～272 页。

38. John R. M. Tarlor, *The Philippine Insurrection against the United States*, Pasay City, 1971。

39. John W. Witek, *The Seventeenth-Century European Advance into Asia: A Review Article*, *The Journal of Asia Studies* (53), no. 3, (August 1994), 第 867～888 页。

40. J. S. Cummins, Nocholas P. Cushner, *Labor in the Colonial Philippines*, *Jesuit and Friar in the Spanish Expansion to the East*, London: Variorum Reprints, 1986。

41. Jose Maria Sison, *The Philippine Revolution*, *The Leader's View*, Taylor & Francis New York Inc, 1989。

42. Lesley Byrd Simpson, *The Encomienda in New Spain*, Berkeley and Los Angeles, 1950。

43. Martin J. Noone. S. S. C, *General History of the Philippines*, Vol. 1, Quezon City, Garcia Publishing Co. Inc, 1986。

44. M. D. David. *The British colonialism in South Asia and*

Christianity, M. D. David (ed), *Western Colonialism in Asia and Christianit*, Himalaya Publishing House, 1988。

45. Najeeb Nitry Saleeby, *The History of Sulu*, Manila, 1908。

46. Nicholas Tarling, *The Cambridge History of Southeast Asia*, Vol 2, New York. 1999。

47. Nicolas Zafra, *Philippine History through Selected Sources*, Quezon City, 1967。

48. O. D. Corpuz, *An Economic History of the Philippines*, Quezon City: University of the Philippines Press, 1997。

49. O. H. K. Spate, *The Spanish Lake*, Canberra, , 1979。

50. Ordanico G. Delapena, *The Birth of the Catholic Philippines in Asia*, U. S. A Xlibris Corporation, 2000。

51. Pablo Fernandez, O. P. , *History of the Church in the Philippines*, Manila: National Book Store, Inc, 1979。

52. Pedro Chirino, *Relacion de Las Islas Filipinas*, Manila: Historical Conservation Society, 1969。

53. Peter Gordon Gowing, *Muslim Filipinos: Heritage and Horizon*, Quezon: New Day Publisher, 1979。

54. Reinhard Wendt, *Philippine Fiesta and Colonial Culture*, *Philippine Studies*, 1998, (46), 第 3～23 页。

55. Renato Constantino, *A History of the Philippines*, Manila: Monthly Review Press, 1975。

56. Rene R. Escalante, *The American Friar Lands Policy: Its Framers, Context, and Beneficiaries*, 1898—1916, De la Salle University Press, Inc, 2002。

57. Reynaldo Cleme? a Ileto, *Pasyon and Revolution: Popular Movements in the Philippines*, 1840—1910, Quezon City, Ateneo de Manila University Press, 1979。

58. Richard L. Deats, *Nationalism and Christianity in the*

Philippines,Dallas：Southern Methodist University Press,1967。

59. Robert A. Hunt, *The History of the Translation of the Bible into Bahasa Mallaysia*,JMBRAS Vol. 62,第 35~54 页。

60. Shubert. S. C. Liao, *Chinese Participation in Philippine Culture and Economy*,Manila,1964。

61. T. Valentino Sitoy. Jr, *The History of Christianity in the Philippines：The Initial Encounter*, Vol . 1, Quezon：New Day Publishers,1985。

62. United States, *Reports of the Philippines Commission*, Washington：Government Printing Office,1900。

63. V. A. Pacis,*Founders of the Freedom：The History of the Three Constitution*,Capital Publishing House,1971。

64. Vicente L. Rafael, *Contracting Colonialism：Translation and Christian Conversion in Tagalog Society Under Early Spanish Rule*,Ateneo De Manila University Press,1998。

65. Wang Gunwu,*The Nanhai Trade：A Study of the Early History of Chinese Trade in the South China Sea*,JMBRAS, Vol. 31,,Part 2, No. 182。

66. Wickbery,*The Chinese in Philippine Life*, 1850—1898, Yale University Press,1965。

67. William Henry Scott,*Barangay：Sixteenth-Century Philippine Culture and Society*,Ateneo Manila University Press,1994。

68. William Henry Scott,*The Discovery of the Igorots*,Manila：New Day Publishers,1977。

69. Willam L. Schurz, *Manila Galleon*, New York：E. P. Dutton&Co. Inc. ,1939。

70. Wu Ching-hong,*A Study of References to the Philippines in Chinese Sources from Earliest times to the Ming Dynasty*, Quezon City,1959。

后 记

本书是在我的博士学位论文的基础上修改而成。论文的选题与构架都是在导师庄国土教授的指导下完成的。在此，深深感谢业师庄国土教授在百忙中来对我的辛勤指导与帮助。此外，我还要感谢厦门大学南洋研究院的李国樑、李金明、聂德宁、廖大珂等教授，他们的授课为我的论文写作奠定了基础。

论文得以顺利完成，我还要感谢黄猷、汪慕恒、蔡仁龙、廖少廉、陈衍德等师长，他们热心帮助联络菲律宾的相关人士与机构，极大地方便了论文的资料收集。此外，菲律宾大学亚洲研究中心（Asia Center, the University of the Philippines）主任 Aileen. S. P. Baviera、菲律宾亚典耀大学历史系（Ateneo de Manila University）的 Roy Mendoza 博士、菲律宾"菲华联谊会"名誉董事长兼菲律宾《世界日报》总编辑吴永源先生、菲律宾马尼拉市的华侨 Raymond 先生与 Christian 小姐以及壳牌菲律宾公司的执行经理 Grace 小姐在资料收集方面也为我提供了极大帮助，在此向他们表示诚挚的感谢。此外，还要特别感谢美国福特基金会亚洲研究项目，提供了我在菲律宾大学综合发展研究中心（CIDS）进行为期九个月（2002.11—2003.7）的学习与研究工作的机会。这次珍贵的机会使我广泛地接触菲律宾社会，加深了对菲律宾历史与文化、宗教与社会的认识与了解，促成了论文的撰写。

本书在出版过程中也得到了各方的帮助。感谢厦门大学南洋研究院将该书纳入厦门大学东南亚研究中心系列丛书，感谢厦门大学南洋研究院聂德宁教授、厦门大学出版社侯真平副总编和薛鹏志编辑，促成了该书的出版。

在此,还要特别感谢李国樑教授。在硕士研究生的三年学习期间,他引导我进入东南亚华侨史,尤其是菲律宾华侨史的研究领域。先生的谆谆教诲与言传身教对我的学习和研究产生了重要的影响。

最后,我还要深深感谢我的家人,特别是我的母亲周莲英女士。这些年来,她毫无怨言地帮助我照顾孩子、操持家务,给予我最大的理解与支持,使我能够全身心地投入学习与工作中,让我倍感母爱的深厚与绵长。小女诗媛性格乖顺、学习自觉,不仅很少让我操心,而且其天真烂漫的笑语欢声时常让我感受到生活的美好与家庭的温馨,极大地消除了学习与工作带来的枯燥与烦劳,而我的爱人郑志洪先生更是积极地支持我完成学业、不断进取。

由于本人学识、能力有限,本书难免存在不妥与错误之处。在此,恳请方家批评指正。

施雪琴

2007 年 3 月